JN237635

東アジアの未来をひらく学校改革

―― 展望と挑戦 ――

上野正道
北田佳子
申　智媛
齊藤英介
編著

肖　霞
黄　郁倫
髙澤直美
津久井純
著

北大路書房

はじめに

　グローバル化の進行や産業構造の変化，またそれに伴う知識基盤社会の到来に直面し，世界の国々は教育改革という名の下で新しい学校教育の未来像を模索している。とくにアジアは，近代化の過程で社会，政治，経済においてダイナミックな変転を経験し，現代では激しい国際競争の渦の中にある。そのようななかでアジア諸国の学校教育は，アイデンティティや役割が大きく揺さぶられながら，未来に向けた学校像の変革と再構築が求められている。

　本書は，国際連合の分類によればアジア東部（Eastern Asia）とアジア南東部（South-Eastern Asia）とされる地域を広域的に東アジアととらえ，日本，韓国，中国，台湾，シンガポール，インドネシア，ベトナムにおいて，どのような学校の未来像が構想され，改革の取り組みが行われているのかに光を当てている。東アジアと一言で言っても，各地域の政治，経済，歴史，文化の特徴はきわめて多様であり，学校教育の抱えている課題も一つの言葉でまとめるのは不可能に近い。しかしながら，本書の執筆者たちが対話を重ねるなかで見えてきた共通の課題がある。それは，急激な近代化のプロセスのなかで，経済発展や国家統合の手段となってきた東アジアの学校を，どのように民主主義的で，質の高い学力を保障する空間へと再構築していくか，といった課題である。

　この課題の解決は決して単純ではない。学校という場所は，その地域が経験してきた歴史，政治，文化が凝縮され，映し出される空間である。民主主義的で，質の高い学力を保障できる学校づくりを阻んでいる壁も，それを乗り越えていく方法もさまざまである。たとえば，経済発展の度合いや軍事独裁の経験の有無など，学校教育と直接関係がないように見えるさまざまな事象や社会的，歴史的な背景が，学びと授業をとらえる観点や，教師−子ども間の関係性に深くかかわっているのである。したがって学校の改革は，制度を一部変更することで成し遂げられるものでもなく，管理職や一部の教師が努力するからといって実現するものでもない。学校を改革するというのは，システム，文化，意識，関係性を含む全体にかかわるものであり，すべての構成員が学校を取り巻く地

域，行政，市民に支えられる形で，長期にわたって忍耐強く取り組む必要がある包括的で複合的な課題なのである。

　各章では，東アジア地域の学校改革の事例がダイナミックに，また時には細やかに描かれている。教育改革のグローバルな流れのなかでの東アジアの位相から，具体名を持つ教師の授業づくりにいたるまで，各国の学校改革の諸相を通して，この地域の学校改革が直面している共通的な課題とともに，学校と教室を変える取り組みの具体的な様相に出会うことができるだろう。とくに，学校において粛々と子どもたちの学びと成長を支える教師の姿から，私たちは，教師の声なき声と経験の価値の重みは地域を越えて共通していること，そして，教師と子どもたちの声と経験の中にこそ，学校改革の課題と，解決に向けた道筋を見つけることができるということに気がつく。

　本書は，日本，韓国，中国，台湾，シンガポール，インドネシア，ベトナムにそれぞれのフィールドを持ち，各地域の教育改革のマクロな流れに精通しているだけでなく，学校と教師の日常的で具体的な実践にかかわっている筆者たちにより執筆された。筆者たちの国籍は日本，中国，台湾，韓国と多様であり，活躍の拠点も日本，中国，シンガポールと広域に渡っていることもあり，各章ではそれぞれの地域の学校改革の様相が鮮やかに描かれている。

　今日，東アジアにおいては，グローバル化や共生が叫ばれる一方で，歴史的，政治的，経済的な葛藤が先鋭化しており，この地域は互恵的な関係で結ばれているというよりは，利己主義によって互いに孤立を深めているように見える。そのような時代であるからこそ，他の地域の学校，教師，子どもたちが直面している現実に目を向け，他者の実践から学び，また，共通した課題の解決のために知恵を出し合っていくことの重要性が強調されるべきではないだろうか。本書が，ダイナミックで多様性に満ちた東アジアの学校の過去，現在，未来に目を向けることの一助になれば幸いである。

　　　　　　　　　　　　　　　　　　　　　　　　　　　　申　智媛

もくじ

はじめに（申　智媛）……………………………………………………… i

第1章　グローバル時代の学校改革を展望する
―東アジアの中の日本―　　　　　　　　　　　　　　（上野正道）

1節　なぜ，いま学校改革なのか ………………………………………… 1
2節　新自由主義的な学校再編のムーブメント ………………………… 4
　　　学校批判のインパクト ……………………………………………… 4
　　　学力とカリキュラムの転換 ………………………………………… 5
　　　教育改革の混迷と責任 ……………………………………………… 8
3節　アイロニカルな教育改革の展開 …………………………………… 10
　　　日本，イギリス，アメリカの教育改革 …………………………… 10
　　　反転する改革――ゆとりと学力向上の狭間で …………………… 12
　　　新自由主義と新保守主義の帰結 …………………………………… 13
4節　グローバル化する東アジアの教育 ………………………………… 16
　　　知識基盤社会に向けた学校システムの創造 ……………………… 16
　　　東アジアの学校改革――中国と韓国の事例 ……………………… 19
5節　教育・学習・学校を再構築する …………………………………… 22
　　　学校を再生するシナリオ …………………………………………… 22
　　　東アジアの教育のゆくえ …………………………………………… 24

第2章　日本の学校改革と教師
―協同的な学びの文化の形成をめざして―　　　　　　（北田佳子）

1節　日本の学校改革の動向と教師の現状 ……………………………… 27
　　　改革のなかの教師 …………………………………………………… 27

協同的な学びが成立しにくい日本の学校文化 ………………………… 28
　　　日本の子どもたちにおける協同的な学びの現状 ……………………… 29
　　　日本の教師たちにおける協同的な学びの現状 ………………………… 30
　2節　ある公立中学校の改革の軌跡をたどる …………………………………… 31
　　　改革1年目――不安や戸惑いを抱えたまま改革がスタート ……………… 32
　　　改革2年目――変化の兆しが見えるも一進一退 …………………………… 35
　　　改革3年目――子どもの学びに関する議論が大きく変化する …………… 37
　　　改革4年目――学校長の交代というターニングポイントを迎える ……… 40
　　　改革5年目――4割の教師が入れ替わる危機を乗り越える ……………… 41
　　　改革6年目――教科の本質にかかわる議論を深める ……………………… 43
　3節　協同的な学びの文化を育む学校改革から学ぶ …………………………… 47
　　　子どもたちのなかに培われた協同的な学びの文化 …………………… 47
　　　教科の壁を越えた教師たちの協同的な学びの文化 …………………… 49
　　　「活動の連帯」の重要性と教師の専門性のとらえなおし ……………… 51
　4節　未来への展望 …………………………………………………………… 54

第3章　韓国の学校改革
―学校文化の革新を求めて―　　　　　　　　　　（申　智媛）

　1節　韓国の学校改革を再考する ……………………………………………… 57
　2節　民主化以降政府により進められた教育改革 …………………………… 58
　　　初の民主政権による学校の構想
　　　　　――金泳三政権の教育改革（1993年～1998年）……………………… 59
　　　民主化と競争主義を同時に加速させたアイロニカルな教育改革
　　　　　――金大中政権による教育改革（1998年～2003年）………………… 60
　　　「平等」，「参加」，「自治」の理念の登場と議論に終始した教育改革
　　　　　――盧武鉉政権の教育改革（2003年～2008年）……………………… 61
　　　「競争」，「自由」，「多様化」が招いた格差拡大と序列化
　　　　　――李明博政権の教育改革（2008年～2013年）……………………… 62
　　　優秀性と福祉の同時追求のゆくえ――朴槿恵政権の教育改革（2013年～）…… 63

3節	教師，親，市民による自発的な学校改革の取り組み………… 64
	公教育に対するオルタナティヴの模索——代案教育運動………… 65
	学校改革における哲学とヴィジョンの重要性
	——「学びの共同体」としての学校づくり………… 66
	教師，親，市民を中心とした学校づくりから地域と協同する学校改革へ
	——革新学校………… 68
4節	校長と教師の学校改革の物語………… 71
	以友(イウ)学校の教師による授業づくり………… 71
	フンドク高校の校長と教師による学校づくり………… 77
5節	教師の秘めたパワーを原動力とする学校改革へ………… 84

第4章　中国における素質教育の展開
—上海の学校改革から—
（肖霞／上野正道）

1節	変わる中国の教育課程………… 87
2節	素質教育による教育課程改革………… 88
	素質教育の社会背景と要因………… 88
	素質教育理論の概要………… 92
3節	素質教育の現状と検討課題………… 97
	素質教育政策の展開………… 97
	素質教育政策の現状と課題………… 99
4節	上海打虎山第一小学校の改革………… 102
	教育課程の目標と構造………… 102
	「総合実践」の学習活動………… 104
5節	中国の教育改革のゆくえ………… 107

第5章　グローバル化のなかで始動する台湾の学校改革
（黄　郁倫）

1節	グローバル時代の台湾の学校改革………… 111

2節　変わる教育制度と変わらない学校 ……………………………… 112
　1）1990年代の主要な教育改革 ………………………………………… 112
　　教科書制度の開放 ……………………………………………………… 112
　　高校と大学の増設 ……………………………………………………… 114
　　学校現場の動向 ………………………………………………………… 115
　2）2000年代の主要な教育改革 ………………………………………… 117
　　「九年一貫課程綱要」の導入 …………………………………………… 117
　　多元入学方案の実施 …………………………………………………… 121
　　学校現場の動向 ………………………………………………………… 122
3節　始動する学校改革 …………………………………………………… 126
　1）十二年国民教育の導入に向けて …………………………………… 126
　2）広がる「学びの共同体」の学校改革 ……………………………… 129
　3）学校と教師の急変と政府の動向 …………………………………… 132
4節　「学習的革命」へ …………………………………………………… 136

第6章　シンガポールにおける学校改革の現状と課題　(齊藤英介)

1節　本章の視座 …………………………………………………………… 139
2節　シンガポールの社会 ………………………………………………… 140
　1）多民族社会の成立 …………………………………………………… 140
　2）政治体制の構築 ……………………………………………………… 143
　3）経済発展 ……………………………………………………………… 144
3節　シンガポールの学校教育 …………………………………………… 147
　1）教育制度 ……………………………………………………………… 147
　2）シンガポールにおける学校教育発展 ……………………………… 148
　　独立当初期（1965年〜1979年）……………………………………… 148
　　効率志向期（1979年〜1987年）……………………………………… 148
　　能力志向期（1987年〜1997年）……………………………………… 149
　　創造性志向期（1997年〜現在）……………………………………… 150

3）問題点 …………………………………………………………………… 151
4節　学校改革 ……………………………………………………………………… 152
5節　考　察 ………………………………………………………………………… 155

第7章　インドネシアの教育政策の変遷と学校改革の新たな波
　　　　　—トップダウンからボトムアップの実践へ—　　（高澤直美）

1節　インドネシアの政治経済の動き …………………………………………… 159
　　東南アジアの大国インドネシア ……………………………………………… 159
　　オランダ植民地支配から独立へ ……………………………………………… 160
　　旧体制から新体制へ（From 'Orde Lama' to 'Orde Baru'） ………… 160
　　開発独裁政権の長期化 ………………………………………………………… 161
　　民主化・改革の時代へ ………………………………………………………… 164
　　地方分権化政策 ………………………………………………………………… 165
2節　公教育制度の整備 …………………………………………………………… 167
　　植民地下のエリート教育から国民教育へ …………………………………… 167
　　インドネシアの教育制度 ……………………………………………………… 168
　　初等教育義務化政策 …………………………………………………………… 170
　　1950年代～1980年代の教育内容 …………………………………………… 173
　　全国統一卒業試験の導入 ……………………………………………………… 173
　　1989年～1994年の教育改革 ………………………………………………… 176
3節　近年の教育改革の動向 ……………………………………………………… 177
　　民主化政権への移行による教育大改革 ……………………………………… 177
　　未曾有の経済危機対応 ………………………………………………………… 179
　　教育の地方分権化 ……………………………………………………………… 180
　　学校委員会，教育委員会の設置 ……………………………………………… 182
　　革新的な2004年，2006年カリキュラム …………………………………… 183
4節　インドネシアの学校風景と新たな挑戦 …………………………………… 188
　　公教育の地域間格差と学校の序列化 ………………………………………… 188
　　インドネシアの学校文化・教員文化 ………………………………………… 190

従来の授業スタイル ………………………………………… 192
　　　教育の質の問題 ……………………………………………… 194
　　　インドネシアの学校改革の挑戦 …………………………… 196
　　　インドネシアにおける今後の学校改革の展望 …………… 202

第8章　ドイモイを謳歌する教師の群像
―ベトナムにおける教育の社会化・標準化・新教育運動―
（津久井　純）

1節　教師の声から改革をひもとく ……………………………… 207
2節　教育のドイモイ（刷新）とは？ …………………………… 208
　　　「教育の社会化」政策 ……………………………………… 208
　　　教育の質の向上をめざした2000年カリキュラム ………… 211
　　　国際水準を視野に入れて …………………………………… 213
　　　「標準化」によって教育の平等を保障する ……………… 214
3節　個人の能力が社会にさらされる時代 ……………………… 218
　　　「重いカリキュラム」と「成績病」 ……………………… 218
　　　親と教師の関心の接点 ……………………………………… 220
　　　優勝劣敗 ……………………………………………………… 222
　　　ドナーによる新教授法旋風 ………………………………… 224
4節　渇望する教師 ………………………………………………… 227
　　　求む！実践知 ………………………………………………… 228
　　　校長の決断――教師が信じ合うために …………………… 232
　　　研修が教師の毎日の幸せにつながるには ………………… 236
5節　改革の展望 …………………………………………………… 238
　　　学校改革の課題 ……………………………………………… 238
　　　次なる「教育のドイモイ」 ………………………………… 239
　　　ベトナムの新教育運動 ……………………………………… 241

　　引用参考文献 …………………………………………………… 243
　　人名索引 ………………………………………………………… 254
　　事項索引 ………………………………………………………… 256
　　あとがき（上野正道） ………………………………………… 258

東アジアの未来をひらく学校改革

第1章
グローバル時代の学校改革を展望する
―東アジアの中の日本―

上野正道

1節　なぜ，いま学校改革なのか

　1990年代以降，学校を取り巻く状況は，大きく変容している。現代のグローバル社会化とともに，日本を含む東アジア諸国では，学びを中心とした授業づくりが探索され，新たな学校改革が展開されている。知識基盤社会，高度情報社会，環境循環型社会，多文化共生社会，少子高齢社会など，21世紀の社会は，アジア各国の国家領域をはるかに越えてグローバルな規模で進展している。知識の高度化，専門化，複雑化が促され，個々の学問分野を横断した総合的で複合的な思考やスキル，さらには文化や文明の違いを越えた対話的なコミュニケーションが重視されている。学校では，子どもたちの探究的思考，創造的思考，批判的思考，協同的思考，参加的思考，問題解決，コミュニケーション，社会実践力が強調される方向に向かっている。

　19世紀以降の日本や欧米における公教育の制度化の推進力になったのは，国民国家の統合，資本主義の発展，産業主義，都市化，テクノロジー化，中央集権的な国家機構などであった。近代学校の確立は，教育制度とカリキュラムの標準化や効率化を促し，既存の確定した知識の伝達と説明に傾倒した授業，学歴や試験に規定されたメリトクラシー的な教育選抜の拡大を招いた。戦後日本においては，教育基本法の制定や高度経済成長を背景にして，高等教育への進学率の上昇や所得水準の向上が図られ，教育の量的拡大とともに能力主義的な教育観が普及した。

一方で，1980年代を境に，学校は新規な問題に直面した。いじめ，不登校，校内暴力，少年犯罪，学級崩壊などが問題化し，教育のネガティブな側面が次々に明るみにされた。学校と教師は，その権力性やイデオロギー性を告発され，毀誉褒貶にさらされる事態となった。このようななかで，戦後の学校システムとは一線を画して教育改革を推進する課題は，新自由主義と新保守主義による改革へと収斂していった。新自由主義は，教育の自由化，民営化，規制緩和を積極的に推進し，市場原理的な改革を牽引していった。

　今日のグローバル時代において，教育は転換点を迎えている。高度に専門化し，多様化し，複合化する知識基盤社会のなかで，革新的な学校改革を展開する動きが欧米やアジア諸国において広がっている。既存の固定された知識の伝達と説明に偏った授業様式から，探究活動や表現活動に根ざした学びへの変容が促され，学習面においては，個人的な知識習得としてよりも，協同的で対話的な実践が志向され，知識の量・効率性・スピードよりも，思考の質・デザイン・コミュニケーションが強調されている。カリキュラムは，細かく断片化された教科領域や単元構成によって成立するのではなく，教科の境界を越えて，領域横断的につながりあうことが奨励されている。さらに，教室空間を創造するうえでは，家庭，地域，施設，企業など，コミュニティに広く開かれることが求められている。

　ところで，グローバルな次元での学力観の転換を促したものとして，経済協力開発機構（OECD, Organisation for Economic Co-operation and Development）が実施する国際的な生徒の学習到達度調査のPISA（Programme for International Student Assessment）がある。2000年に第1回が実施され，以後，3年ごとに実施されているPISAは，15歳を対象に，「読解力」，「数学的リテラシー」，「科学的リテラシー」を調査するものである。それは，学校カリキュラムに直接かかわるのではなく，むしろ知識や技能を実生活のさまざまな場面での課題においてどの程度活用できるかを問うものである。知識の獲得よりも活用を重視するPISAの学力観は，「21世紀型学力」や「PISA型学力」などとも呼ばれている。PISA調査の結果は，世界各国の教育に影響を与え，日本でも，「学力低下」や「学習意欲の低下」について論じる際にしばしば引き合いに出されている。知識基盤社会の到来に照準を合わせたグローバルな教育の

動きは，日本，韓国，中国，台湾，シンガポールなど，東アジア諸国において，急速に拡大して進行している。

　1990年代末以降，日本においても，学習指導要領が改訂され，新たなカリキュラムづくりの動きが活発に探索されてきた。98年に公示され，2002年から実施された学習指導要領では，「ゆとり」のなかで「生きる力」を育むことが掲げられ，「総合的な学習の時間」の創設などが行われた。一方で，この時期の教育改革においては，選択や競争など，教育の市場化，自由化，規制緩和もまた進められ，新自由主義的な改革が支配力を形成した。さらに，今日では，「思考力・判断力・表現力」の育成や，コミュニティ・スクール，地域の特色を生かした教育が活性化し，家庭的なホームやケアを志向する学校づくりも探られている。貧困と格差の増大，労働市場の縮小，家庭の危機など，子どもを取り巻く環境が厳しさを増す状況のなかで，学びのシニシズムが拡大している。こうしたなかで，教室では，子どもたちの学びを中心とする授業づくりが尊重され，学び合う関係を軸にしたコミュニティとしての学校を再生する課題が生起している。

　本章では，東アジアに位置する日本の教育改革の動向をとらえ，学びを再生し，近未来の学校を再建する方途について考えてみる。今日，学校では，すべての子どもたちが質の高い学びへと参加し，人びとが生きる展望を紡ぐ学びを創出することが必要とされている。グローバル時代の学校改革をどのように構想するのか，教育の市場化を促す新自由主義的な改革にどのように向き合うのか，民主主義に立脚した学校をどのように創造するのか，探究的で活動的な学びをどのように導入するのか，教室のなかで聴き合い学び合う関係をどのようにつくりだすのか，PISAに象徴される活用的な学びや授業をどのように創出するのか，コミュニケーションや対話的な活動を教室にどのように取り入れるのか，領域横断的で相互関係的なカリキュラムをどのように展開するのか，真正な授業と学びをどのように構想するのか，教師の専門性や反省的な授業をどのように準備するのか。東アジア各国で問われている学校改革の課題はきわめて大きなものである。

2節　新自由主義的な学校再編のムーブメント

●学校批判のインパクト

　1990年代末以降，教育改革をめぐる動向は，新自由主義や新保守主義の流れを加速させる方向で展開してきた。その発端は，1980年代にさかのぼることができる。82年に発足した中曽根政権のもとで，首相の私的諮問機関である臨時教育審議会が結成された。臨教審は，84年から87年にかけての4次の答申で，日本の公立学校が「深刻な危機」に直面していると診断し，戦後の教育システムからの脱却を謳うとともに，教育の個性化，多様化，弾力化を前面に掲げ，その後の市場原理的な新自由主義改革の先鞭をつけた（臨時教育審議会，1985-1987）。戦後の学校教育が画一的，硬直的なシステムと化しているという批判が高まり，公教育に対する危機意識が醸成されていった。その背景を3つの視点から探ってみる。

　第一は，受験戦争や学歴偏重，知識偏重など，いわゆる「詰め込み教育」が隆盛したことに対する批判である。教室では，教師による一方向的な知識の伝達と説明に傾倒した授業が浸透し，確定的な知識の暗記と獲得に比重を置いた評価が行われた。1970年に高校進学率が90％を超え，進学をめぐる受験競争が過熱すると同時に，80年代後半から90年代前半にかけての時代というのは，第二次ベビーブーム世代が高校，大学へと進学する時期とも重なり，厳しい受験競争や試験偏重の教育が普及した。一方で，そのような学校や教師の方針に馴染めない多くの子どもたちを輩出し，「勉強嫌い」や「落ちこぼれ」の現象をも生み出した。

　第二に，学校内の暴力や教師への暴言，生徒間暴力，器物損壊，喫煙，万引きなどが広く社会問題化したことである。教室の窓ガラスが連日のように割られたり，学校の施設や備品が壊されたり，校庭や廊下を生徒がバイクで走ったり，黒板や廊下がスプレーで落書きされたりする事件が生じた。子どもや若者たちに絶大な人気を集め支持されたのは，抑圧的な大人や教師たちに対する抵抗や反抗を示すテレビドラマやマンガ，ロックミュージックなどのサブカルチ

ャーであった。それに対し，学校では，管理と統制を強化していった。80年代は，受験競争や知識偏重の教育が過熱する一方で，従来の学校や社会に対する異議申し立てが活発化した。

　第三に，いじめ，不登校，学級崩壊をめぐる問題があげられる。不登校児童生徒の数は，1991年度に66,817人（全児童生徒数14,345,743人）であったが，2001年度に138,722人（同11,288,831人），2010年度に119,891人（同10,566,028人）と推移している。いじめや不登校の増加は，90年代以降，教育相談やスクールカウンセリングなど，「心の教育」や「心のケア」を強調し，「生きる力」を理念に据える改革にもつながった。1995年以降，臨床心理士などの資格を有した専門家がスクールカウンセラーとして学校に配置されるようになった。95年度に154校に配置されたスクールカウンセラーは，2001年度以降，各都道府県の要請に基づいて，全国の中学校に計画的に配置されることが目標に掲げられた。06年度には，全国の中学校7,692校（4校に3校の割合）に配置された。いじめや不登校の問題が世間に広く認知され，いじめ相談や子どもの人権相談などの窓口が数多く設立された。いじめ，不登校，学級崩壊などの問題が大々的に取り上げられたことは，学校に対する不信，不満，危機意識を増大させ，教育改革を要請する声を大きくさせる一因にもなった。

　一連の状況は，戦後の公教育に対する深い不信と不満を醸成し，学校批判の動きに拍車をかけることになった。「教育の危機」をめぐる議論は，戦後の学校システムを解体し，教育の私事化，自由化，規制緩和を標榜する市場原理的な改革を拡張する一方で，そこに国家による強力な介入と統制を介在させる政治主導のシステムを再導入することに帰着した。それは，学校制度の抜本的な見直しを進めると同時に，新自由主義の政策を国家の強力な介入のもとで実施し牽引することを意味している。今日，日本や東アジア諸国において，新自由主義の趨勢は，多大な権力と支配力を形成している。

●**学力とカリキュラムの転換**
　1990年代以降のグローバル社会の浸透は，従来の国家領域に傾倒した国民教育の再編を促した。89年のベルリンの壁の崩壊や91年のソ連解体をはじめとする冷戦体制の終結は，自由主義経済に立脚した新たな世界システムを創出

し拡大する欲望を喚起し、市場化と技術革新に支えられたグローバル社会を樹立する回路を産出していった。旧東側諸国ばかりでなく、旧西側諸国においても、戦後の福祉国家体制の再編が促進され、市場原理的な新自由主義や新保守主義へと舵が切られることになった。計画経済の破綻が進行し、予定調和的な自由競争が賛美されるなかで、日本、アメリカ、イギリスをはじめ、先進諸国は、社会の市場化、自由化、規制緩和を積極的に歓迎し導入するムーブメントを生み出していった。グローバル社会の拡大は、計画経済や福祉国家の限界を露呈させることによって、新自由主義を正統化する結果を招いたのである。

社会の急激な変化は、学校教育とカリキュラムに対しても変容を促した。カリキュラムの構成は、教科を中心としたあり方から、子どもたちの関心や生活経験を尊重するものへとシフトするようになる。1989年に告示された学習指導要領は、児童・生徒の「関心・意欲・態度」に重点を置く「新しい学力観」を提示した点で、それまでの改訂とは異なる学力観が示された。学力の評価を、従来の「知識・理解」中心の考え方から転換し、「単なる知識の量」よりも「自ら学び自ら考える力」を重視する考え方が示された。「個性を生かす教育」が志向され、「関心・意欲・態度」や「思考力、判断力、表現力と、自己教育力」の育成が掲げられた。具体的には、体験学習や問題解決的な学習が活発に探索され、小学校低学年段階での「生活科」の新設や情報活用能力、国際理解の強調、外国語教育におけるコミュニケーション能力の推進などが行われた。従来の知識偏重や偏差値重視の教育を緩和するとともに、画一的で硬直的だとされた学校システムを再構築し再制度化することが検討された。従来の教科中心のカリキュラムに代わって、子どもたちの学習経験を尊重するカリキュラムへの転換が進められるようになる。

新たなカリキュラムにおいては、子どもたちの興味や関心を取り入れて、生活経験や活動的な経験、問題解決を図る路線が敷かれた。1998年に告示された学習指導要領は、21世紀の新しい教育を展望する形で、「ゆとり」ある学習環境のなかで「生きる力」を育むことを理念に掲げた。「自ら学び考える力」の形成を謳い、「ゆとりと充実」を強調した改革は、学歴社会と受験競争の激化による「ゆとり」の欠如という認識を反映し、「詰め込み教育」からの脱却を実現するものと受けとめられた。「学校完全週5日制」や「教育内容の3割

削減」が実施された。たとえば，小学校の総授業時数は，1971年の改訂では，6,135時間であったのに対し，2002年では，5,367時間にまで減少している。このことは，「学力低下」への世間の懸念と批判を喚起することにつながった。

　ところで，いわゆる「ゆとり教育」として論じられた際の「ゆとり」という言葉については，簡単な補足をしておくことが有益であろう。教育改革において，「ゆとり」という言葉は，「詰め込み教育」との対比で想起されることが多いが，1980年前後から用いられてきた「ゆとり」の語が示した内容からすれば，必ずしもそれは正確ではない。当初，「ゆとり」の概念が意味したのは，教育課程編成上の学校の自由裁量を拡大することであり，カリキュラム上の規制緩和であった。その点では，90年代後半の「学校完全週5日制」や「教育内容の3割削減」の政策は，必ずしも「ゆとり教育」に由来するものではない。それらの政策はむしろ，教育の私事化と自由化を促す新自由主義の論理に由来すると考えるほうが妥当である。

　それに対し，「総合的な学習の時間」の創設は，教育課程編成上の学校の自由裁量の拡大の議論に近接する点で，本来の「ゆとり」の概念に連なる側面をもちあわせている。「総合的な学習の時間」では，従来の確定的な知識と技能の習得だけではなく，子どもたちが「自ら課題を見つけ，自ら学び，自ら考え，主体的に判断し，よりよく問題を解決する資質や能力」を育むことによって，「生きる力」を形成することが目標にされた。そのために，従来の教科の枠組みを越えて，横断的，総合的に学習を進めることが奨励された。また，学習内容を各学校が創意工夫して決定する基準の大綱化が行われ，地域や学校の特色に応じた課題や，子どもたちの興味，関心に即した課題の設定が推進された。

　「総合的な学習の時間」の創設は，教科領域の枠組みを軸に構成されるカリキュラムから，教科間の相互のつながりや連関を強調した関係的なカリキュラムへの転換を促すことを含意していた。それぞれの教科は，細かく断片化され，相互に関連なく教えられるべきではなく，子どもたちの生活や経験と結び付き，総合的，横断的に学習されることが意図されることになる。具体的なテーマとしては，国際理解，情報，環境，福祉，健康などがあげられた。

● **教育改革の混迷と責任**

　新自由主義や新保守主義を標榜する改革は，教育の市場化に対する政治的な介入を強化することで影響力を誇示するようになる。2000年には，小渕恵三首相の私的諮問機関として教育改革国民会議が発足した。小渕首相の後を継いだ森喜朗首相においても継続された会議は，教育基本法改正や奉仕活動の義務化，学校選択制の推進，学校の外部評価，コミュニティ・スクール，指導力不足教員の排除，家庭教育，民間人校長の登用などを議題にあげ，それらの内容を2000年12月の最終報告書「教育を変える17の提案」にまとめている。同様の動きは，小泉政権においても継承され，「聖域なき構造改革」や「官から民へ」などの標語が繰り返し唱えられた。教育においては，学校選択制の拡大や教育特区の導入が示され，「スーパー・サイエンス・ハイスクール」，「スーパー・イングリッシュ・ランゲージ・ハイスクール」，「コミュニティ・スクール」などが設置された。

　「生きる力」が掲げられ，子どもたちの経験を軸にした授業とカリキュラムの開発が探られた一方で，学校システムの再編が行われ，教育の格差化と序列化を助長するかのような改革が矢継ぎ早に導入された。99年に改正された学校教育法では，公立の中高一貫校，中等教育学校の設置が認められた。02年から本格実施された「ゆとり」の理念とは反対に，首都圏および関西地域では，私立中学や公立の中高一貫校への進学熱が加速し，受験競争の再燃を促す事態を招いた。「子どもの貧困率」は，2006年時点で14.2％という高い割合を示し，その数値はさらに上昇を続けている一方で，2008年には，首都圏の私立中学受験者数が過去最高に及んでいる（厚生労働省，2009）。

　2006年10月に，当時の安倍晋三首相のもとで発足した教育再生会議では，学校システムの抜本的な改革が着手された。同年12月には，教育基本法改正が行われ，「愛国心」や「公共の精神」の涵養が掲げられた。07年4月には，全国学力・学習状況調査（全国一斉学力テスト）が開始された。08年1月に福田康夫首相に提出された教育再生会議の最終報告書では，「徳育」の教科化，全国学力・学習状況調査の結果検証や授業時間数の増加，小学校での専科教員の配置，英語教育，理科教育の改革，教員免許更新制，指導力不足認定，教員評価，分限の厳格化，メリハリのある教員給与，社会人の大量採用，副校長・

主幹教諭の配置，教育委員会の改革などが示された（教育再生会議，2008）。教育に対する国家の政治的介入と統制が強化されるとともに，競争的，序列的な学校システムへの再編が進められた。教育の市場化は，「ゆとり教育」の実施と時期的に並行して，改革をリードしてきたのである。

　ここで見逃すことができないのは，1980年代以降の教育改革が新自由主義や新保守主義の論理によって牽引され，とりわけ90年代末以降，その影響力が圧倒的に増大してきたにもかかわらず，いわゆる「学力低下」にかかわる議論は「ゆとり教育」にのみ原因が帰せられた点であり，「教育問題」の多くは指導力不足教員や教育委員会制度などの問題に責任が負わされた点である。「ゆとり」は，「学力低下」や「学習意欲の低下」を引き起こした根源だと批判された一方で，同時期に教育改革を主導した新自由主義の責任を追及する声はほとんど聞かれなかった。新自由主義改革は，子どもたちの学習活動への関心や態度の形成を支えるような社会的，家庭的，経済的な基盤と条件に焦点を当てることには消極的であり続けてきた。新自由主義において，学びへの態度や関心にかかわる問題は，その子どもの「意欲」，「能力」，「生きる力」の次元の問題に還元され，個人の「自己責任」の論理に回収される見方が支配的である。

　苅谷剛彦は，1955年を基点にして2003年の国家予算をみた場合，全体の伸び率は14倍以上増えているのに対し，義務教育にかける国の予算は70年代後半から横ばいであり，増加率も約7倍にとどまっていることに注意を向けている。そして，日本の教育が，塾，予備校，通信教育などの教育産業が諸外国よりも広く普及し浸透している点で，もともと「家計依存度」が高くて，「公的な支出」が小さく，「市場化」になじみやすいような制度であったと指摘している（苅谷，山口，2008：15-16）。尾木直樹は，2011年に公表されたOECD調査をもとに，2008年のOECD加盟各国の国内総生産（GDP）に占める学校など教育機関への公的支出の割合が，日本は3.3％と，31か国中最下位であったこと，また，教育に対する家計の負担（私的負担）は66.7％と，OECD平均の31.1％を大きく上回っていた点に着目して，日本では，国や政府が教育を「未来への投資」として考えて子どもを育てる発想があまりにも欠けていると批判している（尾木，2012：68）。

そのように考えるならば、日本における公教育の現状を直視することなく、教育の市場化を唱えることの危うさもみえてくる。だが、新自由主義と新保守主義の改革は、「教育の危機」の責任を問われるどころか、むしろその解決策のように扱われ、ますます勢いを増大させていった。この意味で、「生きる力」の理念は両義的でもある。というのも、それは、新自由主義改革によって浸食された学びの環境を、子どもの意欲やその家庭の問題など「自己責任」の論理へと回収する側面をもつからであり、それを標榜することがさらなる教育の市場化を加速させ正統化する要素を含むからである。そこでは、OECD加盟の先進諸国で、日本がGDP費で最も教育予算が小さいことや、国家予算の増加に対する義務教育費の伸び率の少なさ、韓国と並び、一学級あたりの子どもの人数が非常に多いこと、6人に1人が直面する「子どもの貧困率」の深刻化、先進国でワースト2位とされるひとり親世帯の貧困率といった問題は、ほとんど配慮されることがないのである。

3節 アイロニカルな教育改革の展開

●日本, イギリス, アメリカの教育改革

90年代後半以降、教育改革の動きは、グローバルな次元で進展したが、そのことは世界各国が一律的な改革のプロセスをたどったことを必ずしも意味しない。教育の市場化、自由化、規制緩和を推進する新自由主義が支配的な潮流を形成した一方で、カリキュラムや学力をめぐる改革の内実とその方向性は決して一様ではなかった。とくに、日本では、新自由主義と並行して進められたのは、「過度の受験教育」の弊害を是正する「新学力観」や「ゆとり教育」の導入であったのに対し、イギリスやアメリカでは、新自由主義はむしろ「学力向上」、「学力重視」、「教育の卓越性」の改革とセットであったことに注意を払う必要がある。

1980年代のイギリスでは、保守党のサッチャー政権下で、教育の市場化と国家の強力な介入を容認する新自由主義的、新保守主義的な教育改革が権勢を誇った。従来、イギリスでは、1944年教育法（Education Act 1944）のもとで、

地方教育局が改革の主導的な役割を担っていた。それに対し，サッチャー首相が「学力向上」を最優先課題に据えて実施した改革では，一方で，教育の市場原理が積極的に奨励されるとともに，他方では，地方分権型から中央集権型のシステムへの転換が促された。

　まず，1988年教育改革法（Education Reform Act 1988）の制定によって，全国共通のカリキュラム（ナショナル・カリキュラム）と統一学力テスト（ナショナル・テスト）が導入されることになった。義務教育は，キー・ステージ１（5〜7歳，第１〜２学年），キー・ステージ２（7〜11歳，第３〜６学年），キー・ステージ３（11〜14歳，第７〜９学年），キー・ステージ４（14〜16歳，第10〜11学年）の4段階に分類された。それぞれのステージにおいて，学力の到達目標が明示され，教科ごとの学習プログラムが定められた。ナショナル・テストの結果については，学校別の全国成績一覧表がリーグ・テーブルとして公表され，成績の上位校と下位校が一目瞭然にわかる形になった。そのうえで，親に学校選択権を付与することによって，教育の市場化，競争化を助長するような方策を推進した。

　1997年に誕生した労働党のブレア首相もまた，「私のやりたいことは3つある。教育，教育，教育だ」と力強く主張し，学力向上によって国際競争力を高めることの必要性を訴えた。ブレア政権は，すべての学校での学力向上を掲げ，成績改善がみられない学校に対しては制裁措置をとる方法を採用した。政権は保守党から労働党へと移行したものの，サッチャー改革以降のナショナル・テストとその結果公表の政策が維持され，教育の市場化と国家による統制の動きはより強固なものになっていった。

　1980年代以降，アメリカでも同様に，新自由主義と新保守主義のイデオロギーが教育改革を先導していった。「小さな政府」と「強いアメリカ」を掲げたレーガン政権下で，教育の卓越性に関する全米審議会（National Commission on Excellence in Education）が創設された。1983年に提出された報告書『危機に立つ国家』では，アメリカの公教育が「危機」に陥っていると宣言され，「学力向上」を至上命題に掲げて教育改革に乗り出すことが示された。

　1991年4月に，共和党のブッシュ政権下で公刊された『2000年のアメリカ──教育戦略』では，2000年までの教育目標として，就学前の子どもの援助，

90％のハイスクール卒業率の達成，理科と数学の成績を世界一にすること，薬物や暴力からの解放と規律正しい学習環境の実現などが示され，そのために，スタンダード重視の学力向上政策や，優秀な教員と学校への報奨金の支給などの方策が奨励された。続く，クリントン大統領が1994年3月に署名した2000年の目標――アメリカ教育法（Goals 2000：Educate America Act）は，教育改革をめぐって，連邦レベルで制定された初めての法律であり，『2000年のアメリカ――教育戦略』の内容に加えて，教員養成と研修の充実化や教育への親の関与の増大などが盛り込まれた。

2002年にブッシュ政権のもとで制定されたどの子も落ちこぼれさせない法（No Child Left Behind Act）では，2005年より数学と読解の学力テストを行い，2007年からは科学も加えること，人種，民族，社会経済的背景，家庭の言語，障害などの評価結果を報告すること，すべての教室に良質な教師が配置されること，学力向上において前進がみられない学校については，生徒への転校の選択肢の提供や，補完的な教育の実施，スタッフの入れかえ，チャーター・スクール（公設民営の学校）への転換など，是正措置をとることが示された。

2009年に誕生したオバマ政権は，アメリカ史上最大の教育投資として，「トップへの競争レース（Race to the Top）」を開始した。2010年度予算で43億ドルが計上されたこのプロジェクトは，各州が教育の質をめぐって競争を行い，それに勝利した州が予算を配分される形式になっているが，実際には，スタンダード・テストや学校選択制の拡大，成果主義的な教員評価の導入などを推進する州のプログラムが肯定的に評価されている。学力向上のためのスタンダード化とテスト導入の動きが加速し，教育の市場化，競争化を招く制度再編が着手されている。

● 反転する改革――ゆとりと学力向上の狭間で

興味深いのは，80年代以降のイギリス，アメリカ，日本が，新自由主義の理念においては共通していた一方で，イギリスとアメリカでは，教育の市場化や自由化の政策とセットにして学力向上政策が掲げられたのに対し，日本では，「ゆとり」が推進されたことである。さらに重要なのは，80年代のイギリスとアメリカが教育改革の実行に際し，日本の教育を参照している点である。イ

ギリスがナショナル・カリキュラムを導入するときには，教育科学省がカリキュラム委員会の委員を日本に派遣して調査を実施している。

この頃，イギリスやアメリカが経済的な停滞を強いられていたのに対し，日本は，目覚ましい経済成長によって社会的繁栄を謳歌していたことに視線が向けられ，その要因の一つに「教育の成功」があげられたことが背景にあった。なかでも，注目を浴びたのは，中央集権的な学校制度，知識伝達型の授業，偏差値や学歴など競争重視の教育などであった。80年代の日本は，国際教育到達度評価学会（IEA）が実施する学力の国際比較調査（TIMSS）においても，第2回国際数学教育調査（1981年）で第1位を獲得し，第2回国際理科教育調査（1983年）でも第2位となり，高い順位を示していた。

しかし，注意を要するのは，イギリス，アメリカ，日本の改革は，必ずしも同じ方向性を向いていたわけではなかったことである。なぜなら，80年代のイギリスやアメリカが日本の教育を成功例としてあげ，中央集権的な教育行政や競争偏重の教育，詰め込み型の授業などに関心を払っていたのとまさに同じ時期に，日本では，むしろそれらの弊害を是正することが主要課題に設定されていたからである。すなわち，周知のように，いじめ，不登校，落ちこぼれ，校内暴力をはじめ，さまざまな「教育の危機」が語られたのを機に，時代は，「新学力観」や「ゆとり教育」へと大きく転換していったのである。

このことからすれば，イギリス，アメリカ，日本において，新自由主義的な改革によって「教育の危機」が声高に叫ばれ，教育への市場原理の導入が促された点では共有されていたものの，その内実は，かなり異なる方向性が考えられていたことがわかってくる。すなわち，日本では，新自由主義の教育とセットになったのは「ゆとり教育」の改革路線であったが，イギリスやアメリカではむしろ，「学力向上」や「教育の卓越性」を追求する改革が準備されたのである。しかも，当の日本が中央集権的で画一的な教育課程編成や，受験・試験偏重の教育を是正し脱却しようとしていた時期に，イギリスやアメリカがそれらの教育を成功モデルとして称賛する方向で改革を前進させたのである。

●新自由主義と新保守主義の帰結

21世紀に入り，教育の歴史は，ふたたび皮肉な形でめぐってくることになる。

というのも、2006年に当時の安倍首相が教育を「最優先課題」として位置づけ、その手本を80年代のイギリスのサッチャー教育改革に求めたからである。安倍は、ナショナル・カリキュラムとナショナル・テストを導入したイギリスの改革を「誇りを回復させたサッチャーの教育改革」と述べ、それを「壮大な教育改革」だったと絶賛している（安倍，2006）。そのうえで、安倍政権は、教育再生会議を発足させ、教育基本法改正や全国学力・学習状況調査の導入、教員免許更新制、教育委員会の抜本的改革など、新自由主義的、新保守主義的な政策を推進する観点から改革に取り組んだ。

注目に値するのは、当のイギリスやアメリカでは、ナショナル・テスト体制やどの子も落ちこぼれさせない法の失敗と破綻が浮き彫りとなり、すでに見直しや改善の方向性が示されているにもかかわらず、日本が80年代のイギリスのナショナル・テスト体制を無批判に称賛していることである。スコットランドは最初からナショナル・テストを導入しなかったが、2007年からはウェールズが取りやめ、その翌年にはイングランドでもキー・ステージ3のテストを廃止した。学力テストの結果公表と学校選択制が導入されれば、一部の学力の高い人気校とそうでない学校との序列と格差が顕著となり、学校間の競争はいっそう激化することになる。

イギリスでもアメリカでも、自分の学校のテストの成績をあげるために、テスト向けの学習時間を大幅に増やしたり、あるいはテストの点数を改ざんしたり、貧困家庭の子どもや障害児を排除したり、成績のよくない子どもを入学させないようにしたりすることが頻発し、子どもたちの日々の学習に弊害が生じていることが報告されている。テスト体制と学校選択制の拡大による教育の市場化、自由化の政策は、学力向上にほとんど寄与していないばかりか、学校間の競争を過熱させて、教育の序列化、格差化を招くことから、すでに失敗として結論づけられている感がある。このように、イギリスでもアメリカでも、新自由主義的な教育改革は、多くの歪みをもたらし、その後、見直しや是正の対象となっている。

だが、こうした動きとは反対に、近年の日本の教育改革においては、サッチャー教育改革を礼賛し、ふたたび導入しようとする傾向が際立っている。学校間や教師間の競争を助長するとともに、政治主導による新たな介入と統制を強

化する改革が進められている。しかも，80年代のイギリスやアメリカの教育改革において一つの参照点になったのは，日本の教育であったことを思い出してほしい。80年代に日本の中央集権的な教育システムや受験競争や試験競争に傾倒した授業・教育を称賛し開始した改革を，2000年以降，当のイギリスやアメリカでも失敗だったという報告が数多く提出されているにもかかわらず，日本の教育改革において，ふたたび導入し推進しようとしているという事実は，何とも奇妙でさえある。

　2012年に，自民党が政権に復帰し，第二次安倍内閣が発足すると，教育再生実行会議が組織された。今日の日本の教育が「危機的状況」に直面しているという認識が示され，急ピッチで改革が進められている。そして，いじめ防止対策推進法の制定，教育委員会制度の改革，「教師インターンシップ」の導入，6・3・3制の見直し，教科書検定制度の改革，「道徳」の教科化，小学校英語の教科化，新科目として「公共」の設置，大学入試センター試験に代わる「達成度テスト」の創設などに着手するとともに，自国への「誇り」と「愛国心」を醸成する必要性を強調する形で，新自由主義的，新保守主義的な政策を実行に移すことに精力を傾けている。2012年に，橋下徹大阪市長を代表とする大阪維新の会によって提出された教育基本条例もまた，イギリスのサッチャー時代の改革やアメリカのどの子も落ちこぼれさせない法に酷似しているとされる。実際，維新の会のブレーンの一人はサッチャー教育改革を参考にしたと述べている（志水，2012，MBS，2012）。

　このように，1980年代以降の教育の市場化，自由化の動向は必ずしも一様ではなく，さまざまなねじれが存在したとはいうものの，現代の教育改革において，その潮流が果たした影響力はきわめて大きかったことが理解できる。それにもかかわらず，今日，「教育の危機」が語られる際には，しばしば教育委員会制度や指導力不足教員，大学の教員養成制度などの問題として取り上げられがちであり，1980年代以降の教育を主導してきた新自由主義と新保守主義の責任を問う議論は回避され続けているのである。

4節　グローバル化する東アジアの教育

◉知識基盤社会に向けた学校システムの創造

　21世紀のグローバル社会は，19世紀以来の国民国家や産業主義の発展によって構築された教育システムの枠組みを根底から揺さぶり越え出ていくが，それらは，教育・学習・学校の再構築と再概念化をも促している。1999年6月のケルン・サミットのG8首脳会合で，「知識基盤社会化」に向けた高等教育改革の方向性が議論されたのをきっかけに，日本では，2005年1月の中央教育審議会答申「我が国の高等教育の将来像」や08年1月の答申「幼稚園，小学校，中学校，高等学校および特別支援学校の学習指導要領等の改善について」で，21世紀の社会が「知識基盤社会」であるという認識が示され，そうした変化に対応した改革の必要性が提起された（中央教育審議会，2005，2008）。

　なかでも，OECDによるPISA調査で測定される「リテラシー」の考え方は，「知識基盤社会」を牽引する新しい学力観を示すものとして，世界的に大きな影響力を及ぼしている。「読解力」，「数学的リテラシー」，「科学的リテラシー」の調査で測定されるのは，学校で教えられているカリキュラムではなく，知識や技能の実生活での活用・応用能力であり，記憶し暗記した知識ではなく，社会で直面する課題をどのように解決するかという「問題解決能力」である。2000年（参加32か国・地域），2003年（同41か国・地域），2006年（同57か国・地域），2009年（同65か国・地域），2012年（同65か国・地域）と3年ごとに実施されるPISA調査において，日本の子どもたちの平均得点は，「読解力」が第8位から第14位，第15位，第8位，第4位へ，「数学的リテラシー」が第1位から第6位，第10位，第9位，第7位へ，「科学的リテラシー」が第2位，第2位，第6位，第5位，第4位へと順位を移行させている。PISA調査においてとくに注目を浴びた国は，2000年と2003年の「読解力」や2003年と2006年の「科学的リテラシー」で，第1位を獲得したフィンランドであった。日本でも，フィンランドの教育を特集した雑誌や図書が数多く出版され，「フィンランド・メソッド」や「フィンランド式教育」のような実践が広まった。

他方で，日本の子どもたちについては，学習意欲の低下や，学びの意味と関心の低下といった課題も浮き彫りにされてきた。第2回 PISA 調査（2003 年）で，日本は，「数学についての本を読むのが好きである」，「数学で学ぶ内容に興味がある」の項目で，参加 41 か国・地域中で最下位であったのに続き，第3回調査（2006 年）でも，「科学についての本を読むのが好きだ」，「科学に関するテレビ番組を見る」，「科学に関する雑誌や新聞の記事を読む」などで参加 57 か国・地域中最下位を獲得し，「わたしは自分の役に立つとわかっているので，理科を勉強している」，「将来自分の就きたい仕事で役に立つから，努力して理科の科目を勉強することは大切だ」といった「理科学習に対する道具的な動機づけ指標」でも調査対象国・地域で最低の水準であった（国立教育政策研究所，2002，2004，2007，2010，2013）。1989 年の学習指導要領改訂で「新学力観」が示されたのを契機に，「関心・意欲・態度」が新たな学力として注目され，「学習意欲」を引き出す授業の工夫が学校現場でも盛んに追求されてきたにもかかわらず，それから 20 年近くが経過して，なおもこのような結果が生じるというのはきわめて皮肉なことである。

　日本では，2008 年に改訂された学習指導要領において，「知識基盤社会」のなかで「生きる力」を形成する方向性が示された。「生きる力」の改革路線を継承すると表明されたが，「ゆとり教育」の見直しが図られた。すなわち，1996 年 7 月の中央教育審議会答申「21 世紀を展望した我が国の教育のあり方について」での教育理念を踏まえ，「変化の激しい社会を担う子どもたちに必要な力」は，「基礎・基本を確実に身につけ，いかに社会が変化しようと，自ら課題を見つけ，自ら学び，自ら考え，主体的に判断し，行動し，よりよく問題を解決する資質や能力，自らを律しつつ，他人とともに協調し，他人を思いやる心や感動する心などの豊かな人間性，たくましく生きるための健康や体力などの『生きる力』」であるとされている。答申では，「生きる力」について，「OECD が知識基盤社会に必要な能力として定義した『主要能力（キー・コンピテンシー）』を先取りした考え方」だとも表現されている（中央教育審議会，2008）。

　「キー・コンピテンシー（key-competencies）」とは，OECD の DeSeCo プロジェクト（Definition and Selection of Competencies Project）が提唱した考え

方であり，グローバルな知識基盤経済社会化のなかで求められる国際標準の学力として提起されたものである。「キー・コンピテンシー」においては，能力は「自立的に行動すること」，「社会的に異質な集団で交流すること」，「社会・文化的，技術的ツールを相互作用的に活用する能力」の3つの観点から定義されている (Rychen, Salganik, 2003=2006)。さらに，OECDは，2018年のPISAから，グローバル社会のなかで，異質な価値観やアイデア，信念といった多様性を受け入れて協調し連携する「グローバル・コンピテンシー」の能力を測定することを検討している。

このように，近年の学校改革は，知識基盤社会に向けた学力とカリキュラムを探索してきた。この点で，90年代末以降の「生きる力」の概念は，強調点を少しずつ変質させている。すなわち，90年代においては，80年代以降の学校批判から続くいじめや不登校，学級崩壊などが問題化し，「心の教育」を重視する方向で「生きる力」の必要性が叫ばれていたのに対して，2008年の改訂では，むしろグローバルな知識基盤社会を前面に掲げる視点から「生きる力」の理念が提示されている感がある。中央教育審議会答申によれば，「知識基盤社会化やグローバル化」というのは，「アイデアなどの知識そのものや人材をめぐる国際競争を加速させるとともに，異なる文化・文明との共存や国際協力の必要性を増大させ」る社会であり，「競争」において，「自己責任」や「他者と切磋琢磨しつつ一定の役割」を果たすために，「基礎的・基本的な知識・技能の習得」や「それらを活用して課題を見いだし，解決するための思考力・判断力・表現力等」が必要とされる社会であり，「知識・技能」を「常に更新する」必要がある社会だとされている（中央教育審議会，2008）。そうしたなか，2012年のPISAで，日本の平均得点は，「読解力」，「数学的リテラシー」，「科学的リテラシー」，「問題解決能力」でそれぞれ第4位，第7位，第4位，第3位となり，学力の向上がみられつつある（国立教育政策研究所，2013）。

文部科学省は，2014年度から，「世界と戦えるグローバルリーダーを育てる新しいタイプの高校」として，全国に56校の「スーパー・グローバル・ハイスクール（SGH）」を指定して支援し，生徒の英語などの外国語力や幅広い教養，問題解決力の育成を強化している。かくして，「生きる力」を標榜する教育は，グローバル化や知識基盤社会のなかで，「思考力」，「活用力」，「人間力」，「問

題解決力」,「コミュニケーション力」,「コンピテンス」,「ソーシャル・スキル」を形成しようとする近年の傾向に対応する形で改革をリードしている。

◉東アジアの学校改革——中国と韓国の事例

21世紀の社会変化に対応して,教育・学習・学校の再構築を促す動きは,日本だけでなく,韓国,中国,台湾,シンガポールをはじめとする東アジア諸国で積極的に推進されている。

PISA調査においても,東アジア諸国が際立って好成績を残す傾向にある。2012年のPISA調査では,「読解力」,「数学的リテラシー」,「科学的リテラシー」の部門で,上海,香港,シンガポールの3か国・地域がトップ3を独占する状況となっている。なかでも,2009年のPISA調査で初参加した上海は,「読解力」,「数学的リテラシー」,「科学的リテラシー」のすべてで第1位を獲得したのに続いて,2012年の調査でも第1位を独占した（国立教育政策研究所,2010, 2013）。上海が学力において世界一に躍り出たことは,それが中国全体の傾向を示すものでは必ずしもないと補足された一方で,中国での教育の過熱化を彷彿させるとともに,近年の社会的,経済的な面での飛躍的な発展も後押しして,グローバル世界でのプレゼンスの上昇を印象づけている。

この間,中国では,計画経済から市場経済への再編による改革・開放路線の拡大に伴い,教育の市場化が推進され,大規模な教育改革が行われてきた。急速な経済成長とともに,進学競争・受験競争が過熱し,その弊害が顕在化した。子どもの過剰な学習負担や競争の激化,個人主義的な教育の弊害が指摘されるなかで,1993年に国務院が公布した「中国教育の改革と発展に関する綱要」や,99年に教育部によって策定された「21世紀に向かう教育振興行動計画」で,受験偏重の教育を克服して,一人ひとりの子どもの素質の全面的な発達を促し,未来社会を生きるための主体性,創造性,社会性,実践能力,競争力の育成を重視する「素質教育」の必要性が述べられた。2001年6月に中国教育部によって示された「基礎教育課程改革要綱（試行）」では,知識の詰め込みや伝達中心の教育から,子どもの素質や人間性を育てるカリキュラムへの移行が掲げられた。従来の教科中心,知識中心,試験偏重の「応試教育」に代わって導入されたのは,子どもたちの主体的で創造的な参加や実践的な探究力,情報の収

集・処理能力，問題解決力，交流と協力のコミュニケーション力といった資質の形成に重点を置く「素質教育」であった。「素質教育」は，「道徳素質教育」，「知力・能力素質教育」，「心理素質教育」，「審美素質教育」，「身体素質教育」，「労働素質教育」から構成されている。

中国の基礎教育課程改革を象徴するのは，新たな必修教科として，「総合実践活動」が取り入れられたことである。「総合実践活動」は，社会に広がる環境問題や道徳問題，国際理解問題，情報技術問題などを前にして，従来の個々に分断され細分化された教科に基づく学習ではなく，教科領域の障壁を越えて，横断的，総合的，実践的に探究することを促すものである。その構成要素は，「研究性学習」，「社区服務（コミュニティ・サービス）と社会実践」，「労働技術教育」，「情報技術教育」の4つである。これらの改革から，中国の「素質教育」や「総合実践活動」は，日本の「ゆとり教育」や「総合的な学習の時間」と比較されることもある（徐，2012）。

孫孔毅は，「素質教育」について，すべての子どもたちの「素質」を高める教育であり，「心理品質」と「潜能開発」を意図して「社会文化素養」を育成する教育であると述べている。孫によれば，「素質教育」においても，試験が完全に廃止されるわけではないという。「素質教育」では，試験の役割は，知識の詰め込みによる負担の増加を目指すことにあるのではなく，「1回の検査」と「フィードバック」を重視することにある。試験は，点数を競うためのものではなく，子どもたちが困難を乗り越える「心理素質」を育成し，自分自身を試すためのものとなる。一方で，孫は，21世紀新型人材育成会で報告された，ある興味深いエピソードも紹介している。それは，多くの人たちに，「素質教育とは何か」という質問をした際のエピソードである。この質問に対し，子どもたちは「毎日遊べる」教育と答え，ある先生は「子どもたちが手も動かさず，じっとして受けることのない」教育と答え，親は「たくさんのお金をかけて，子どもに特別な授業を受けさせることができる」教育と話したのに対し，ある大学教授は「素質教育なんて知らない」と答えたという（孫，2001）。

だが，一連の改革によって，高等教育機関への進学競争や受験競争の緩和に歯止めがかかるどころか，むしろその動きに拍車がかかり，問題が改善されて

いないという現実も指摘さている。具体的には，大学の募集定員数が国家によって統一的に制定され，省別に各大学の募集定員が配置されることや，都市と農村に二分された戸籍制度が存在するうえ，その戸籍の所在地に応じて傾斜的な「合格ライン」が設定されていること，大学志願者の募集に際して，学生募集定員数に地域的な偏りがあることなどから，高等教育機関への入学機会の地域格差や不平等が根本的には解決されていないという批判が提起されている（黄，2013）。上海などの大都市とその近郊では，多くの教育重点校や教育課程改革のモデル校が設置され，優秀な子どもたちを集めて英才クラスが創設されるなど，エリート教育の拡充に重点が置かれている。また，生徒に学校の選択権が与えられ，学校間の競争が助長されている。

　韓国でも，学校改革への期待が膨らんでいる。韓国では，1974年に，受験競争の激化を緩和させることを意図して，高校進学に際しての競争入試を廃止する平準化政策が採用されてきたが，その後も，一発勝負の大学受験が過熱化する現象がみられてきた。一方で，「入試偏重教育」を克服しようとする試みも活発化してきた。申智媛は，そのような改革事例のひとつとして，2009年度より，韓国の16の広域自治体のうち6つの自治体で中心的な事業として開始され運営されている「革新学校」の存在に注目している。その詳細は本書の第3章で論じられるが，「革新学校」は，「新たな学校モデル」を公立学校のなかで実現し，日常的な教育実践の改革を目指して，教育行政が教師と子どもの学習を支援しようとする点で，「画期的な取り組み」として評価されているという（申，2013）。

　このように，東アジア諸国で，学校改革の動きが急速に拡大している。授業では，活動的，探究的，問題解決的な学習が探索され，子どもたちが知識や技能を活用し，協同的に学習することが奨励されている。「考える力」，「活用力」，「コミュニケーション力」，「クリティカル・シンキング」，「キー・コンピテンシー」など，新たな学力観やカリキュラムを追求する動きが広がっている。知識は，確定的なものではなく，つねに生成し更新され再構築されるものである。学校では，子どもも教師も親も主役であり，そのような協同的な参加を通して豊かな学習が生成される。そこでは，子どもたちが学びの構成的な参加者となり，学びの意味と対話を積極的に探究することによって授業が展開する。グロ

ーバル時代の現在，日本を含む東アジア諸国は，これからの教育・学習・学校をどのように再構築するのかという共通した教育課題に直面している。

5節　教育・学習・学校を再構築する

●学校を再生するシナリオ

　知識基盤社会，高度情報社会，環境循環社会，多文化共生社会など，現代の社会変化は，子どもたちの学びの環境を大きく変容させ，学校教育に対して新規な課題を突きつけている。そうしたなかで，授業と学びを再生し，学校を再創造するシナリオが問われている。ここでは，6つの観点を示しておくことにしよう。

　第一に，授業での高度な学びを支え，子どもたちの質の高い学びへの参加を保障することがあげられる。このことは，何も知識の注入や試験偏重に回帰することを意味していない。すでに紹介したように，1980年代以降，イギリスやアメリカの学校においては，「卓越性」を追求する改革が準備されてきた。近年では，その動きは，「真正な授業と学び」を志向し，「真正な学力」を探索する改革へとシフトしてきている。OECDのPISA調査における「リテラシー」の考え方やDeSeCoプロジェクトの「キー・コンピテンシー」が提起する学力観も，そのような流れを反映している。子どもたちの質の高い授業への参加を保障し，高度で真正な学びへと誘うことが尊重される。

　第二は，協同的な活動や探究に根ざした学びを取り入れて，対話的で相互作用的な授業を積極的に導入することである。学校の教室では，確定された知識とスキルを効率的に伝達する伝統的な授業に代わって，対話的な相互作用を中心とする授業を開発することが重視され，協同的，社会実践的な学びの活動を推進することが目指されている。このことは，情報処理的な知識の量・効率性・スピードを競い合うことよりも，思考の質・デザイン・コミュニケーションを形成する知性的な活動を優先することを示唆している。従来の学習のあり方や，教師と子どもの関係を変更して，高度な知識や創造性，コミュニケーションを志向し，対話的，活用的，相互作用的な学びを展開することが奨励され

ている。

　第三に，教室の中にケアの関係を形成し，ホームとしての学校を構築することがある。学校という空間は，そこで，教師や子どもたちと出会い交わり合うことによって，互いに学び合い，支え合い，育ち合う場所である。それは，相互的で応答的な関係によって構成される空間であり，互いにケアしケアされる親密的なつながりによって支えられるホームの空間である。近年，ケアとホームを中心とする学校づくりは，家族と家庭の危機が深まるなかで，とりわけ重要な意味をもっている。学校には，離婚家庭の子どもや再婚家庭の子ども，未婚母の子ども，水道や電気やガスを止められている家庭の子ども，精神疾患や虐待，うつ病，適応障害などに悩む家庭の子どもたちがいる。こうしたなかで，学校は，ケアによってつながりあうホームとして機能することが求められている。

　第四に，学習活動を構成する教科については，小さく細切れにされた単元領域や教科領域に基づく理解を越えて，相関的，関係的，領域横断的に組織することが必要とされる。カリキュラムは，教科の領域や単元ごとに完全に切り離されるのではなく，子どもたちの学習経験と接続し連続しているべきだとされる。日本での「生活科」や「総合的な学習の時間」の実践や，近年，活発化している教科の枠組みを越えた学習は，そうした流れの中に置かれるものである。中国では，「応試教育」から「素質教育」へのカリキュラムの転換とともに，「総合実践活動」が導入され，新たな挑戦が生まれている。そこでは，カリキュラムの構成は，子どもたちの学習経験を基盤にして，総合的，関係的，越境的に把握されることになる。

　第五に，教師の同僚性を構築し，協同的なコミュニティを基盤とする学校づくりを奨励することである。教師の協同性と同僚性を形成することは，専門家としての教師のコミュニティを構築することを意味している。教師は何よりも，自身の教室を開き実践を振り返ることによって，相互に熟達し成長する専門家であることが要請される。それは，学校の中に，教師が互いに学び合い，支援し合う関係を構築し，協同性と同僚性に支えられた専門家のコミュニティを樹立することである。

　第六に，教室環境においては，家庭，地域，施設，企業など，社会的な空間

へとつながり，広く開かれていることが推奨される。すなわち，子ども，教師，親，地域社会がともに学び成長するコミュニティとしての学校のヴィジョンを共有することである。授業は，教室の中だけで完結するのではなく，つねに地域，家庭，社会の関心へと結びついて展開される。専門家のコミュニティというのは，このような社会的な関心を包摂することで確立されるものである。学校という場所は，子ども，教師，親，地域住民など，さまざまな人たちが出会いつながりあう空間である。そのような多様な人びとの学びへの参加を軸にした民主的なコミュニティとしての学校づくりが推進される必要がある。

●東アジアの教育のゆくえ

今日のグローバル化や技術革新は，産業社会や情報社会への転換と発展を促し，知識，スキル，思考の高度化，多様化，専門化，複雑化を招いている。その動きは，東アジア諸国の学校を大きく変貌させることに寄与している。

筆者は，この10年間で，韓国，中国，台湾，シンガポール，タイ，マレーシアなど，東アジア諸国の学校や大学を訪問する機会を得て，教師や研究者，NPO関係者，企業，行政，政治家など，教育に従事する多くの専門家たちとの交流を図ってきた。それぞれの国で訪問した学校で共通してみられたのは，個々の教師たちが教育のヴィジョンを心から大切にして実践に携わっていたことであり，知識の注入と獲得に傾倒した従来型の授業を越えて，子どもたちの学びの意味や対話を追求し，協同的，活動的に学習を志向していたことであり，教師，子ども，親，地域社会，教育行政が連携し協同して改革を推進していたことであった。

2013年には，上海師範大学で研究員として招聘され，学校訪問や講演をする機会を得た。また，これまでに，北京，上海，済南，大連など中国各地の大学や研究機関で開催された国際会議やフォーラムで講演や発表を行ってきた。上海市の学校では，2009年と2012年のPISA調査で，「読解力」，「数学的リテラシー」，「科学的リテラシー」の全分野で第1位を独占したことも影響し，PISA型の活用的な学びやプロジェクト型への学びへの転換が進んでいる。注目すべきなのは，OECDが分析するように，上海の生徒間の成績のばらつきは比較的小さく，学校の教育の質も比較的等しく保たれているうえに，生徒の

出身家庭の階層の影響が小さいことである。一方で，上海は中国の他の都市と比べて経済的，文化的に裕福であるのに加え，上海の生徒の平均学習時間はOECDの平均をはるかに上回っており，生徒たちの試験や受験への過度なプレッシャーがなおも持続している可能性があることが問題点として指摘されている（国立教育政策研究所，2010，2013，天野，2013，張，2011，張，2014：75-77）。

2013年10月に，筆者が上海師範大学教授の陳永明に実施したインタビューによれば，基礎教育課程改革は，これからの中国の教育を展望する最重要課題のひとつだと位置づけられている。陳が具体的な改革の課題として取り上げるのは，「教育課程の技能的転換の実現」，「教育課程構成の均衡性，総合性，選択性の体現」，「教育課程の内容，生活，時代の密接な関連づけ」，「生徒の学習方法の改善」，「素質教育の理念と一致する評価と試験制度の設立」，「国家課程，地方課程，学校課程の三段階の教育課程管理制度の実現」である。グローバル化や市場化が進み，教育が過熱化する中国において，学校改革を前進させることは喫緊の課題として浮上している。

2012年8月に，韓国の京畿道水原（スウォン）の「革新学校」を訪問した。韓国では，2011年の「スマート教育推進戦略」で，2015年までに，小学校，中学校，高等学校で，デジタル教科書に移行する方針が示されてきたが，すでに多くの教室で電子黒板が利用され，デジタル社会の到来に向けたパラダイム・シフトが準備されていた。さらに驚くべき変化は，学校では，すべての教室で3人から4人を1グループとして活動する協同的な学びが取り入れられていたことである。英語，数学，理科，社会など，すべての授業で，子どもたちが，他の子どもたちの考えをじっくりと聴き合い，つながり合い，支え合いながら展開する学びが展開されていた。研究授業においては，教師たちが互いに授業を見せ合い学び合うなかで専門性を成長させる協同性が構築されていた。韓国で，このような授業研究が開始されたのは，最近のことであり，きわめて画期的な試みであるという。

グローバル時代の現在，東アジア諸国では，学校を再生する改革が積極的に探索されている。グローバル化，情報化，技術革新が急速に進行するのに伴い，創造性，実践性，コミュニケーションを重視する教育の動きが顕著になっている。高度かつ複雑で専門的な知識や思考や対話的なコミュニケーションの役割

が増しているなかで，新たな学習様式，学力概念，授業づくり，カリキュラムづくりが探られるとともに，親密的なホームやケアを中心とする学校改革が広まっている。子どもたちの学習経験を中心にしたカリキュラムや授業が展開され，教師と子どもと親と地域社会と教育行政が相互に支援し合い協同することで学校改革が推進されている。未来の教育の鍵となるのは，学力・授業・カリキュラムのあり方をどのようにデザインし，教育・学習・学校を再構築するシナリオをどのように展望していくのかという点にかかっているといえるだろう。

東アジアの未来をひらく学校改革

第2章
日本の学校改革と教師
―協同的な学びの文化の形成をめざして―

北田佳子

1節　日本の学校改革の動向と教師の現状

◉改革のなかの教師

　いまから数十年後の社会はどのようになっているのだろうか。そして，その変わりゆく社会を生き抜いていく子どもたちのために，学校のはたすべき役割とはいかなるものなのだろうか。学校改革の最大の難しさは，過去を生きてきた大人たちによって，未来を生きていく子どもたちのための教育をデザインしなければならないところにある。社会の状況が目まぐるしく変化している現在，今後子どもたちが生きていくために必要な力を想定し，その力の育成にふさわしい学校教育を構想していくことは容易ではない。とりわけ，子どもたちと直接接する教師は，改革の動向を吟味し，目の前の子どもたちの将来にとって最善の教育実践を模索していかなければならないという，きわめてむずかしい立場に置かれている。

　現在，「生涯学習社会」や「知識基盤社会」にふさわしい教育を標榜する改革が進行するなか，今後の学校教育のあり方と，その実践の担い手である教師の役割に大きな注目が集まっている。2012年8月の中央教育審議会答申は，「これからの学校は，基礎的・基本的な知識・技能の習得に加え，思考力・判断力・表現力等の育成や学習意欲の向上，多様な人間関係を結んでいく力の育成等を重視する必要がある」とし，教師には「新たな学びを展開できる実践的指導力」，すなわち，「知識・技能を活用する学習活動や課題探究型の学習，協

働的学びなどをデザインできる指導力」（中央教育審議会答申，2012：1-2）が求められると指摘している。さらに，同答申は，「社会の急速な進展のなかで，知識・技能の絶えざる刷新が必要である」ことから，教師自身も教職生活全体を通して学び続ける必要があるとし，近年海外からも注目されている日本の授業研究の伝統に言及しつつ，教師たちが授業研究をはじめとするさまざまな機会を通して学び続けながら，同僚との協同により「チームとして力を発揮していける」体制を整備していくことの重要性を訴えている（中央教育審議会答申，2012：2）。

◉協同的な学びが成立しにくい日本の学校文化

　上述の答申で注目したいのは，子どもと教師，双方の学びにおいて，「協同」[1]が重要なキーワードとして掲げられていることである。子どもの学びにおいては，思考力・判断力・表現力を養うとともに他者と人間関係を築いていく力を育むために協同的な学びの必要性が示されているし，また，教師の学びにおいては，教師自身が生涯にわたり学び続けながら同僚との協同によるチームとして実践していく重要性が提言されている。これからの社会を生きていく子どもたちにとって他者との協同が必要不可欠であるならば，その育成に直接携わる教師たちも，自らが他者と協同的に学ぶことのできる存在でなければならないということが，近年の改革において重視されているということであろう。

　しかし，佐藤学は，この協同的な学びほど，日本の学校文化において実現しづらいものはないと指摘する。一般的に，日本の学校は欧米に比べると集団主義と称されるほど，他者との関係を重視していると見られがちだが，それは学び以外の学校生活においてである。佐藤によれば，日本において学ぶという行為は，江戸時代の藩校や寺子屋の「自学自習」に象徴される徹底した個人主義を基盤としており，それゆえ日本の授業ではいまだに協同的な学びが実現しづらい現状にある。さらに，この現象は，子どもたちだけでなく教師の学びにおいてもはっきりと認められるという。教師は同僚との良好な人間関係を重視する一方，互いの実践の核である授業には極力踏み込まないようにしているため，教室のドアの向こうで同僚がどのような実践をしているのかほとんど知らないことも多く，互いに授業を開き学び合うという文化が醸成されにくいのである。

このように，日本の学校では，子どもにとっても教師にとっても，学ぶという行為は徹底した個人主義によるものであり，そこに協同という視点が入り込みにくい文化が存在しているのである（佐藤，2012）。

●**日本の子どもたちにおける協同的な学びの現状**

　日本の授業において，協同的な学びが実現しづらいという指摘を裏づけるデータを以下に示そう。OECDが2003年に実施したPISAの質問紙調査では，参加国の子どもたちに対して協同的な学習に関するいくつかの質問を行っているのだが，その調査結果には，日本の子どもたちが協同的な学びを好まないという傾向が明確に表れている。たとえば，「数学の授業で，グループになって他の生徒と一緒に活動するのは楽しいか」という質問に，「強く同意する」もしくは「同意する」と回答した日本の生徒の割合はわずか32％（OECD平均69％）であり，これは参加国中最下位である韓国の29％につぐきわめて低い数値である。また，「数学の課題に取り組む際に，グループのメンバーのさまざまな意見をすり合わせるというはいいやり方だと思うか」という質問に，「強く同意する」か「同意する」と答えた日本の生徒は39％（OECD平均75％）にすぎず，これは参加国中最下位の値である（OECD, 2010：52）。

　さらに，もっとも最近実施されたPISA2012年の質問紙調査では，残念ながら2003年と同じ質問項目は見あたらなかったものの，その代わりに，数学の授業で「小グループになって課題の解き方を一緒に考える活動があるか」という質問が設定されている。それに対して「毎時間ある」もしくは「ほとんどの時間ある」と回答した日本の生徒の割合は14％にすぎず，これは参加国中5番目に低い値であり，アジア諸国のなかでは韓国の14％と並んで最下位に位置する。ただし，この質問に対するOECD平均の回答も23％と低い数値にとどまっており，このことはまた別の機会に検討する必要があると考えるが，それでも，同質問に対するカナダの37％やアメリカの50％といった回答と比較すると，日本の授業には，協同的な学びの機会が圧倒的に少ないということはいえるだろう（OECD, 2013：127）。もちろん，いずれのデータも数学の授業に限定したものなので，これがすべての教科の傾向を反映しているわけではない。しかし，これらの調査結果は，日本の授業において協同的な学びが実現しづら

いという事実の一端を示していることは間違いない。

● 日本の教師たちにおける協同的な学びの現状

次に，日本では，教師たちにおいても同僚と協同的に学び合う文化が育ちにくいという指摘に関連するデータを見ていこう。元来，日本には戦前から，教師が同僚と学び合うことのできる授業研究という伝統があり，ジェームス・スティグラーらの著書（Stigler & Hiebert, 1999 = 2002）で紹介されて以来，アジア，アメリカ，ヨーロッパなど，さまざまな国にも広がりを見せている（日本教育方法学会, 2009）。しかし，日本の授業研究は，おもに初等教育レベルにおいて展開してきたという歴史を有しており，中学校や高等学校では，いまだに校内の授業研究会が学校を基盤とした重要な教師の学習の機会として位置づいているとはいいがたい現状にある。国立教育政策研究所が2009年に実施した調査によると，小学校，中学校，高等学校と校種が上がるにつれ授業研究会を実施する頻度が低くなるだけでなく，実施体制も教科や学年といった限られた集団で行う傾向が強くなる実態がある。同調査によると，小学校では，年間に6回から10回の頻度で校内授業研究会を実施していると回答した学校がもっとも多く43％であったのに対し，これだけの頻度で実施している中学校はわずか22.7％，高等学校[2]は17.4％しかない。また，「全教員が研究授業を行うこととしている」学校は，小学校では72.1％であるのに対し，中学校では44.9％，高等学校では24.2％でしかなく，中学校以上の校種では，教科や学年の代表が授業研究を行う学校が多い（中学校46.9％，高等学校47.3％）。さらに，研究授業を参観する体制に関しても，全教師ではなく「該当教科や学年の関係教員のみ」が参観する形をとっている学校は小学校では14.3％にとどまっているのに対し，中学校では25.9％，高等学校にいたっては56.5％にものぼる。そして，その後の協議会に関しても，小学校では90.9％もの学校が全教師の参加による全体会の形で実施しているのに対し，中学校では72.3％，そして高校ではわずか30.4％しか全体会で協議会を行っていない現状にある[3]（国立教育政策研究所, 2011：56-59）。

日本の中学校や高等学校では一般的に教科担任制を採用しているため，中学校以上の校種の教師にとっては，自分の担当以外の教科について授業研究会を

行う意義が見いだしにくく，それゆえ，学校全体で協同的に学び合う機会が少なくなるものと考えられる。上述のスティグラーらは，日本には学習指導要領という全国統一のカリキュラムがあるため，一つの研究授業から学んだことが，「同じ学年で同じ内容を指導しようとする他の教師に直接的な適用可能性を持つ」(Stigler & Hiebert, 1999 = 2002：115 = 110) ことを評価しているが，これは裏を返せば，担当する教科や学年が違う同僚とのあいだには，協同的に学び合う直接的な価値を見いだしにくくなる可能性があることを示している。さらにいえば，この「直接的な適用可能性」に価値を置く考え方は，たとえ頻繁に学校全体で授業研究を行っている小学校であろうと，ともすれば，教師たちがすぐに自分の授業で使える教材や教授方法ばかりに着目し，同僚との協同的な学びの意味を矮小化してしまう結果につながる危険性をはらんでいる。

2節　ある公立中学校の改革の軌跡をたどる

　以上のような調査結果は，もちろん限られた対象から得られたデータに基づくものではあるが，それでも協同的な学びが実現しにくいとされる日本の学校文化の一端を示しているといえるだろう。
　では，どのようにすれば，日本の学校文化において協同的な学びを実現させることができるのだろうか。本節ではこの問いに接近するために，協同的な学びの文化の創造を標榜するある中学校の改革の事例をとりあげ，そのなかで実際に，子どもと教師双方の学びが，徐々に個人主義的なものから協同的なものへと転換していった過程をたどっていく。具体的には，当該校の6年間にわたる改革のなかで実施された校内授業研究会に焦点をあて，研究授業と協議会のDVD記録[4]をふり返りながら，授業のなかの子どもたちの変容や，協議会における教師たちの発言の変化を追うことで，協同的な学びの文化が形成されていく様子を描き出したい。
　本章で紹介するのは，静岡県富士市立元吉原中学校という公立中学校である。当校は，すべての子どもとすべての教師がともに学び続けることのできる学校づくりを長年推進している学校である。当校の概要を簡単に説明しておこう。

元吉原中学校は静岡県富士市の南東に位置し、学校規模は年度によって多少の変動はあるが、生徒数約200名、教職員数約15名という中規模校のなかでも比較的小さな学校である。当校の改革は、2005年4月に新しく着任した稲葉義治校長によって開始され、2014年で10年目を迎える。稲葉校長は、すべての子どもとすべての教師が学び続ける学校を創造するという改革のヴィジョンのもと、主に以下2つの活動を柱に改革に着手した。1つは、すべての教科を一斉講義型から小グループによる協同学習を中心とした授業へと転換すること、そして、もう1つは、教科の壁を越えて同僚と学び合う校内授業研究会を実施することだった。具体的には、各教師が最低年1回は研究授業を公開し、それを教科に関係なく同僚全員で見合い、協議会で丁寧に語り合うという形の授業研究会をほぼ毎月実施することとした。元吉原中学校では、それまで協同学習を中心とした授業づくりも、また教科の壁を越えた授業研究会も行ったことがなく、教師たちは大きな戸惑いと不安を抱いたまま改革がスタートしたのだった。

　以下では、学校がもっとも大きく変わっていった改革1年目から6年目までに焦点をあて、各年度はじめの4月に実施された校内授業研究会の記録をもとに、その変化の軌跡をたどっていこう。あとで詳述するが、日本の公立学校では毎年、教職員の何割かが教育委員会の指示による人事異動で入れ替わる。そのため、前年度まで進めてきた改革が容易に次年度に引き継がれるわけではなく、毎年度、新メンバーを交えて改革の方針を再度確認したり、共通理解をはかったりしなければならず、その意味で年度はじめの4月の研究会は、学校の変わりゆく姿がもっともダイナミックな形で表れる場であると考えられる。

● 改革1年目——不安や戸惑いを抱えたまま改革がスタート

　2005年4月、新しく着任した稲葉校長の提案する形で行うはじめての校内授業研究会で、まず数学の深井先生[5]という教師が授業者として選ばれ、研究授業を同僚に公開することになった。深井先生にとって、それまでほとんど取り入れたことのないグループ活動を中心とした授業づくりは大きな挑戦であり、また、元吉原中学校の他の教師たちにとっても、担当教科以外の授業を参観し協議会を行うということは、ほぼはじめての経験であった。

このときの研究授業は「正の数と負の数」の導入部分にあたり，深井先生は，「身の回りでプラスやマイナスが使われているものにはどんなものがあるか」と子どもたちに問いかけ，「温度計」，「電卓」，「テレビのリモコンの音量ボタン」など，さまざまなアイテムがあることを引き出したあと，「もしこれらのアイテムを同じ種類どうしで分類するとしたら，どのような理由でどう分類するか」という課題を，グループにわかれて子どもたちに話し合わせるという活動を取り入れた。

この研究授業直後に行われた協議会の冒頭で，深井先生が述べた次のような言葉には，自分がまずトップバッターとして授業を公開しなければならなかった不安や戸惑いがよく表れている。

> 深井先生：今日は，トップをきってやらせていただきました。……うまくできていないかもしれませんが，まあ，みなさんの研修の肥やしになればと思いまして……。校長先生が出された課題はですね……グループでやるということ……一応［グループを］入れてくれってことだったんで，それを一応考えました[6]。

この深井先生の言葉には，新しいスタイルの授業研究会に対する不安や戸惑いが表れているだけでなく，グループ学習を導入するということに対するある種の義務感，すなわち，好むと好まざるとにかかわらず，「校長先生から出された課題」として実行しなければならないものとして受け止めていることが示されている。

このような不安や戸惑いや義務感は，研究授業を公開した深井先生だけではなく，元吉原中学校の教師たち全体にも共通して見られるものだった。本来，この協議会は，深井先生の研究授業について話し合うという趣旨で開催されたものだった。しかし，当校の教師たちにとって，教科の壁を越えて授業研究会を行うというのはほぼはじめての経験であったため何をどう発言してよいのかわからず，結局，深井先生の授業のことはほとんど話題にのぼらず，代わりに，以下のように，各教師が感じる不安や戸惑いや義務感を吐露する発言に終始する協議会となった。

藤井先生：音楽で，4人グループで話し合いをするときに，どんな場面があるかなって……。自分の教科のなかで，4人グループで授業ができるのはどれだろうって，今，暗中模索中です。
笹塚先生：ぼくも，……社会の授業で同じようにグループでやらせたんですが，やはり，班によっていろいろありました。……やっている人とやっていない人がいる班とか，いろいろあったんですが……難しいと思いました。
持田先生：今までの授業ってことから言うと，あまり［グループ活動を］取り入れていなかったもんですから……。また，新たなスタイルを自分が勉強していかなきゃならないのかなと。ただ，今後どうするかってことは，これから，また，……ちょっと大変なことになってきたなあと思ってます。

　まず，藤井先生の発言には，研究授業を公開した深井先生と同様，自分の担当する音楽の授業に，なかば義務的にグループ学習を取り入れようとして戸惑っている様子がよく表れている。また，つづく笹塚先生の発言は，さっそく自身の社会科でグループ活動を導入してみたものの，子どもたちが思うように動いてくれず当惑していることが語られている。この発言は，グループ学習に対する戸惑いがけっして教師だけのものではなく，一斉授業の形式に慣れている子どもたちのなかにも見られるものであったことを示している。実際，改革当初の授業を記録した映像を見返すと，教師がいくらグループをつくるように子どもたちに指示を出しても，あからさまにいやな顔をしてお互いの机を寄せ合うことができなかったり，あるいはやっと机を合わせても，ほとんど口をきかずに押し黙って下を向いている子どもたちの様子が数多く認められる。そのような子どもたちの姿を目の当たりした教師たちにとって，グループ学習の導入は，単にあまりなじみのない活動だったというだけでなく，教師の思うように子どもたちが動いてくれないという大きなストレスを与えるものだったに違いない。持田先生の，「ちょっと大変なことになってきたなあ」という言葉は，元吉原中学校の教師全員がこのとき抱いていた気持ちを代弁するものだったといえるだろう。

●改革2年目――変化の兆しが見えるも一進一退

　上述のような状態からスタートした元吉原中学校の改革であったが，稲葉校長は根気強く教師たちを励まし続け，毎月最低1回は，教科や学年にかかわらず一つの研究授業を同僚全員で見合い，その後の協議会で語り合うという授業研究会を続けてきた。そのなかで，徐々に教師たちの口からも，グループ学習のよさを実感する言葉が出てくるようになる。

　改革の2年目にあたる2006年4月に行われた授業研究会を見てみよう。この研究会では，1年前に，グループ学習の難しさを口にしていた笹塚先生が研究授業を公開し，社会の地理分野の授業にグループ学習を取り入れることに挑戦した。笹塚先生は，なんとかグループ学習を活性化させようと，学校中から地球儀をかき集め，各グループに1台ずつ配り，子どもたちが仲間と協力しながら，地球儀上で主要な大陸や地名を探したり，緯度や経度の位置を確認したりする活動を取り入れた。平面的な地図帳よりも，立体的でそれぞれの位置関係が把握しやすい地球儀に触れることで，より興味をもって子どもたちがグループ学習に取り組めるのではないかと考えたのである。

　この研究授業のあとの協議会では，依然としてうまくグループで話し合えない子どもたちの様子が報告された一方，以下に見られるように，交流が生まれている子どもたちの姿に言及する発言も少しずつ聞かれるようになった。

　藤井先生：地球儀があったということで，みんなが食いついて，こう立ち上がってのぞいている子がいたりして。そういう意味では，地球儀がすごく，こう，みんなを結びつける役目として働いていたなと思いました。
　山崎先生：中川さん[7]も……最初，南極大陸がぜんぜんわからなくって，でも，いっしょけんめい探してて。で，わかったら，やっぱり友だちに言いたいみたいで，井出さんに「あった，あった！　ここにあった！」とかって教えてたりして。この班は，よく地球儀に頭が集まっていて……。

　これらの発言には，徐々に，グループ学習で交流し合えるようになってきた子どもたちの姿を発見し，喜んでいる同僚教師の気持ちが表れている。さらに，それだけではなく，このような同僚の発言は，授業を公開した笹塚先生にとっ

ても，自分が苦労して集めた地球儀が，多少なりとも子どもたちの交流を生む結果につながっていたということを確認できるものであり，悩みながらも研究授業を行った自身への大きな励みになったに違いない。

しかし，その一方で，笹塚先生がグループ学習を中心に行ったこの研究授業に対し，次のような批判的な意見も出された。

中田先生：厳しい言い方かもしれませんが，もっと課題をしぼって，一斉［授業］のかたちで，もっと子どもたちの話というか，やりとりを聞きたかったなというのが，私の正直な感想です。……いったい，笹塚先生は［この］一時間で何が一番の願いだったのかというのが，なんとなく私は見ていてわからなかったです。……自分は，一つの大きな課題を設けて，それを一時間かけて完結していくっていうか……。これは，ほとんどグループ活動だったもんですから，もうちょっと一斉の場で，何か子どもたちのやりとりというか……その辺のことが見たかったなっていうことを最後に感じました。自分は，かならず一斉の場を，最後かならず設けようと思っているもんですから，それが少しほしかったなという……。

この発言をした中田先生は，改革の2年目に新しく元吉原中学校に転任してきた教師である。中田先生にとって，当校が推進しているグループ学習を中心とした授業づくりは初めての経験であり，そのため，自分がそれまで行ってきた一斉授業のスタイルとは大きく異なるこの研究授業は，彼の目には「1時間で何が一番の願いだったのか」がわからないものとして映っていたようである。中田先生は，「一斉［授業］のかたちで，もっと子どもたちの話というか，やりとりを聞きたかった」と述べているが，これは裏を返せば，上述の藤井先生や山崎先生が発見したようなグループ内の子どもたちのやりとりを，中田先生は見逃している可能性が高いということであり，また，仮にグループ内でのやりとりに気づいていたとしても，そこに積極的な意味を見いだそうとはしていないということである。さらに，中田先生にとっては，当校のような教科の壁を越えて同僚と学び合う授業研究会も初めての経験であり，自身の担当教科である数学とは大きく異なる社会科の授業について協議するということは，かな

り困難を感じるものであったに違いない。

　先述のように，日本の公立学校では，毎年，教職員の何割かが教育委員会の指示による人事異動で入れ替わる。そのため，前年度に積み上げてきた経験が，次年度に容易に引き継がれるわけではなく，新しく異動してきたメンバーを交えて，また改めて方針を確認したり，共通理解をはかったりしなければならない。その際，中田先生のように，新しく異動してきた教師が口にする批判や疑問や不安の声を，前年度から在籍している同僚たちが，どのように受け止め応じるかということは，改革を推進していくうえでの重要なポイントになる。しかし，このとき，司会役の教師は中田先生の発言が終わると，すぐに「はい，では次の先生」というぐあいに話し合いを先に進めてしまった。中田先生の意見を同僚教師たちがしっかりと受け止め，全員でいま一度，なぜ協同的な学びが必要なのかといった根本的なことを確認し合おうという動きは，残念ながら見られなかったのである。

◉改革3年目――子どもの学びに関する議論が大きく変化する

　改革3年目を迎えた2007年4月に行われた研究会において，元吉原中学校の教師たちに大きな変化が訪れる。前年度まで，どちらかというと教師が各自ばらばらに発言しているという印象の強かった協議会において，子どもの具体的な様子を中心にして，それぞれの発言につながりが認められるようになってきたのである。

　このとき研究授業を公開したのは，数学の久住先生だった。子どもたちはグループになって，教師の準備したユニークな課題，すなわち，「道路拡張のために，市役所から，先生の家の土地の幅を3メートル削らせてくれれば，奥行きを3メートル広げてくれるって言ってきたんだけど，これって損なのか得なのかどっちなのかな？」という問題に取り組んでいた。改革3年目ともなると，子どもたちも改革当初に比べてだいぶグループ活動になれてきており，多くのグループが互いの頭を寄せ合い，各グループに配られた小さなホワイトボードに図を描いたり式を書いたりしながら，熱心な話し合いを行っていた。

　以下に紹介するのは，日向くんという子どもをめぐる教師たちのやりとりである。日向くんは学力の面でも家庭環境の面でも困難な状況を抱えている生徒

であり，日頃からよく職員室でも話題になることが多かった。この研究授業のなかでも，日向くんは問題をどう解いてよいかわからず，そしてグループのメンバーにも質問できず，ずっと静かに下を向いて鉛筆を握りしめていた。しかし，授業の中盤にさしかかったころ，久住先生にとっても，そして参観している同僚教師たちにとっても，この日向くんに驚くような出来事が起こったのである。それは，久住先生がクラス全体に「これまでのことで，わからない子いる？」と質問を投げかけたときだった。日頃，ほとんど挙手などしたことのない日向くんが，そっと手をあげ，わからないという意思表示をしたのである。その姿に驚きを隠せなかった教師たちは，協議会で，さっそくこの出来事を取り上げ，次のようなやりとりを行っている。

久住先生：「だれかわからない子いる？」って言ったときに，日向くんが，ぱっと手をあげてくれて，ああ，すごいって思って。……ああいうところであげてくれたので，今日，「日向くん，すごかったね」っていうことをほめたんですけど……。

榎木先生：日向くんね，全体のなかで，「ここわからない人？」って［先生が］言ったときに，手あげたじゃないですか。……けど，班になってやりはじめたときに，やっぱりわからなくて，でも，そのときにはもう［班のメンバーには］言えないんですよね。日向くん，すごくたぶん，勇気ふりしぼったのか，ちょっとあそこで手をあげた理由はわからないですけど，そのあと，わからせてやりたかったなって思ったんですよね。

山川先生：ぼく，思ったんだけど，あそこが教師の出番で，だからグループにしてるんだから。あの子ね，真っ赤な顔して［手を］あげたんだよ，わかんないときに。だから，あそこで「グループつくってやりなさい」って言ったときに，真っ先に教師が行かなきゃならなかったのは，あの子のところだったんだよ。あの子，だって，助け求めたんだもん。あそこで，「あんた，わかんないって言って偉かったね」って言うんじゃなくて，あそこに行って，［あのグループに］かかわってやる。……で，［かかわりが］できるようになったら，今度は去っていけばいいんだから。だから，あそこのときに，久住先生が，他のグループに行っちゃったのは大間違い。

以上のやりとりでは、めずらしく日向くんが挙手をしたという出来事をめぐり、日向くんがわからないという意思表示をしたということだけをほめて終わりにするのではなく、彼が本当にその日の課題を理解できるようになるために、教師としてどのような支援をすべきなのかという重要な意見が交流されている。このように、一人の子どもの姿をめぐって、協議会での教師たちの発言が、多様な視点を含みながら、確かなつながりを持ちはじめたのである。

そのなかで、前年度に異動してきたばかりで一斉授業にこだわった批判的な発言をしていた中田先生も、1年前とは大きく変化し、グループ内での日向くんの様子を語りながら、次のような発言を行っていることに注目したい。

> 中田先生：日向くんは、……プライド高いから、ちょっと聞いてわかんないと、ふっと意地になっちゃって、こう、横を向いちゃうってところがある子なので、そういう気分にさせないようにする。それがやっぱ難しいなってことを本当に感じています。……本当に先生がかかわらなきゃいけない場面と、グループの子たちがうまくその子とかかわってあげて、[グループの] なかに入れてくっていうのが、これからやっぱり、われわれ教師の技量かなっていうことをすごく感じました。……でも、数学の力でいうと、けっして [力の] ある子じゃない子でも、生き生きと [グループの活動を] やってるってところが、この学びのいいところかな……。

この発言を見ると、異動してきた当初、あれほどまでに一斉授業の形式にこだわっていた中田先生が、1年間の授業研究会の経験を経て、グループ内における子どもたちのやりとりを丁寧に見取り、そこに積極的な意味を見いだせるように変容していることがわかる。また、ここで中田先生が述べている「教師の技量」とは、「本当に先生がかかわらなきゃいけない場面と、グループの子たちがうまくその子とかかわってあげて、[グループの] なかに入れてく」場面とを適切に判断し、子ども一人ひとりを支援していく力を意味しており、それは、1年前に彼が主張していた、最後にかならず教師が一斉の場面を設けて授業を「完結していく」ための技量とは、大きく異なるものである。

改革も3年目ともなれば、教師も子どもたちも、ある程度はグループ学習に

慣れ，少なくとも形のうえでは協同的な学びが成立しているように見える場面も増えてくる。しかし，元吉原中学校の教師たちは，そのような慣れが生じてくる時期だからこそ，すべての子どもが学び続けられるように支援していくというもっとも大切なポイントにおいて，真にグループ学習が機能しているのか，そしてまた，そのために教師がはたすべき役割は何かということを，同僚とともに改めて確認し合っているのである。

● 改革4年目——学校長の交代というターニングポイントを迎える

　改革4年目は，元吉原中学校にとって，大きなターニングポイントを迎えた年であった。なぜなら，この改革に着手した稲葉校長が別の学校へ転任することとなり，後任として丸山和彦校長が着任することになったからである。すでに，日本の公立学校では，教職員の何割かが人事異動で入れ替わるということは述べたが，同様に，校長や教頭といった管理職も，ある一定の周期で，教育委員会の指示により異動を余儀なくされる。地域によって違いはあるが，一般の教職員が通常5年から10年ほどの周期で異動するのに対し，管理職の場合は3年程度とごく短い周期で異動することが多い。そのため，改革を推進していくには，後任の校長の理解と協力は欠かせない。

　このような事情を踏まえ，稲葉校長は，異動が決定した直後から丸山校長と頻繁に連絡を取り，なぜ協同的な学びが子どもたちにも教職員にも必要なのかということを丁寧に伝えていた。そして，それに対して丸山校長も誠実に応え，この改革の意義を自分なりにとらえようと努めていた。改革を継続していくうえで，こういった校長どうしの連携が重要な役割をはたしたことは間違いない。しかし，それ以上に丸山校長にとって大きな意味を与えたのは，元吉原中学校に着任後，実際に子どもたちが学び合う姿を目の当たりにしたことだった。着任後，はじめて行われた2008年4月の授業研究会で，丸山校長は次のように述べている。

　　丸山校長：ぼくが，ここの学校見てすごい感じているのは，子どもの温かさなんです。お互いにすごく大事にしている。……班のなかでも，人の話をまず聴いているでしょう。聴いてて，おかしなこと言ってもばかにしない

んです。……ちょっとまえに,「教え合いと学び合いっていうのはどう違うんですか」なんて,自分がうまく説明できないのに,1年生に聞いたら,……「教え合いというのは,お互いに教えることがあって,知識の伝達はしても,そこに向上は何もない。発展が何も見られない。学び合いというのは,かならず意見を出し合って,その次に深まっていって,新しいものを築くことができる」と。これ,1年生に言われまして,私はびっくりしました。

　丸山校長のこの言葉は,3年間にわたる元吉原中学校の取り組みによって,確実に子どもたちのなかに,協同的な学びの文化が形成されてきていることを物語っている。改革がはじまった当時の子どもたちの様子を思い起こしてほしい。教師だけでなく子どもたちも一斉授業に慣れていたために,なかなかグループをつくることさえできなかった子どもたちが,いまや,温かい雰囲気のなかで互いの声に耳を傾け,相手を軽蔑することなく受け入れられるまでに大きく変化したのである。また,たとえ入学したばかりの1年生であっても,すでに全校集会や授業のなかで,なぜ元吉原中学校では協同的な学びを大切にしているのかという話を繰り返し聞いているために,丸山校長の質問に答えた1年生のように,学び合うとは,互いに「深まっていって,新しいものを築くこと」という具体的なイメージを抱いているのである。このような子どもたちの姿を目の当たりにして,丸山校長は,元吉原中学校の取り組みを引き継ぎ,さらに発展させていこうと決意したのだと考えられる。

● 改革5年目——4割の教師が入れ替わる危機を乗り越える
　改革も5年目に入り,元吉原中学校の教師たちは,単にグループ学習を取り入れるだけでなく,グループ学習を中心としたより質の高い授業づくりに挑戦するようになっていた。しかし,この年,さまざまなタイミングが重なり,通常は教職員の2割程度の異動で済むところを,約4割もの教師が入れ替わるという異例の事態が起きていた。新しく赴任してきた教師たちは,それまで慣れ親しんだ一斉授業の形式から,グループ学習を中心とした授業づくりへと意識を転換していかなければならないことに,不安や戸惑いを隠せない様子だった。

なかでも，この年に異動してきた林先生は，とくにグループ学習に抵抗を感じており，異動してきてすぐに行われた2009年4月の授業研究会で，次のような発言を行っている。

> 林先生：グループを活用しての授業というのは苦手で，……［私は］一斉指導ばっかりなもんですから，なかなか，こうグループで話し合ってつなげていくっていうのは難しい。ハードルが高いんです。

「一斉指導ばっかり」行ってきたという林先生の戸惑いは，ちょうど中田先生が，元吉原中学校に異動してきたばかりのころの状態によく似ている。当時は，ほかの教師たちも改革2年目を迎えたばかりで，新しく異動してきた同僚の意見を引き取って，改めて全員でなぜ協同的な学びが必要なのかを確認し合うということはできなかった。しかし，改革5年目に異動してきた林先生が上述のような意見を述べた際には，同僚教師たちはその声を受け止め，いま一度，協同的な学びの必要性を確認し合う次のようなやりとりを展開している。

> 田村先生：［以前］ある先生が，「グループで支え合えることで市民性のある子が育つ」っておっしゃってて。……このあいだ，卒業した子どもが遊びに来たときに言ってくれたことがとても印象的なので，いまちょっとお話したいななんて思ったんですけど。……［高校では，ほかの中学校から来た子たちが］「グループなんて，目の前に顔があるし，とんでもない。……普通なら，人の後頭部だけ見て授業してればいいのに，顔と顔を合わすなんて，とんでもない」って言ってたって。……［元吉原中学校の子は］ずっと学びをやってきて慣れてるもんですから，そのことを笑い話に言ってくれて。
>
> 長部先生：ぼく……いままで［元吉原中学校に赴任してからの］過去の2年間を振り返って，いろいろ，この学びのやり方とか，すごく……頭のなかで整理したんですけど。……やっぱ，これから生きていくためには，人とかかわる力が大事で……っていうことを1年生にも言ったりとかしてるんです。

田村先生は，改革当初から在籍し，この取り組みを続けてきた教師の一人である。田村先生は，グループのなかで「市民性のある子が育つ」という言葉を引き合いに出しながら，その証として，協同的な学びの経験を積んだ元吉原中学校の卒業生が，他校の子どもたちといかに異なるかということを語っている。さらに，2年前に異動してきた長部先生も，「この学びのやり方」のなかで「人とかかわる力」が育まれることに意義を見いだし，それを教師として，積極的に入学してきたばかりの1年生に伝えていることを紹介している。このように，改革5年目を迎えた最初の協議会では，新しく異動してきた同僚の戸惑いを受け止めながら，改めて，なぜ協同的な学びが必要なのかという根本的な話し合いを行うことができる教師集団へと，大きく変わっている様子が認められたのである。

●改革6年目——教科の本質にかかわる議論を深める
　改革6年目に，またしても校長が交代するという事態が訪れる。丸山校長が他校へ異動し，その後任として石川誠校長が着任することになったのである。前回の交代時同様，新しい学校長が，元吉原中学校のこれまでの取り組みをどう受け止めるのかは，大きな懸案事項であった。しかし，石川校長の着任後すぐに行われた2010年4月の授業研究会で，その懸念はすぐに消え去った。この日は，研修主任であり，50代のベテラン教師でもある岡本先生が自身の担当する社会科の研究授業を公開したのだが，石川校長は，学び合う子どもたちの姿に感心したのはもちろんのこと，当校の教師たちが真摯に学び合う研究会のあり方にも感銘を受け，次のような発言をしている。

　石川校長：普通の学校で，研修主任さんが一番最初に［研究］授業やるってないですよ。ぼくは，いままでの学校のなかでは，そんなのは絶対なかった。ぼくは，やっぱり元吉原中学校のすごいこところじゃないのかなっていうふうに思いました。……思ったのは，みなさんの発言がすごい。自分はこんなに言えないなって。ここまで子どもたちを見ていて，きちんと話をして，核心をついた話になってきていて，今日の協議会，すごいなって思いました。

この石川校長の言葉にあるように，一般的には，若手の教師が研究授業を行うことが多く，ましてや年度はじめに，岡本先生のような研修主任でもあり50代のベテランでもある教師が研究授業を行うという学校はきわめて少ない。なぜなら，いまだに多くの学校では，年齢や経験を越えて同僚から学び合うという理想を掲げながらも，実際にそれを実現させることは難しく，どうしても，若手に研究授業をさせて，ベテラン教師が助言や指導を与えるという構図の授業研究会からなかなか抜け出せずにいるためである。しかし，元吉原中学校では，そもそも年間を通してすべての教師が研究授業を行うことになっているうえに，年度はじめに岡本先生のようなベテランが研究授業を公開することもめずらしいことではない。さらに，石川校長が「ここまで子どもたちを見ていて……すごい」と述べているように，当校の教師たちは，けっして一方的な助言や指導を行うのではなく，あくまでも，研究授業のなかで子どもたちがどのように学んでいたのかという事実に基づいて話し合いを行っている。教師それぞれが研究授業のなかで発見した子どもの姿について同僚と共有する協議会は，教科の壁を越えているだけではなく，年齢や経験を越えた同僚間の学び合いを実現させている。石川校長は，このように同僚とともに学び合う元吉原中学校の教師たちを目の当たりにして，上述のような感銘の言葉を口にしたのである。

　さらに，この改革6年目の協議会では，教師たちのやりとりのなかに，教科の本質にかかわるような注目すべき発言がいくつも認められるようになった。もちろん，それまでにも教科の本質に触れるような発言が出てくる協議会はあった。しかし，このときほど，それが中心的な話題として，じっくりと議論されることはあまりなかったのである。

　この研究授業は，歴史分野の江戸時代初期をあつかったもので，岡本先生は，当時の日本が鎖国という限られた状況のなかでも他国とどのような関係をもっていたのかということを子どもたちに考えてほしいと思い，出島付近の様子を描いた絵を配布し，絵から発見したことを各グループで話し合うという活動を取り入れた。岡本先生は，社会科，とりわけ歴史の授業における資料の重要性をよく心得ている教師であり，時間を見つけては全国各地をめぐり，子どもたちの学びの助けになりそうな資料やモノを収集しては日頃の授業で活用している。この日，岡本先生が用意した出島付近の絵のなかには，自身が現地の資料

館まで足を運んで持ち帰ったものも含まれており，その資料にすっかり魅了された子どもたちは，グループで頭を寄せ合い夢中になって資料に見入り，さまざまな事柄を発見していった。

　以下の発言は，そのような子どもたちの様子について，同僚教師たちが話し合っている際に出てきたものである。

　　林先生：社会っていうのは，資料をもとに，いろいろ推測していくんだなっていう，その面白さを教えていただいているような感じでした。
　　野崎先生：同じ絵を見ても，子どもたちはいろいろな角度で見るし，いろんな考え方をするし，いろんな視点をもつ。……そして，お互いの考えが織り合わさっていって，物語をつくるっていうのかな。……［自分の担当する］理科の授業なんかでも，同じようなことが言えると思うんで。……同じ実験をやっても……。

　林先生は，この研究授業から社会科にとっての資料の重要性を感じ取っているし，さらに，野崎先生は，子どもたちの多角的な視点が本時の資料によって引き出されていることに言及しながら，その様子に自分の担当する理科の授業を重ね合わせて学んでいることがわかる発言を行っている。

　さらに，同僚教師たちは，そもそも岡本先生が日頃から，いかに真摯に授業づくりに取り組んでいるかということについても語っている。

　　田村先生：［職員室の］おとなり［の席］で，岡本先生が，毎日毎日，遅くまで何かしら用意しているんですね。でも，［岡本先生は］言葉少ななので，私も聞けなくて，何の授業やるのかなって横目で見てたんですけども，やっぱり岡本先生，すごい周到に資料を用意していらっしゃると思うんですよ。
　　鈴木先生：本当に，岡本先生が社会が好きっていうか，とっても大切にしているなって感じます。なんか，こう，思い入れというか，愛を感じました，社会に対する。だからこういう授業ができるんだな，なんて思いました。……教材研究というか，下調べっていうか，それを越えたものをすごく感

じました。

　1人目の発言者である田村先生は国語の教師なので，今回の岡本先生の研究授業づくりに直接協力をしたわけではない。しかし，上述の発言からは，職員室のとなりの席で毎日遅くまで資料を準備していた岡本先生の姿を，田村先生が敬意の念を抱きながら見守っていたことがわかる。また，次に発言した鈴木先生にいたっては，養護教諭という立場ながら毎回欠かさず授業研究会に参加しており，教科担当の教師とは違う角度からいつも貴重な意見を提供してくれるのであるが，この発言も，岡本先生の単なる「教材研究を越えた」授業づくりへの熱意を称えるものとなっている。もちろん，社会科という専門的な立場から，この岡本先生の資料の意義や授業デザインを吟味することも重要であることはいうまでもない。しかし，岡本先生にとってそれ以上に重要なことは，まず，自分の日頃の取り組みを同僚が敬意をもって見守ってくれているということ，そして，自分が何を大切にしながら授業づくりに挑んでいるのかを同僚が理解してくれていることなのではないだろうか。逆にいえば，同僚間にそういった敬意や理解が存在しないところに，いくら資料や授業デザインを吟味する議論を繰り広げても，協同的に学び合える同僚性を築くことは不可能である。
　このような教師たちのやりとりを受け止め，石川校長は，協議会の最後に次のように語っている。

> 石川校長：今日，岡本先生がこの授業でやられた学習というのは，まず歴史学者がやっている学習と一緒なんだなって思ったんですが……。まず，絵があって，その資料を今度はべつの資料とその絵をつないでいく。つないでいって類推していく。……みんながそれを話し合って，ここは矛盾があるんじゃないとか議論しながら，でも一番妥当で真実っぽいよねっていうところをみんなで共有していって，歴史っていうのは知識として残っていくんだと思うんですよね。

　石川校長の専門も社会科ではない。しかし，岡本先生の準備した出島の絵に魅了された子どもたちが，グループで頭を寄せ合いさまざまな発見をしながら

話し合いを深めている様子を目の当たりにした石川校長は，そこに「歴史学者」のいとなみに相通じるものを感じ取ったのである。さらに，石川校長は，岡本先生がこのような教科の本質に通じる研究授業を実現させた背景には，互いに尊敬し理解し合う同僚性が存在することを，この協議会で確信したに違いない。

　かつて，丸山校長が，元吉原中学校の子どもたちが学び合う姿を目の当たりにして，この改革を引き継ぎ発展させていこうと決意したように，石川校長も，子どもたちはもちろんのこと，教師たちも真摯に学び合う当校の取り組みに直接触れ，さらにこの改革を深化させていこうと心に決めたものと思われる。実際，石川校長はそれから当校に在籍していた3年間にわたり，子どもと教師の双方における協同的な学びの文化の発展に尽力したのである。

3節　協同的な学びの文化を育む学校改革から学ぶ

　2005年に開始した元吉原中学校の改革は，もうすぐ10年目を迎える。2014年現在，石川校長の後任として，2013年に着任した早川充校長があとを引き継ぎ，協同的な学びの取り組みを続けている。早川校長も，子どもと教師一人ひとりの学びの充実をまず第一に考えており，そのような学校長のもと，元吉原中学校の子どもたちも，また教師たちも，さらなる質の高い学びを日々追求し続けている。

　以下では，この6年にわたる改革のなかで，子どもと教師たちの双方において育まれてきた協同的な学びの文化の特徴をまとめてみよう。そして，そういった文化がなぜ育まれてきたのかという背景を探りながら，当校の改革の歩みから得られる知見を最後に示したい。

●子どもたちのなかに培われた協同的な学びの文化

　まず，子どもたちのなかに協同的な学びの文化を育むという改革は，どのように展開していったのかを振り返ってみよう。改革当初，長年一斉授業を受けてきた元吉原中学校の子どもたちは，当校の教師と同様にグループ活動に戸惑

いを見せており，机を寄せてグループをつくることさえできないといった姿もしばしば見受けられた。そのような状態からスタートした改革だったが，子どもたちは少しずつ変容を遂げ，改革の4年目には，グループのなかで互いの声に耳を傾け，温かい雰囲気のなかで関わり合うことができるようになっているばかりでなく，自ら「教え合いと学び合いの違い」を語ることのできる子どもたちに成長している。もちろん，いまだにグループのなかでなかなか人と関われない子どもたちも皆無ではないだろう。しかし，元吉原中学校の子どもたちにとって，グループ学習を中心とした協同的な学びは，いまではごくあたりまえのものになっており，学ぶといういとなみが仲間と関わり合い，支え合いながら深めていくものだという意識は彼らのあいだに確実に共有されている。その意味では，この改革を通して，元吉原中学校には，子どもたちの協同的な学びの文化が着実に培われていったということがいえるだろう。

　このように，子どもたちのあいだに協同的な学びの文化が形成されていった背景には，グループ学習に対する元吉原中学校の教師たちの意識が大きく変わっていったという事実がある。改革当初，教師たちにとってグループ学習の導

写真 2-1・2-2　グループのなかで仲間と学び合う元吉原中学校の子どもたち

写真 2-3・2-4　グループの学びを支援する教師たち

入は，新校長から指示された，なかば強制的に従わざるを得ない活動として受けとめられていた。しかし，月1回の授業研究会を地道に続けていくうちに，教師たちは，グループのなかで子どもたちが生き生きと学ぶ様子や，あるいは逆に，だれとも関わることができずに寂しそうにしている様子など，さまざまな子どもたちの姿を目にしてきた。この経験を通して，徐々に教師たちは，すべての子どもの学びを保障するためにグループ学習が必要であること，そして，ただグループの形さえつくればすべてが上手くいくわけではなく，子どもたちのなかで協同的な学びが成立するように，教師が支援していくことの大切さを学んでいったのである。さらに，教師たちは，より広い視野から自分たちの実践をとらえ，協同的な学びの取り組みが単に中学校での3年間にとって意味をもつだけではなく，将来，子どもたちが社会で生きていくための「市民性」や「人と関わる力」を養うことにも寄与するものであるという考えにいたっている。このような教師たちの意識の変容が，日々の教育実践に影響を与え，その結果，元吉原中学校の子どもたちのなかに，協同的な学びの文化が確実に形成されていくことになっていったものと考えられる。

●**教科の壁を越えた教師たちの協同的な学びの文化**

　次に，教師たちのあいだに協同的な学びの文化を育もうとする改革は，どのように発展していったのかをたどってみよう。新校長が導入した教科の壁を越えた校内授業研究会は，元吉原中学校の教師たちにとってはほぼ初めての経験であり，改革当初，彼らは専門外の授業について何をどう観察し発言すればよいのかわからず，大きな不安や戸惑いを感じていた。しかし，その後，月1回の授業研究会を積み重ねていくうちに，徐々に教師たちのまなざしは研究授業のなかの子どもたちの具体的な姿をとらえるようになり，協議会では，そのような子どもたちの具体的な姿をめぐって同僚とともに喜んだり，心を痛めたりすることのできる教師集団へと成長している。さらに，改革6年目に入ったころ，元吉原中学校の教師たちは，子どもたちの学ぶ姿を通して教科の本質に関連する話題にまで踏み込む話し合いを行うようになっている。当校は，中規模校のなかでも比較的小さい学校なので，各教科を担当する教師はほぼ1人か，多くても2人しかいないという状況にある。つまり，多くの場合，ほとんどの

教師たちは専門外の教科について授業研究を行わなければならず，一般的に考えるとこのような場合，教科の本質に関連するような話し合いにいたることは期待できない場合が多いだろう。しかし，元吉原中学校の教師たちは，子どもたちが夢中になって学んでいる様子を丁寧に観察する眼を磨くなかから，何がそれほど子どもたち魅了しているのか，そもそもその教科独特の面白さとは何かといった事柄について議論し，さらに，子どもがそれほどまでに夢中になって学べる授業を実現させている同僚に大きな理解と敬意を示すようになっている。

　一般的には，異なる教科担当の教師たちが集まって授業研究会を行っても，そこから得られるものは少ないと考える教師は多い。だが，このような考え方は，他者の授業を見る際に，自分の授業に直接生かせるアイデアやテクニックがあるかどうかという，限定的な見方に知らぬ間に陥ってしまう危険性をはらんでいる。このような限定的な見方，すなわち，本章の冒頭で触れたスティグラーたちのいう「直接的な適用可能性」を基準とした視点から授業を見ようとすれば，必然的に観察の焦点は，教師の発問や板書，教材解釈や準備物など，

写真2-5・2-6　教科の壁を越えた校内授業研究会で同僚と学び合う元吉原中学校の教師たち

写真2-7　子どもたちの学びから学ぶ教師たち 　　写真2-8　毎月の研修の記録を蓄積する

いわゆる教師がいかに教えるかというポイントに置かれることになる。しかし，元吉原中学校のような教科の壁を越えた授業研究会では，最初から自分の担当教科に直接生かせるアイデアやテクニックを得ようと期待して授業参観に臨む者は少なく，そのため，必然的に観察の視点が子どもたちの様子に移りやすい状況にあった。その結果，当校の教師たちは子どもたちの学びの様子を見取る眼を磨く経験を積むことができ，その眼でとらえた多様な子どもたちの姿について同僚と語り合ういとなみを通して，教科の壁を越えた学び合いの文化を同僚間に築いていったのである。

● 「活動の連帯」の重要性と教師の専門性のとらえなおし

元吉原中学校では，このように子どもと教師の双方に協同的な学びの文化が形成されていったわけだが，この改革の物語は，今後の学校改革の方向性や教師の役割について多くの示唆や知見を与えてくれる。本章を締めくくるにあたり，そういった多くの示唆や知見のなかでも，とりわけ重要だと思われる2点を最後にあげておこう。

〈「活動の連帯」の重要性〉

元吉原中学校において協同的な学びの文化が形成されていった背景には，上述のように，教師たちの意識の変容があったわけだが，ここで注目しておきたいことは，当校の改革が，まず教師たちの意識を変えるところからスタートしたものではないという点である。一般的に，日本の学校では改革に着手するにあたり，まず教師たちの意識を変えて意思統一をはかろうと会議を開いて話し合いを行ったり，講師を招いて勉強会を実施したりといったことからはじめるケースが多い。しかし，元吉原中学校の改革でまず重視されたのは，教師の意識改革ではなく，改革の柱となる2つの活動，すなわち，すべての授業でグループ学習を導入することと，教科の壁を越えて授業研究会を行うという活動を，すべての教師が実践するということだった。そして，その2つの活動を着実に継続してきた結果，教師たちの意識が大きく変容していったのである。

佐藤は，学校を改革していくうえで第一に必要なのは，教師どうしの「活動の連帯」であって意識の改革ではないとし，「学校改革の実践を観念的に考え

てはならない」と述べている。なぜなら，人の意識は活動を通して形成されていくものであり，「活動の連帯」を積み重ねていくなかで，結果として意識の連帯がもたらされるからである（佐藤，2003：165）。しかし，一般的に，日本では学校改革を観念的にとらえる傾向が強く，まず教職員の意識改革がある程度できてから次に進もうとするために，なかなか意識改革がうまくいかないと，「まだ全員の足並みがそろわない」ということを理由にして，活動の改革には踏み込めないでいる学校も多い。実際，元吉原中学校のように，全校でグループ学習を導入するという目標をかかげても，それを実行するかどうかは各教師に委ねられており，そのため，ある教室ではグループ学習を行っているものの，となりの教室では一斉講義型の授業が行われている，というまったく異なる教室風景が混在している学校も少なくない。このような「活動の連帯」がないところでいくら改革を進めようとしても，教師たちの意識が大きく変わることはまずないだろう。

〈教師の専門性のとらえなおし〉

本章の冒頭でも触れたように，中学校以上の校種において，元吉原中学校のように教科の壁を越えた全校での校内授業研究会を実施している学校は，全国的に見ればまだ数少ない現状にある。教科の専門性という問題が障壁となり，自身の担当する教科以外の同僚と授業研究を行っても生産的な議論はできないし，結果的に教師としての専門性は向上しないと思われているためである。しかし，ここでいま一度考えたいのは，そもそも，教師としての専門性とは何を意味するのか，そして，同僚と協同的に学ぶことの意義は何かという問題である。

教師の専門性は何かという議論において，まず重要視されるのは教科の専門的知識であろう。リー・ショーマンは，教師の専門性がアメリカで大きな議論となった1980年代に，専門家としての教師に必要な知識として，「教科内容の知識」や「カリキュラムの知識」に加え，「授業を想定した教材の知識（pedagogical content knowledge）」をあげ，何をどう教えるかということを含む教科の専門的知識の重要性を提示している（Shulman, 1987）。しかし，興味深いのは，2000年代になってショーマンが，「教科内容の知識」に並記する形

で「複数の学問分野にまたがる知識（interdisciplinary knowledge）」を教師に必要な知識の一つとして新たに加えていることである（Shulman & Shulman, 2004）。もちろん，各教科に独自の専門的知識は依然として重要であることに間違いはない。しかし，現代社会においては，学問分野の垣根を越え，複数の領域にまたがる複合的な知識や技能がますます重視されるようになっている。このような状況をふまえると，今後必要とされる教師の専門性は，単なる担当教科の枠内にとどまるものではなくなることが予想される。

　さらに，教科の本質的な学びという問題を考えるにあたっても，教科の壁を越えて同僚と学び合うということは重要である。なぜなら，ある教科の本質とは何かという問いは，他の教科との比較やつながりのなかでしか明確にならないものだからである。たとえば，数学の教師が，子どもたちに数学の世界の面白さや数学ならではの学ぶ楽しさを経験させてやりたいと願い，単元構想を練ったり課題に工夫をこらすなかで，数学教師としての専門性は確実に磨かれていくだろう。しかし，それが数学という教科独特の面白さや楽しさであると判断するためには，本来，他の教科の面白さや楽しさを教師が知っていなければならないはずである。

　そして，教科の壁を越えて同僚と学び合うなかでなにより重要なのは，秋田喜代美が指摘するように，教師が「専門家として生涯にわたって学んでいくための学び方を学ぶ」（秋田，2009：46）ということである。教師が生涯学び続けていくためには，日々の実践のなかで，目の前の子どもたちや同僚たちからどれだけのことを学び取ることができるかということがきわめて大切になる。たとえば，本章のなかでも，元吉原中学校の教師たちの口からさまざまな子どもたちの姿が語られているが，まず，そのような子どもたちの姿をとらえる観察眼をどれだけ磨いているか，あるいは姿はとらえていてもそこにどれだけ重要な意味を見いだすことができるかによって，子どもたちから学べることには大きな違いがでてくる。また，同じ教科の同僚から学ぶだけでなく，他教科を担当する同僚たちからも学べることが必要である。たとえ元吉原中学校より規模の大きい学校であっても，同僚教師のうち同じ教科を担当する者よりも圧倒的に人数が多いのは他教科の教師たちである。彼らを含むすべての同僚からどれだけ学ぶことができるかによって，教師たちの生涯にわたる学びは豊かにもな

り，貧しくもなるだろう。もちろん，授業以外の面で他教科の同僚から多くを学んだり，あるいは中学校以上の校種であっても，道徳や特別活動といった共通の項目を設定して全校で研究を行っている学校もあるだろう。だが，教師たちにもっとも必要なのは，互いの専門性が一番発揮される担当教科の授業を通して触発し合い，学び合うことである。教科の壁を越えて，互いが専門家として授業を開き合い，それぞれの分野の専門家として対話するなかから，教師一人ひとりの専門性が磨かれていくのである。そして，そこにこそ，同僚と協同的に学ぶことの最大の意義があるのである。

4節　未来への展望

　本章では，元吉原中学校での6年間にわたる改革の歩みをふり返り，子どもと教師の双方において協同的な学びの文化が形成されていく過程を描いてきた。もちろん，本章で紹介したのは，ある一つの学校の事例にすぎない。しかし，この元吉原中学校における子どもと教師の変容の物語は，今後の学校改革の方向性と教師がはたすべき役割について，さまざまな示唆を与えてくれるものである。
　この改革で育まれてきた2つの協同，すなわち，子どもが仲間とともに学び合う学びと，教師が同僚とともに学び合ういとなみは，未来の学校教育にとってこれからますます重要となるものであろう。そして，もし子どもたちのなかに他者とともに学び合える力を養い育てたいのであれば，まず教師自身が他者と協同的に学びながらその専門性を高めていくことのできる学び手にならなければならないということを，この改革の物語は示している。とりわけ重要なことは，ここでいう「協同」とは，自分の専門外の教科を担当する同僚に代表されるような，異質な他者とともに学び合ういとなみだということである。
　本章で取り上げたのは中学校の事例であるが，ここで得られた知見は，小学校を含むすべての校種において重要な意味をもつものである。たとえば，本章の冒頭で示したデータだけを見れば，小学校では盛んに校内全体での授業研究会が行われており，一見するとあまり問題はないように見える。しかし，たと

え小学校であっても,意識の改革ではなく「活動の連帯」はできているか,「直接的な適用可能性」だけに価値を置く研究会になっていないか,そしてなにより,子どもたちと教師たちの双方において,異質な他者と学び合う協同的な学びの文化が育まれているか,といった視点は,いま一度,自分たちの取り組みを見直してみる貴重な機会を与えてくれるだろう。

いまから数十年後の社会はだれにも予見することはできないし,そのなかで学校がはたす役割も想定することはむずかしい。しかし,そこに社会があり,学校があるかぎり,異質な他者と協同できる力はかならず求められ続ける。なぜなら,社会も,また学校も,その協同なくしては成立しないものだからである。そして,その他者と協同していく力を子どもたちのなかにも,さらには自分自身のなかにも培っていくことのできる専門家としての教師像が,今後ますます求められていくことになろう。

[注]
1 「協同」には,「協働」や「共同」等さまざまな表記の仕方があるが,本章では引用箇所以外はすべて「協同」を使用する。
2 当該調査の対象となった小・中学校はすべて公立だが,高等学校は公立と私立に分けて調査している。本章ではそのうち公立高等学校のデータのみを記載した。
3 「全体会のみ」という回答と,「グループ別協議と全体会」という回答を合算した。
4 研究授業や協議会のDVD記録の文字起こしは,科学研究費助成事業・基盤研究(C)「校内授業研究における教師の職能発達を支援する校長のリーダーシップに関する研究」(課題番号:23531052)の助成を受けて実施した。
5 教師たちのなかには,すでに他校に異動している,あるいは定年退職を迎えている者も含まれているため,プライバシーに配慮してすべて仮名とした。ただし学校長はいずれも実名である。
6 本章で引用しているすべての発言において,……は省略,[ ]は筆者による補足を表す。
7 プライバシーに配慮し,子どもはすべて仮名である。

東アジアの未来をひらく学校改革

第3章
韓国の学校改革
―学校文化の革新を求めて―

申　智媛

1節　韓国の学校改革を再考する

　本章では，韓国において進められてきた教育改革を概観し，現在進行している学校を変えるための取り組みを，いくつかの事例を通して紹介する。

　韓国といえば，熾烈な受験競争，国際学力調査における連続的な高得点，先進的な英語教育などを思い浮かべる人が多いだろう。OECDの国際学力調査であるPISAの結果からもわかるように，近年の韓国の学校教育が優秀性を特徴としているのは事実である。2000年から始まったOECDのPISAにおいて，韓国の子どもたちは持続的に高い学力水準を示してきた。2012年調査でも，OECD34か国中「数学的リテラシー」は1位,「読解力」は1〜2位,「科学的リテラシー」2〜4位と，不動の高学力を示している。

　しかし，その優秀性の裏面にある，学校教育の問題点についてはあまり知らされていない。たとえばPISAの2012年調査において数学で1位の成績を収めた韓国の子どもたちは，数学に対する内発的動機づけ（intrinsic motivation）に関しては，全体65か国のうち58位であり，道具的動機づけ（instrumental motivation）は62位であった。学力と直接関わる要素以外にも，90年代から20年間上昇を続けている家計における私教育費の支出やOECD加盟国中最も低い子どもの幸福度指数などは，韓国の学校教育が変化を求められていることを物語っているのかもしれない。このような学校と子どもたちの問題は，韓国の教育改革を語るうえであまり丁寧に扱われてこなかった。

韓国の教育改革に関して，光があまり当たっていないもう一つの領域は，教師や親，市民など草の根レベルにおけるダイナミックな学校改革の展開である。1990年代中盤に韓国社会が民主化を達成して以来，権威的で競争的な学校文化を変化させるための教師と親，市民の取り組みが活発に行われてきた。約20年が経過した現在，その努力の積み重ねは教育の現場で実を結びつつある。

　これらの視点を踏まえ，本章では，過去と現在の韓国において，どのような学校が構想され，その実現のためにいかなる実践が行われてきたのかを検討する。学校改革の動向を立体的に理解するために，(1) 政府による教育改革，(2) 教師，親，市民による学校を変えるための取り組み，(3) 校長や教師の学校改革の経験という3つのレベルに分けて見てみることにしよう。

2節　民主化以降政府により進められた教育改革

　ここでは，学校教育を独自に構想することが可能となった民主政権の発足から現在にいたるまで，韓国でどのような教育改革が進められてきたのかを概観することとしたい。

　各政権の教育改革を振り返ることで，韓国が構想してきた学校教育の流れを確かめる前に，民主政権発足までの韓国の教育を取り巻く社会的，政治的な文脈に触れておきたい。韓国教育の現代史を振り返ると，その初期において，一つの特徴を発見することができる。それは，教育に関するまっとうな「ヴィジョン」がなかったことである（趙韓，2005）。近代教育制度が施行，普及し始めた19世紀末と20世紀の初めは，富国強兵のための手段として教育の意味が強調され，大韓民国政府樹立以降，軍事政権期においては，国家体制維持と経済発展のための教育に重きが置かれた。この期間の教育改革において，教育の原理，方向性，理想，国民のニーズや希望が語られる余地がなかったと言ってよい。自国ならではの教育を構想する余裕を持ち得なかった韓国では，近代教育の導入初期から，帝国主義国家の学校教育をモデルにした学校づくりが行われてきた。

　そういった意味で，建国以来約30年間の軍事統治に終止符を打ち，初めて

民主主義の政治の幕を開いた金泳三政権が，その教育改革において国家の体制維持や経済発展ではなく，「教育福祉国家の建設」を謳っているという点は，韓国の教育史において大きな意味を持っている。民主政権の誕生は，政治における民主主義の実現のみならず，韓国の人々が自国のための，自国民による教育を構想することがようやく可能になったことをも意味していたのである。

●初の民主政権による学校の構想──金泳三政権の教育改革(1993年〜1998年)

　金泳三政権時には，現在にいたるまで韓国の教育改革の骨格を成している学校教育のロードマップが発表された。その学校教育の構想が含まれている教育改革案が1995年に発表された「5・31教育改革案」である。同改革案は初等，中等，高等，教員，職業，生涯，そして関連インフラの構築を含む広範囲な内容で構成されており，それまで教育部から教育庁（日本の教育委員会に当たる），学校，教師へと下りていく上意下達式で行われていた教育改革から，教師，生徒，保護者という教育の当事者を中心とした改革への転換を提唱している点，また，平等主義，バランスの取れた発展，福祉の向上など，教育的な価値を含んでいる点で評価されている。同改革案は21世紀の変化に備えた新しいヴィジョンを提示するものであると同時に，これを起点にして，教育における国際競争力が強調され始め，教育の世界に市場原理や競争主義が導入されたという点で，韓国の教育改革に重要な転機をもたらした。

　また，「5・31教育改革案」は，初等および中等公立学校における学校運営の自律性を拡張することを目指している。そのための中心的な政策には，教師，保護者，地域の有志が自発的に責任を持って学校を運営する「学校共同体」の構築と，地域の特性に応じた創造的な教育を実施するための「学校運営委員会」の設置がある。とくに教職員，保護者，地域住民により構成される「学校運営委員会」の設置により，学校には予算や決算の決定，選択教科や特別活動プログラムの選定，学校規則の制定を審議する権限が与えられるようになった。

　「5・31教育改革案」成立から約20年が経過した現在，韓国では同改革案への肯定的評価と同時に批判もなされている。教育当事者を中心とした教育改革を謳いながらも，推進方式としては官主導のアプローチを採用し，教師たちの積極的な協力を導き出すことができなかった点，また，教育の質的な改善に焦

点を当てたはずの政策が，結果的には教育の外側にある制度や環境の整備に留まっていた点において批判がなされている。それにもかかわらず，建国以来教師をはじめとする学校の当事者の学校運営における裁量が著しく制限されていた韓国の状況に鑑みたとき，教師は「教育改革の主体として先導的な役割を担う」と明言する「5・31教育改革案」は，教育現場を中心とした教育改革を切り開く契機となった点で重要である。

●民主化と競争主義を同時に加速させたアイロニカルな教育改革 ── 金大中(キムデジュン)政権による教育改革（1998年～2003年）

　1998年から2003年まで続いた金大中政権においても，教育改革は他のどの改革より主要な課題として位置づけられた。金大中政権の教育改革は，前政権である金泳三政権時に発表された「5・31教育改革案」の骨子を継承するものであったが，改革を進めるにあたっての焦点については，前政権との差異が見られた。金泳三政権は，官から民へ移行すること，つまり，中央政府が主導する教育改革から，地域や市民が参加する教育改革に転換することを改革の主眼としたのに対し，金大中政権は，教師と親，市民団体などの教育の当事者たちが，いかに教育改革に参加し，意見を出し合い，それを現実の変化へとつなげるかといった問題，さらに，教育の主体が積極的に関与する教育改革の拠点となるコミュニティをどのように組織するのかに関する課題に力を注いだのである。政府は，政府自身が介入しないことを原則とする「教育改革推進団」を設置し，教師や親をはじめとする教育の当事者たちの参加による教育改革の推進を試みた。また，1999年にはそれまで非合法とされていた教員組合が合法化されたが，これも同政権の教育改革の流れのなかで起きた出来事であった。

　金大中政権は教育改革における民意の尊重を掲げると同時に，「学校と教師＝サービス提供者，親と生徒＝消費者」という市場の構図を学校教育に取り入れ，教育現場の効率化を図った。その代表例として「教員定年の短縮」があげられる。これは，教職社会の若返りと人件費の削減をねらいとし，教師の定年を65歳から60歳へと短縮することで，年齢の高い教師を退職させ，若い教師を新規採用するための政策である。また政府は，「教員成果賞与給制」を導入し，教師同士を競争させ，より有能で優秀な教師に多くのインセンティブを与

えた。これは，競争を通して教師集団がより有能，優秀になるという発想によるものである。

　金大中政権は，当初，学校教育の当事者である教師や親，市民の積極的参加と合意形成による教育改革という理念を掲げてスタートしたが，結局のところ，教育改革の最も重要な主体である教師を改革の対象とし，教職の世界へ効率と競争の原理を導入したことで，教育の現場に混乱をもたらし，学校教育の当事者たちから多くの批判を受けるようになった。

● 「平等」，「参加」，「自治」の理念の登場と議論に終始した教育改革 ── 盧武鉉（ムヒョン）政権の教育改革（2003年～2008年）

　2003年発足した盧武鉉政権は，教育に限らず，競争と効率を重視する韓国社会全体の流れに異議を唱えながら，「参加」，「均衡発展」，「平和」という国政の方向性を掲げて登場した（イ，2004）。教育改革に関しては，前政権が教育の世界に競争と効率の原理を過度に導入したことを批判し，「平等」，「参加」，「自治」をテーマとした教育改革を提案した。とくに，地域間の格差の解消や，学閥主義の打破など，「平等」を改革の重要な理念として掲げた。教育における平等を実現するために，「家庭教師支援制度」や「高額家庭教師に対する親，市民団体の監視体制」など，私教育費を軽減するための方策を次つぎと発表したほか，それまで賛否両論があった平準化政策の妥当性を主張した。大学のネームバリューだけで人材が評価される傾向を問題視し，出身学校を問わず本人の能力によって妥当な評価を受けることができる教育風土の形成も追求した。

　また，学校教育における教師や親，市民の参加や自治を強化するために，教師会，生徒会，父母会を法制化し，学校の自治権を強化しようとした。さらに，学校の自治を拡大し，強化するために，当時教育人的資源部（現教育部）の改編を通じて教育改革に関する権限を地方教育庁へ大幅に委譲した。

　このように盧武鉉政権時は，権威主義，保守性，また直前の政権において強調された成長，競争と効率重視の流れに対する反発として，参加，民主主義，平等というキーワードが受け入れられた時期であるといえる。しかし，教育の世界にも参加と民主主義の新しい風を取り入れようとした同政権の試みは，提示したヴィジョンとは異なる立場や考え方を持った社会各層の人々との葛藤や

衝突を円満に調整することができず，結実を見る前にその幕を閉じてしまった。結局，教育改革の方向性や理念の提示においては画期的な試みが行われ，多くの議論を生んだが，学校教育の内実の変化には結びつかない教育改革であったと評価できる。

● 「競争」，「自由」，「多様化」が招いた格差拡大と序列化 ── 李明博(イミョンバク)政権の教育改革（2008年～2013年）

　教育において「福祉」や「公平」という理念を強調していた盧武鉉政権に続く李明博政権の教育改革における基調は，「競争」，「効率」，「自由」そして「多様化」であった。李政権の教育改革では前政権である金大中政権や盧武鉉政権で強調されてきた「平等」の理念よりは，「優秀性」の追求に重点が置かれ，需要者のニーズを満足させる学校教育，学校間の自由な競争を通じた学校教育の質の向上，グローバル・スタンダードに見合った学校教育などが目標として設定された。

　「競争」，「効率」，「自由」，「多様化」などの改革のキーワードは，李政権により施行された政策に表現されている。全国一斉学力調査（韓国語では「学業成就度評価」で，別名「一斉考査」とも呼ばれる）の実施はその代表例である。当初政府は，学力調査を通して基礎学力が低い児童生徒を把握し，支援することを学力調査実施の目的としていた。しかし2008年から4年間にわたって行われた一斉学力調査の影響は，肯定的とはいえないものであった。小学校から高校の調査結果は学校内外に公示され，学校と地域教育庁間の競争を煽る結果となった。一部の地域では，学力調査の成績を上げるために，夏休みや冬休みにも試験対策のための授業を行った学校もあるという。

　他にも，李明博政権時に教育界に大きな変化をもたらした施策として「高校多様化政策」がある。韓国の高校は，1973年以来多くの地域において平準化政策の下に置かれている。ところが2008年3月李明博政権が自律型私立高等学校を導入，生徒の学校選択権を拡大し，カリキュラム運営，教職員の採用，学校財政運営における学校の自律性を保障するための法的根拠を整えると発表したことで，高校平準化の基盤は揺らぐこととなった。代表的な平準化地域であったソウル市はこれを受け，学校選択制を導入した。自律型私立高等学校は，

一般の高校に比べカリキュラムや財政運営の面で裁量が与えられて、新たな名門高校としての位置を確保した。結果的にソウル市では、高校平準化が維持されながらも、自律型私立高校と一般高校の間の格差が広がることになった。政府は当初、公教育内に優れた高校教育機関を設置することを通して、私教育を縮小させるねらいを持って高校多様化プロジェクトに取りかかったが、自律型私立高等学校が新たな名門高校として浮上することで、これらの学校に入るための私教育市場は逆に拡大してしまったのである。

　高校多様化政策が招いた大きな弊害の一つは、一般高校の教師、生徒たちのモチベーションが低下したことである。韓国の多くの地域は高校平準化政策の下にあるため、ほとんどの生徒たちは抽選で高校に入学する。高校入試が行われるのは、科学高等学校、外国語高等学校、芸術高等学校など特殊高等学校と呼ばれるいくつかの学校だけであった。成績最上位の生徒たちの多くはこれらの特殊高等学校に進む。ところが、自律型私立高校が登場することで、成績上位から中位の生徒たちが自律型私立高校に進学することになり、一般高校は、成績中位から下位の生徒たちが集中するといった、高校の序列化現象が明確になったのである。韓国の高校平準化の体制は、李政権の高校多様化政策によって事実上完全に解体したと見る者もいる（金、2010）。しかし問題は、高校平準化が解体し、高校が序列化したことそのものというよりは、どの学校に進学するかが、生徒の能力だけで決まるのではなく、親の経済力や教育力によって左右される傾向が強くなったことである。このような高校進学における格差の拡大は、学校教育における公平性や公共性の保障を阻むものであると言わざるを得ない。

●優秀性と福祉の同時追求のゆくえ —— 朴槿恵（パククネ）政権の教育改革（2013年～）

　2013年2月発足した朴槿恵政権は、「夢と才能を育てる幸福な教育」をキャッチフレーズとし、「素質と才能を呼び起こす教育」、「公平な教育機会」、「教育競争力の向上」、「生涯学習システムの構築」を課題とした教育政策を展開するとしている。これらの課題を実現するための具体策として、自由学期制、終日ケア学校（放課後子どもの世話ができない親のために保育、教育を提供するためのプログラム）、高校無償教育を提案した。なかでも児童生徒の「夢と才能」を

育てるための中心的な制度として，自由学期制が注目されている。自由学期制とは，中学校期間の3年間のなかで，1学期の間，生徒たちが試験の負担やストレスから解放され，おのおのの夢と才能を探すことができるような授業を行うことを指す。自由学期中は，ディスカッションや実習など参加型の授業を行い，期間中に進路の模索や多様な体験活動ができるようにカリキュラムを柔軟に運営する。2014年1月現在全国42の研究学校で試験的に運営されており，2016年3月からは全面的に実施される予定である。

朴大統領が提示する教育改革の方向性については，高校無償教育や大学の学費の削減，終日ケア学校など，福祉を追求する流れと，前政権で強調されていた競争の教育体制を維持する流れが共存しているといえる。

以上，民主政権発足以来，韓国が国家的に進めてきた教育改革の流れを確かめた。民主政権発足から20年間，韓国はどのような学校像を描いてきたのだろうか。政権によって焦点は移り変わりながらも，学校教育における教師，親，子どもの主体性の回復，公平，自治，参加などの福祉的な理念の強調，国際競争力強化のための優秀性の追求など，多様な価値を中心とした教育改革が行われてきた。しかし，政権交代の度に教育改革の方向性や焦点が変更されている点は，学校に大きな混乱をもたらしている。政権ごとに変化する政策によって混乱を経験するのは結局のところ教師と子どもたちである。とくに教師たちは，度々変わる学校教育の方向性や政策に対して疲労さえ感じている。教育改革の結実は，教師と子どもたちの日常の学校生活において表れるべきではないだろうか。しかし残念ながら，過去約20年間韓国が国家レベルで描いてきた学校像の中には，教師と子どもたちの学びと成長を実質的に保障するための学校と教室の姿はなかなか見えてこないのである。

3節　教師，親，市民による自発的な学校改革の取り組み

国家が進める教育改革が，韓国の教育改革を語る大きな物語だとするなら，教師，親，市民を主体とする学校改革のムーブメントは，教育の大きな言説を含みながらも，学校経営のヴィジョンや哲学，授業など，学校教育の実践的で

具体的なコンテンツを備えたものである。本節では，教師，親，市民が中心となって進められた学校教育の変化を導き出すための取り組みの事例を紹介したい。

●公教育に対するオルタナティヴの模索 ── 代案教育運動

最初に紹介する，教師，親，市民が中心となって進められた学校改革の事例は，代案教育運動である。代案学校は，政治的な民主化を達成した韓国社会が，教育，文化，社会の諸領域において既存の権威的な文化に対するオルタナティヴを模索する流れのなかで，学校教育に対する意識を持った教師，親，市民を中心に構想，設立された学校である。本格的に代案学校が構想され始めたのは 1995 年頃で，教育改革のために自主的に立ち上げられた市民の集い，民主化運動の過程で解職された教師たち，「脱学校」した子どもたちの集い，関連雑誌や出版社の活動，廃校を復活させるための集い，教員組合内の教師の会などがその主体となった。代案学校のスタートに関わったすべての人々が，学校設立にまでいたった訳ではないが，さまざまな層の個人やコミュニティにおける「新たな学校教育」を模索する動きは，「代案教育」という流れを形成し，代案教育機関の誕生へとつながってきた。

2000 年代初めには，これまで大学入試を中心とした権威的で競争的な学校教育に閉塞感を覚えていた多くの親や子どもたちの間で代案教育は大きな話題を呼んだ。「『自由，個性を求めて』代案学校がブレイク：入試倍率 10 倍のところも（『朝鮮日報』2000 年 11 月 20 日）」，「親が開いた校門：子どもが楽しめる学校（『ハンギョレ新聞』2005 年 2 月 27 日）」といった当時の数々の新聞記事からは，学校の新しいあり方に対する人々の熱い期待を読み取ることができる。

代案教育機関は設立当初は公教育外部で設立，運営されたが，社会的関心の高まりに応じて，学校教育法の中に代案教育機関を位置づけるための動きが出てきた。したがって，代案教育運動が起きた当初は一言で「代案学校」と呼ばれていた代案教育機関が，政府の認可の有無によって学歴が認定される代案学校と，代案教育を提供する特性化中学校，特性化高等学校（以上認可），未認可の代案教育機関の 3 つに大きく区別されるようになった。2013 年 6 月現在，学歴が認定される代案学校（各種学校，初等学校～高等学校）は全国に 19 校，

代案教育を提供する特性化中学校は11校,特性化高等学校は24校である。一方で,認可を受けていない「未認可代案教育機関」は,185か所にのぼっている。現政権の調査によると,これら未認可代案教育機関で学んでいる子どもたちは8,526名であり,教育機関を内容別に区分すると,一般代案教育のための機関が74,学校への適応が困難な子どものための機関が58,宗教教育機関が30,多文化の背景を持つ子どもたち,脱北した子どもたちのための機関が8,国際教育が6である。このうち,脱北者や片親の子どもたちを対象とする機関は,授業料が無料か,年間250万ウォン未満であったが,国際教育を目的とする機関8のうち7は,授業料が年間1,000万ウォン以上であることが明らかになった。

　代案教育機関は,公教育内の学校教育において十分なケアが行き届いていない子どもたちのニーズや声に対応している面では,学校教育の多様化に貢献しているとみてよい。公教育の学校教育が見逃している側面を補うことで,学校教育に示唆を与えてくれる実践もある。一方で,一部の代案教育機関では,教育内容や施設の不備,親の教育熱を利用した高額の授業料の徴収などが問題となっている。

● **学校改革における哲学とヴィジョンの重要性**——「**学びの共同体**」**としての学校づくり**

　代案教育を模索する流れと時期をほぼ同じにして,教師,研究者,親など,真の学校教育のあり方を追求する人々の間で注目を集めた学校改革の動きとして,「学びの共同体」としての学校づくりがある。

　「学びの共同体」は,日本で登場した,ヴィジョン,哲学,方略を含んだ学校改革の実践である。日本での「学びの共同体」の概念の登場は,佐伯胖,藤田英典,佐藤学らによる,学習概念を〈文化〉と〈文脈〉に基づいて再定義しようとする試みに端を発している（佐伯ら,1996）。そのなかでも佐藤（1999）は,学校を「民主主義（democracy）」と「教養の伝承（literacy）」と「共同体（community）」の3つのキャノンによって構成される〈教育の公共圏〉であるとみなした（佐藤,1999：463）。「学校の危機はこの3つの領域が崩壊していることなのであり,学校の再生はこの3つのキャノンを回復させることに鍵が

ある」と指摘している。「学びの共同体」としての学校は，『21世紀の学校』のヴィジョンを示す概念として，子どもたちが学び育ち合う場所，教師も専門家として学び育ち合う場所，保護者や市民も学校の教育活動に参加して学び育ち合う場所」として定義される（佐藤，2007）。この実践的哲学と理念は，日本全国の多くの学校に受け入れられ，学校改革の原動力となっている。「学びの共同体」としての学校改革における教師の位置づけに関してみてみると，教師は，技術的なエキスパートであることを求められたり，上位機関の改革課題を遂行する導管としての役割を与えられるのでなく，自らの実践から反省的に学び，教師が相互の自律性と専門性を尊重しながら協同的に学ぶことを通して子どもの学びを保障していく「反省的実践家（ショーン，1987 = 2001）」として尊重される。

　韓国における「学びの共同体」としての学校づくりは，2001年に『教育改革をデザインする』の翻訳の出版を機に本格的に韓国に紹介された。「学びの共同体」としての学校改革のヴィジョンと実践は，紹介されると同時に，韓国の教師をはじめ，研究者や行政関係者の注目を集めた。「学びの共同体」が韓国の教育関係者の注目を集めた理由はいくつかが考えられる。まず，前述した代案教育を求める動きは，既存の学校教育を批判し，公教育外部においてオルタナティヴな教育を追求しているのに対し，「学びの共同体」は，公教育内の学校を対話的な学びの空間へと改革することを目的としており，代案教育関係者だけではなく，学校のあり方について悩んでいた人々に広範にアピールすることができたと考えられる。次の理由としては，出版当時韓国の学校教育が直面していた，校内暴力，不登校，いじめなどの学校病理現象の社会問題化を日本はより早い段階で経験していたことと関連があると思われる。学校の存在意義の揺らぎを経験していた日本の学校教育において，「学びの共同体」は，民主主義と公共性の原理を軸として学校を再編し，教師の専門性と子どもの学びを保障するための実践を積み重ねてきた。韓国の教育関係者たちは，日本との社会的文脈の類似性から，「学びの共同体」を通して韓国の学校再生のシナリオを想像できたのかもしれない。もう一つの理由は，「学びの共同体」の学校改革では，学校を変えるための最も大きな可能性と力を持っているのは，中央政府の官僚でも，大学の研究者でもなく，日々子どもたちの学びと成長に密接

にかかわっている教師であるとしている点である。もちろん政府と大学など学校を取り巻く機関との協力は，学校改革を行ううえで欠かせないことであるが，学校を変化させることは，具体名を持った一人ひとりの教師と子どもたちの学びと成長を目的としてものであり，したがって最たる主役も，教師と子どもであるべきである。こういった学校改革におけるアイデアが，学校改革の必要性を感じつつも，「上からの教育改革」に対して徒労感と不信感を募らせてきた教師たちにアピールしたと考えられる。

「学びの共同体」は，関連書籍の韓国内での出版と，現在でも毎年行われている教師たちの日本の実践校への訪問と研究者によるコンサルティングを通して，知名度を上げ，実践者を増やしていった（孫，2012）。2006年9月5日盧武鉉政権当時には，大統領諮問委員会教育部門において開かれた「革新・未来・そして教育の戦略」という国際会議で，「学びの共同体」が参照すべき海外の改革動向として取り上げられた（Sato, 2006）。また2009年からは，全国16の広域自治体のなかでも6つの自治体が導入している「革新学校」の方向性や方略において「学びの共同体」は主要な参考事例として作用し，革新学校の多くの教師たちにより実践されている（佐藤，2012：170-177）。

●教師，親，市民を中心とした学校づくりから地域と協同する学校改革へ —— 革新学校

韓国の歴史において，市民の教育のための挑戦と取り組みが，国の政策を動かすことがあっただろうか。民主化以降，とくに2000年代に入ってからは，市民が積み重ねてきた教育を変えるための動きが，国の政策に反映されるということが起き始めた。代案教育機関が学校の一種と認められるようになった2005年の代案教育法制化と，これから紹介する「革新学校」がそれに該当する。

これまで述べたように，1990年代中盤から，韓国社会では民主的な学校改革の基盤が徐々に整えられてきた。しかし，大学入試に偏った学校教育の改革が公教育の外側で活性化したことが物語るように，公教育内の学校で競争的な教育環境の改善を全面的に行うことは容易ではなかった。この状況を大きく変えたのが，公立学校を学校改革の拠点とする「革新学校」の取り組みである。

2009年に行われた京畿道教育監選挙を皮切りに，競争的な教育環境を批判

しながら「革新学校」を公約として掲げる進歩派の教育監が，韓国全国17の広域自治団体の中の6つもの自治体において当選を果たした。教育監は住民の直接投票により選ばれていることから，各候補の中心的公約であった「革新学校」への住民の支持と期待を読み取ることができる。とくにソウル市と京畿道はその合計人口が全人口の約半数にのぼり，全国で教育熱が最も高いとされる首都圏であるため，この地域で同時に進歩的教育監が就任したことは大きな注目を集めた。

　「革新学校」を公約として掲げた候補が教育監として当選した地域で「革新学校」は教育庁の重点政策として具体化された。教育庁は大学入試に偏重した競争的な学校教育のあり方に代わる「共に学び，成長する楽しい学校」という学校改革のヴィジョンを示し，地域内で応募のあった学校から支援対象校を選定する。「革新学校」として指定された学校に対しては，学校改革に必要な財政的，内容的支援を行う。したがって「革新学校」は，当該教育庁の政策であり，同時に韓国内の新たな学校の類型として位置づけられる。

　教育庁は学校運営やカリキュラム編成を学校裁量に任せ，公教育のモデルとなりうる革新的な学校運営に必要な財政的，人的支援を4年間行う。1クラス当たり児童，生徒数25人以下，学年当たりの学級数が6以下の学校に対して運営とカリキュラム編成に裁量権を与え，年間約1億〜2億ウォンを4年間集中的に支援する。「革新学校」として指定された学校は，学校運営委員会が公募を通して校長を選任することができ，校長は30％の範囲内で教師を招聘できる。教師たちが児童，生徒の教育に集中できるように教務補助職員，カウンセリング専門教師なども配置される。2011年9月には全国で181校の革新学校が運営されていたが，2013年9月には474校にまで拡大している（表3-1参照）。

　6つの広域自治団体のなかでも最も「革新学校」運営に意欲的な京畿道の金(キム)相坤(サンゴン)氏は，2009年4月に京畿道教育監選挙で初の「民選教育監」（教育監は日本の教育長に該当する）として当選し，2010年6月の地方選挙において再選を果たした（2014年3月辞任）。当選後の就任式において金氏は，4年間の任期中の最優先課題として「革新学校の拡大および革新教育地区推進」を発表し，入試に従属した競争と序列中心の教育に終止符を打ち，教育の本質に忠実な教

表3-1　全国における「革新学校」の現況（2013年9月現在）

地域	「革新学校」の名称	運営学校数			
		初等学校	中学校	高校	合計
江原道	江原幸福プラス学校	22	13	6	41
京畿道	革新学校	114	90	26	230
光州広域市	ビッコウル革新学校	9	7	2	18
ソウル特別市	ソウル型革新学校	31	20	10	61
全羅南道	ムジゲ学校	25	13	2	40
全羅北道	革新学校	55	25	4	84

育を実践するとしたうえで，「学校文化の革新を通して教室と授業を生かし，生徒が学び合う幸せな学校を作る」と述べた。就任後，2009年度後半期に13校，2010年度に30校，2011年度に46校を指定し，2011年度には89校の「革新学校」が運営された。当初2013年には「革新学校」を200校まで拡大する計画であったが，実際のところ2013年度に280校の革新学校が運営され，2014年3月にはさらに5校の追加指定が確定し，282校に拡大される予定である。

2009年の「革新学校」発足から4年が過ぎ，全国の革新学校事業にもばらつきが出始めている。地域によっては教育監の交代で地方教育庁における革新学校の推進が遅れ，予算の策定をめぐって葛藤が起きている。京畿道の場合，革新学校に指定された学校は2013年度277校から，2014年3月には282校へと拡大される予定である。これは，京畿道内の学校全体の10％に当たる。革新学校を2年以上運営した学校は，子どもたちの「基礎学力不足」割合が，全体の平均より小さくなり，「普通以上」の割合が大きくなった（『国民日報』2013年3月27日）。金教育監（当時）は，2014年度革新学校モデルを一般の学校へ拡散させ，学校の民主主義が定着する一年とするとした。

「革新学校」は，地方教育庁が進める政策として，「トップダウン」の性格をたしかに持っているが，これまでのいわゆる「上からの教育改革」とは区別される。教師，親，市民など学校構成員のパワーを動力としている改革であることを強調しておきたい。従来の教育庁主導の教育改革との差異は，まず「革

新学校」の掲げる理念から見いだすことができる。京畿道の金相坤教育監（当時）は、「革新学校」は次のような教育観の転換を含んでいると説明している。すなわち、教育を、「競争」ではなく「協同と協力」としてとらえ直すこと、学校教育は「成績」ではなく「成長」を中心に編成すること、これまで「指示と統制」で動いていた教育を「自律と自治」へ転換させること、教育費の負担を「私的負担」から「公的負担」へと変えることである（金, 2013）。金氏が掲げた、このような公共的で民主主義的な教育理念は、多くの教師、親、市民にアピールし、教育監当選へとつながった。しかもこのような学校教育のイメージは、教育監選挙当時の執権政府であった李明博政権が進めていた競争と優秀性を重視した教育改革とは方向性を異にするものであった。また、「革新学校」を推進するうえで実質的な力を発揮しているのは、韓国の学校教育の競争的な環境に悩み、日々の実践のなかで黙々と変化を追求してきた教師たちである。教師と子どもたちが主人公となる学校と教室づくりに奮闘してきた管理職や教師の多くは「革新学校」のアイデアに共鳴し、革新学校の具体的な学校運営や教育方法など内容を創り上げるうえで大きな役割を果たしている。

4節　校長と教師の学校改革の物語

　ここでは、学校改革に積極的に関わっている校長と教師の物語を紹介する。一口に学校改革といっても、教師を取り巻く学校の具体的な環境、同僚教師や管理職との関係性、子どもたちの状況などによって、なぜ学校が変わらなければならないと思ったか、どのように教室を変えていくか、学校を変えていくなかでどのような困難に直面しているかについて、教師はそれぞれが独特の経験をしていると考えらえる。ここでは代案教育を行う学校1校と、革新学校として指定された公立学校1校において、学校改革を進めている校長と教師の事例を紹介したい。

●以友学校の教師による授業づくり

　以友学校は、「自己主導的学習の力を備え、21世紀の社会のなかで異質な他

者と共に生きることのできる人を育てる」ことを掲げ，2003年に開校した学校である。以友学校の創立理念には，初等学校から高等学校にいたるまでの韓国の大部分の学校教育の内実が，大学受験の準備に偏ったものであり，子どもたちは画一的な受験準備式の学校教育のなかで受動的になり，一人ひとりの個性を尊重される権利を奪われつつあるという批判意識が横たわっている。1990年代後半から2000年代のはじめには，前述したように，以友学校を含む100近くの学校が，公教育のあり方を批判しながら，そのオルタナティヴとなるさまざまな教育理念を掲げ「代案学校」として設立された。以友学校は，代案学校のなかでも財政的基盤が安定しており，学校規模や施設などが一定水準を保っていることから，政府により代案教育を提供する「特性化学校」として指定された。これにより以友学校は学校内で代案教育を行いながらも，学歴認定と国家の支援を受けられるようになった。

　以友学校を設立したメンバーの多くは，軍事独裁期に，労働，政治，教育などの領域において民主化運動に深く関わってきた者たちである。韓国社会とその縮図である学校の文化が，競争主義と暴力性に支配されていることを批判しながら，民主的な空間としての学校を建設することを夢見た。とくに創立メンバーたちは，入試を中心とした学校教育のなかで疲れ果てている子どもたちを見ながら，コミュニティ，哲学，生態，環境など，既存の学校教育では強調されない価値を学校の中心に据える教育を構想した。「共に生きる教育，多様な生の体験を通じた教育，生徒が中心となった教育，心に善き芽を生やす教育」を教育目標とした以友学校は，当初，「共生」，「多様な体験」など，生徒の生活や人格に相当する部分は，体験学習と自治活動を通して育て，学力に当たる部分は探求型学習や自己主導学習で育成するという考え方を持っていたという。とくに，授業においては，「自己主導学習（self-directed learning）」を強調し，子どもが自ら興味を持ち，自発的に学習に取り組むことができることを重視してきた。

　教師たちもまた，それぞれ学校教育に対する独自の明確な考え方を持っている。教師たちの同校に赴任する前の経歴は，公教育内の学校教師，市民運動家，芸術家などさまざまである。ここで紹介する金先生の事例からは，代案教育を実践するようになった契機を含め，代案教育の内容をデザインし，実践してい

く教師の経験を読み取ることができる。

　金先生は2003年から以友学校で中学校の数学を教えている40代の女性である。以友学校に来る前は，大学で8年，中学校で6年講師として数学を教えていた。数学を教えながら思ったのは，「教科書どおり教えるのは面白くない」ということである。教科書には数学的な知識が断片的に並べられていて，その知識は生活，子ども，また他の知識とのつながりが見えてこないものであると感じていた。また，学校での数学の教え方は，教科書の内容にしたがって段階的に教えるもので，たとえば，中1の数学の内容を学ばなければ，中2の内容には進めないのが通常である。金先生の生徒時代の数学の授業も同様であったと振り返る。しかし金先生は，教科書だけにとらわれず，多様な教材を深く研究し，教材と教材，教材と子ども，教材と子どもたちの生活のつながりを意識した授業をしたいと思っていた。ところが実際には，教師の判断で教科書以外の教材を使用することは容易ではなかった。「教えなければならない」内容と，「こういう授業をしてみたい」という理想との狭間で葛藤していたときに，以友学校のことを知った。以友学校の教師になりたいと思ったのは，この学校でなら，受験対策に偏った，点数を取る方法を学ぶ数学ではなく，数学という教科の本当の楽しさと意味を追究し，それを子どもたちの生活へとつなげる授業ができるのではないかと考えたからである。

　金先生は2003年に以友学校に赴任した。同校では，教師は自由に教材を選択し，授業の方向性を設定し，方法を構想することが許されていた。金先生はこれまで数学講師として授業をしながら，現実のさまざまな制限のためにチャレンジできなかったことを，以友学校において実践すると決意した。金先生が目指した授業とは，大学入試で良い点数を取るための受験対策的な授業ではなく，子どもたちが日常のなかで数学的な思考をすることを学ぶ授業であり，個に閉ざされた競争的な環境における数学の授業ではなく，子どもたちがお互いの知恵を交流する授業であった。また，これからの社会で生きていく子どもたちにとって必要な知識は，1つの分野に閉ざされたものではなく，さまざまな領域の境界線で，総合的に物事を考え，実践するものでなければならないと考えた。金先生はこのような授業観を現実の授業のなかで具現化していくために，書物や他者との出会いと交流を通して自主的な研究を重ねていった。とくに未

来の展望について書かれた書物や，長い社会人生活を経て教職に就いた人など，数学教科とは一見関連のない本や人から学び，それを数学につなげる作業を続けた。そうしていくうちに，これまで当たり前だと思っていた教師の役割や授業のイメージが次つぎと壊れていったという。

一方，教科の教材研究では，1990年代にアメリカの全米数学教師協議会（National Council of Teachers of Mathematics）が出版した「学校数学のためのカリキュラムと評価のスタンダード」を具体化するために開発されたプログラムである MiC（Mathematics in Context）に強く魅了され，授業のなかで積極的に活用する方法を考えた。

MiC は，中学校における3年間（Grade 6-8）の包括的なプログラムで，数（Number），代数（Algebra），幾何と測定（Geometry and Measurement），データ分析と確率（Data Analysis and Probability）の4つの分野で構成されている。MiC は，オランダの著名な数学者であり数学史家である H. フロイデンタールの「人間活動としての数学」という考え方に強く影響されており，教科書は，子どもたちの数学的な思考を刺激し，互いに議論することを奨励する形で設計された数学的作業と問題から構成されている（松本，2011）。子どもたちはさまざまな数学的活動を通して思考と議論を重ねることで，自分たちにとって意味のある数学を再発明するよう励まされる。このとき，相互作用は，数学を学ぶための重要な要素とされる。MiC が，数学的な活動と思考を通して子どもたちの実生活につながる数学を見つけることを奨励していることや，学びにおいて相互作用を重視している点は，金先生が追求している「日常のなかで数学的な思考をすることを学ぶ授業」，「子どもたちがお互いの知恵を交流する授業」という授業観と重なり合った。金先生は，数学教科の同僚教師と MiC の教科書を研究し始めた。

教材研究だけではなく，中学部数学科の同僚教師による授業の方法論の研究も行われた。以友学校の中学部の教師たちは「数学を通してみる世の中」というテーマを設定し，授業と研究を行うことを決めた（金，2008）。上記の MiC の教科書を一緒に研究し，授業でどのように活用したかに関する事例を共有した。また，現在受け持っている子どもたちの個性と特徴に最も適した授業の方法は何かについても研究した。たとえば，教師による講義形式の授業，個別指

導（individulalized instruction），協力学習（cooperative learning）や協同学習（collaborative learning）のそれぞれの授業方法の特徴とメリット，デメリットを確認し，教師と子どもたちにとって最適と思われる授業方法を模索していった。子どもたち一人ひとりが基本的な数学の問題と向き合って個別に思考するための個別指導と，より高い思考を要する問題をめぐってアイデアや資料を共有する協力学習，教師の講義という3つの授業方法を1セットとし，100分の授業で3セット繰り返すことで学びを多様な側面から深める（以友学校の時間割は，ブロック単位で構成されている。1ブロックは100分で，通常の2時限分に当たる）。金先生の場合は，教師と子ども，子ども間の交流がある授業を求めると同時に，教師が個々の子どもたちの学習の状況を仔細に把握することを大切にした。そのために，金先生は子どもたちがノートに宿題やその日の授業で行った活動の軌跡を記録するようにしている。授業が終わるたびにノートを回収し，一人ひとりのノートを丁寧に読んで，コメントをつける。こうした作業は，先生自身の授業の振り返りと，次の授業を準備するための貴重な資料になるという。

　一般の学校で，教科書以外の教材を使用し，教師が独自に工夫した授業方法を取り入れることはなかなか難しい，と金先生は語る。とくに保護者から「きちんと学力がつくのか」という不安の声が寄せられることが多いという。以友学校では，教師が何か新しいことにチャレンジするとき，それを支持してくれる雰囲気がある。それは保護者にもいえることで，以友学校の保護者は，学校

写真3-1　教師による授業研究会の様子

の理念に応じた創造的な教育方法に理解がある人が多いほうであるという。否定的なまなざしを向ける保護者がいないわけではない。同校で実践している小グループによる学習や活動を見て,「勉強しているのか, 遊んでいるのかわからない」,「学力向上を考えたら効率的ではない」と懸念する声もあり, 講義型の授業で個別に指導し, 成績を伸ばして欲しいという要求もある。金先生は,「保護者自身が経験していない教育方法に対して不安を抱くのも無理はない」としながらも, 競争と個別学習を中心とした授業だけが学力向上に有効であるという考え方は,「大人が崩すべき壁」であると考えていた。それでも金先生が, 一般の学校からすれば少し「変わった」授業を実践するなかで手ごたえを感じているのは, 授業に参加する子どもたちの姿があるからであるという。子どもたちは, 数学の公式を覚え, 問題を解くことだけではなくて, 日常の中の数学の原理を見つけ, それを仲間と交流することの楽しさに気づいているし, そのような学習と活動が有意味であることを確信しているのだという。

　金先生は, 従来の数学の授業方法に限界を見いだし, 教科書と教室を越えた, 子どもたちの生活とつながる数学の授業を目指して以友学校での実践を続けている。彼女の授業づくりへの熱意は大きいもので, 日々膨大な時間と努力を注いで教材研究や子どもの学習の支援を行っている。さらに, 同僚教師との協同の授業研究も, 先生の実践を高める重要な場となっている。このような理想的とも思える授業実践を行うことが可能なのは, 教師が授業研究に集中できるための学校側の行政的支援や, 教師の自由な発想による授業を励ます周囲のまなざしがあるからであろう。しかし, 困難がないわけではない。「普通の授業」

写真 3-2・3-3　仲間と交流しながら学ぶ子どもたち

ではないことに対する保護者の理解が得られなく，説得に苦労するときもあるし，「公教育へ新たな学校モデルを提示する」という同校の目標に照らし合わせてみれば，一般の学校とは財政面，環境面であまりにも差が大きいという指摘も受けている。

● **フンドク高校の校長と教師による学校づくり**
　フンドク高校が位置している龍仁（ヨンイン）市は，京畿道の中央部に位置する，人口934,059人（2013年現在）を抱える都市である。工業と農業を主な産業とし，ソウル近郊部であることから，ベッドタウンを形成していることも特徴である。フンドク高校は龍仁市に2010年に新設されると同時に京畿道教育庁により革新学校として指定された。韓国の高校は，地域によって平準化されている場合と，そうでない場合がある。平準化地域では，成績とは関係なく，地域内の抽選によって進学する高校が決まる。また非平準化地域では，中学校での成績によって進学のための選考が高校別に行われる。非平準化地域の場合，それぞれの学校が持つ特徴や，進学する子どもたちのレベルがほぼ固定しているため，新しく設立される学校は敬遠されがちであり，中学校卒業者のなかで，成績が高校進学の条件に満たない子どもや，不登校の子どもたちが進学してくる傾向が強い。2010年に新設されたフンドク高等学校も，例外ではなかった。第1回入学生となった5学級146人の子どもたちの大部分は，中学校の内申点は最も低いレベルであったという。同校への進学の動機は，周辺に新設されたマンション街への引っ越しや，近隣地域であり平準化地域である水原（スウォン）市において希望しない学校に配置されたことによる不満によるものなど，消極的なものが多かった。成績や生活指導においても，学習に対して無気力な子どもの割合が大きく，進路について計画を立てていない子どもが多かった。

　さまざまな困難な要素を背負ってスタートを切ったフンドク高校であるが，校長と教師たちは子どもたちとのコミュニケーションを大切にしながらも質の高い学校づくりへの熱意と信念を持って開校に臨んだ。同校の校長は，革新学校の趣旨にしたがって，公募を通して選ばれ，校長の学校改革の哲学に共感する教師たちと革新学校での勤務を希望する教師たちが配置された。フンドク高校の初代校長となったのは，同じ龍仁市内の中学校で倫理を教えていた教職

22年目の李ボムヒ氏である。李校長は，これまでの教職生活の約20年間，韓国の学校教育の問題について悩み，問題を共有できる教師たちを組織し，教育運動をリードしてきた人物である。李校長が2006年から組織し，展開している「参与疎通教育の会」という教師の研究会では，民主的な学校文化の創造と授業方法の革新や生活指導，子どものケアと癒しを中心的テーマとし，全国の教師の連帯と研究を進めてきた。

李校長が教師の研究会を組織したのは，教師個々人がいくら素晴らしい授業の実践をしたとしても，お互いが孤立していれば学校は変わらないという認識から，教師が連帯する必要性を感じたからである。たとえば，韓国の中学校と高校は，子どもたちへの受験のプレッシャーが大きいうえに，校則や管理が厳しい故に，子どもたちは学校から監視されている，または，間違ったことをすれば罰せられるという意識を持っているという。行き過ぎた管理と統制の下では，教師と子どもが信頼関係を築くことは困難であり，個々の教師の学級運営能力と授業がすばらしいとしても，学校を民主的な空間とすることはできない。そこで，李校長は，このような問題意識を共有できる教師や親と連帯し，学校文化をどのように変えるべきか，そのために授業や生活指導をどのように工夫していくべきかについて悩んできたという。

写真3-4・3-5　学校の各所に記されている学校改革のヴィジョン
「よく生きるということは，世の中という海で他者と共に波打つこと」（左）
「ここは，参加とコミュニケーションを通じて希望と信頼の学びの共同体を創るフンドク高校です」（右）

さらに李校長は，韓国の学校をどのように変えていくか，という問題意識を，「参与疎通教育の会」にとどめることなく，前述した代案教育運動にかかわる教師や市民運動家との交流によって共有し浸透させようとしてきた。このような交流と活動は，後に京畿道の教育政策となる革新学校の主要な動力の一つとなった。

それでは，李校長はどのような学校教育の現実に対して問題意識を抱き，どのような学校を夢見ているのだろうか。李校長は学校と教師はすべての子どもたちの学習を保障すべき責任を持っており，市民としての素養を持った子どもたちを育てなければならないという。フンドク高校の場合，学習に対する無力感を抱いている子が多く，学校からは統制，管理されている感覚を持ち，教師から信頼されていると感じる経験が乏しい子どもが多い。そのような子どもたちのために，李校長は学校を「安心できる居場所」であり，「理解され，支えられ，尊重される」場にしたいと考えている。そうしたときに，「学びの楽しさ」を経験し，「将来への展望」を持つこともできる。強制的な校則を一方的に押しつけることで学校に適応させようとするのではなく，子どもたちが自分自身を尊重し，学校を大切に思うようになることが重要である。それが結局のところ，学力の向上や進路指導にもつながる。そのような考えから，フンドク高校では，権威的で強制的な生活指導ではなく，対話を中心とした民主主義的な教育を実践している。このような意味を込めて，李校長はフンドク学校の目指す姿を，「参加とコミュニケーションを中心と希望と信頼の学びの共同体」と表現した。

このような学校像の実現のために，李校長が重点的な取り組みとして位置づけた課題には以下のようなものがある。まず，「自己主導的学習」である。子どもたちが自ら自分の人生の進路を考え，設定できるようなさまざまな学習と体験の機会を設けている。授業の時間と放課後の時間を活用して，文化活動，創作活動，市民団体および福祉機関におけるボランティア活動，職業体験ができるようにしている。次に子どもたちと親の声を学校運営に積極的に反映することである。たとえば，開校当初，同校では，他の学校で「校則」と呼ばれる「学生生活規定」を，教師，子ども，親の討論によって制定した。これは，同校が「子どもの人権と自治が尊重される生活指導」を目指しているからである。

体罰や賞罰制度で子どもの生活を統制している学校が多い現実のなかで，民主的な対話のプロセスを通して自分たちの生活のルールを制定しようとする校長と教師たちの思いからである。

また，教師たちの授業における専門性向上のために，授業研究の充実化を重要な課題として設定している。各教師が授業を同僚教師や親に公開することを日常化し，授業をめぐる悩みを共有し，ともに研究していくことで授業の専門性を高めていくことを目指している。すべての教師が，年間7回授業を公開する。学年公開が4回，親と外部への公開が2回，同じ教科の教師への公開が1回である。外部からのコンサルティングも受けている。

2節で述べたように，「革新学校」は，大学受験を中心とした競争的な学校教育を再編し，民主的で質の高い新しい学校教育のモデルを提示するために京畿道をはじめ6の自治体が進めている教育改革である。高校は，大学入試を直前に控えており，実験的な学校改革をするには制限が多いという考え方から，革新学校に指定されるケースは全国的に少ない。高校の革新学校指定を困難にしている主な要因の一つは，親からの不安の声である。革新学校が掲げている「協同と協力を中心とした授業」や「創造性の教育」を推進する学校では，受験に必要な学力が育たないのではないか，という懸念である。フンドク高校はまさにこのような不安と懸念の声と，同時に新しい高校教育のモデルに対する期待を背負って，高校の革新学校としてスタートを切った。

李校長は，これまで韓国の学校教育の問題と格闘し，新しい学校のモデルを模索してきたが，教育庁が進める革新学校という制度は，韓国の学校教育に新たな示唆を与えうるものとして期待をかけている。これまで学校は，子どもの学びと成長に寄与する場所として十全に機能してこなかった。目まぐるしく変化する未来社会のニーズに合わせて，学校のシステムと内容を革新する必要がある。学校と教師が権威的な姿を脱ぎ，子どもと親，地域社会と関係を再編成しなければならない。これまで韓国の学校は，学校そのものと教師が巨大な力を行使してきて，子どもの姿が見えなかった。子どもたちが学校の主人公として声を発し，堂々と学校運営や学習に参加する経験をするよりは，学校や教師から言われるがまま受動的な姿勢でいるか，権威に反抗することを学び，社会に出ていく場合が多かった。このような学校のシステムと関係性の再編を図る

のに，革新学校という形で地域のバックアップを受けることができることは意味があると判断した。「参与疎通教育の会」で研究をともにしてきた先生3人と革新学校への配置を希望する教師たちが，フンドク高校の開校を準備した。

　競争的で個人主義的な学校文化から，協同と対話を中心とした授業と学校運営へと革新する取り組みを進めるなかで，多くの困難に直面していると李校長は語る。そのなかでも大きな壁は，学校改革の取り組みに対する親の共感を導き出し，彼ら，彼女らを協力者とする課題である。とくに非平準化であるこの地域で，比較的学力が低い学校が生き残る方法がある，と李校長は語る。それは，子どもたちをなるべく長く学校にいさせることだという。夜間自律学習を実施し，放課後に色々なプログラムを開き，土曜日にも何かの理由をつけて登校させたら，親たちは学校からいろいろしてもらっていると感じ，教師たちも教育に熱意を持っているととらえるようである。しかし学校に長くいるからと言って，子どもたちが学び，成長しているわけではない。逆に，子どもたちを学校に長時間拘束すればするほど，子どもたちは荒れていくことを経験してきた。生活指導の側面でも，厳しく細かい校則を提示したほうが，親は学校を信頼してくれる。

　しかしフンドク高校は，そのような強制的で処方的な指導を行わないことを校長も教師たちも決意した。たとえば，他の学校は3回校則を違反したら停学処分をするところを，フンドク高校では，3回説得して，それでもルール違反をしたら，教師と一緒に登山をする。教師が統制や管理ではなく，対話と理解を通して子どもたちを指導しようとしているのである。しかしこのような方法は，親に容易には理解してもらえない。

　フンドク高校が目指している授業を変える課題についても，同様のことがいえる。同校では受験対策的な授業，また，教師による説明と暗記を中心とした授業から，グループによる協同学習，子どもが主体となる授業への転換を試みている。このような授業の転換の趣旨を親に説明する際に，親たちは学校の大きな方向性やヴィジョンについては共感してくれるという。ところが，大学進学の問題となれば，親たちの中からは「グループでの学習で本当に受験に必要な学力がつくのか」，「先生による説明のほうが学力向上においてより効率的ではないか」という疑問の声が頻繁にあがるという。このような現実を目にしな

がら,李校長は,「管理と統制を中心に動く学校以外の学校文化を経験したことがないために,『共に生きる』,『学び合う』ことのメリットと楽しさをわかりあえない親たちを,いかに学校改革の協力者,味方にするかが大きな課題となっている」と語る。

　管理と統制をモチベーションとした生徒指導,受験対策に偏った授業にとらわれているのは,親だけの問題ではない。このような学校のイメージは,韓国の学校が幕を開けたときから現在まで,少なくとも半世紀以上にかけて蓄積されてきたものである。とくに高校は,初等学校や中学校に比べて,韓国の教育のシステムが持っている問題が最も先鋭化する学校段階であると李校長は考える。学校文化を変えることが最も難しいが,変化の必要性が最も高いのも,高校である。革新学校である同校が,公教育の新たなモデルを提示するためには,子どもたちとの対話,多様な体験活動だけでは十分でないと認識している。幸せな学校,楽しく学べる学校にとどまるのではなく,高校の重要な役割である進学や就職においても実績をあげなければならない。

　長い間韓国の高校において蓄積されてきた負の文化を乗り越え,子どもも教師も幸せな学校をつくりたい。そして高校も変わりうるということを地域の学校に示したい。これまでの高校が,成績の良い少数の子どもだけが成功できる学校であったならば,学校構成員の誰もが成功できる学校をつくりたい。そのような夢に向けた李校長と教師たちの挑戦が始まったのである。

　開校から3年が過ぎ,入学してきた子どもたちも卒業を迎えた。第1回卒業生は116名だったが,そのうち108名が大学に進学した。この結果は,学校開

写真3-6・3-7　教師と仲間に支えられて学ぶ子どもたち

校当初の状況を考えると目覚ましいものであり，韓国のいくつかのメディアも，革新学校の成果として報道している（『ハンギョレ新聞』2013年6月2日；『京郷新聞』2013年1月1日）。ある新聞は，フンドク高校の在学生や卒業生へのインタビューを通して，革新学校であり困難な状況のなかで新設された同校の成果を報じている。在学生からは，「中学校のときは先生が一方的に話すのを聞くだけでした。でもこの学校では小グループになって授業をするので，私でも参加することができました。自分も勉強をしている，ということを初めて感じました」，「この学校では勉強をしているというよりは，勉強をする方法を学んでいる気がします。」などの声が聞かれた。

　2013年2月に卒業した第1回卒業生たちは，「中学校のときは，成績が落ちたら教師や親，友だちから無視されることが多かった。しかしこの学校に来て，自分も歓迎されているんだということを初めて感じた」，「1年生のとき，1か月以上家出をした後，学校を退学になるかも知れないと思った。しかし学校に戻ったときに先生は『どこに行っていたの。よく戻って来たね。また一緒に頑張ろう』と声をかけてくれた。授業中に寝ていたら10回以上起こしてくれた先生もいた。『勉強して』ではなく，『学校においで』と言ってくれた。そのような教師のおかげで，学習への意欲も湧いた」と高校時代を振り返る。

　フンドク高校は，公立の一般高校でありながら，非平準化地域の中の新設校，さらに革新学校という特殊な環境のなかで学校改革をスタートした。周囲の名門校とは違い，希望して入学してくる子どもたちはほとんどいない。さらには，学力や生活上困難を経験している子どもが多いという厳しい環境でのスタートとなったが，管理職と教師たちの，子ども一人ひとりを大切にし，質の高い授業を行う学校にしたいという熱意は，地域の教育庁に支えられ，少しずつ，実を結んでいた。李校長が悩んできた韓国の学校の権威的，競争的，閉鎖的な側面は，未だに韓国の学校文化の主流かも知れないし，フンドク高校の実践は，「特殊なケース」と見なされてしまうかも知れない。それにもかかわらず，「成績ですべてを判断される」，「勉強ができる子だけが尊重される」学校文化のなかで傷つき，挫折した子どもたちが，この学校で自信を回復し，将来への希望を見いだしたことは，同校の学校改革の貴重な成果であることは間違いないし，韓国の今後の教育改革が参考にすべき結果であるだろう。その中にある，

管理職と教師たちの日々の奮闘と努力にこれからも注目していくべきではないだろうか。

5節　教師の秘めたパワーを原動力とする学校改革へ

　本章では，韓国が民主化を達成した1990年代中盤以降を中心に，学校改革がどのように進行してきたのかを，政府による教育改革，教師，親，市民による学校改革，校長と教師の学校改革という3つのレベルから検討した。

　政府による教育改革は，1990年代中盤以降，「公平」，「参加」，「自治」をキーワードとした教育福祉と，国際競争における優秀性を求めた効率と競争という大きく2つの軸を行き来しながら進行してきたと思われる。しかし政権交代によってその重点が大きく変更されることで学校に混乱をもたらすことが多く，学校改革の最も主要な主人公である教師の信頼を得ることに成功しているとは言い難い。その一方で教師，市民，親による草の根の学校改革は，韓国の学校教育において見逃されている価値を回復するための取り組みとして活気を見せてきた。中には政策化へとつながるパワフルな展開を遂げているものもある。そして教師の学校改革の経験からは，権威的で競争的な学校文化を乗り越え子どもに寄り添いながらも質の高い学校教育を求め日々苦悶しながら奮闘している様子を見ることができた。

　グローバリゼーションの影響により，各国の教育改革が謳うキーワードの間にも類似性が見られ，共通的な方向性において政策が進められる傾向も認められるだろう。しかし，おのおのの国や地域が，固有の歴史と文化を持つように，教育と学校の文化も地域によって，その特徴や豊かさ，また問題点は異なっている。これまで日本と韓国の教育の現場を訪れてきた筆者の印象によると，韓国の学校教育の強さと魅力の一つは，教師たちの有能さと熱情ではないかと考える。本章で紹介した代案教育のムーブメントも，革新学校政策も，子どもたちへの熱情と学校を良い場所としていくためのパワーがその発端となっている。韓国の学校の未来像を探り，構築していく作業は，学校の主人公である教師と子どもたちの小さな声に耳を傾けることからスタートし，教師と子どもたちの

学びと成長を励ます方向性において進めなければならないだろう。

【付記】

　本文に記せなかったことを2点，この場を借りて述べさせていただきたい。まずは，本章3節で紹介した「革新学校」の動向について，本書の校正段階である2014年3月〜6月にかけて変動があったので付記しておきたい。全国で「革新学校」を最も精力的に推進していた京畿道の金相坤教育監（当時）は，京畿道知事への立候補を理由に2014年3月をもって辞職した。しかし2014年6月に行われた「全国同時地方選挙」では，17の広域自治体のなかで，京畿道を含め13もの地域で「革新学校」を支持するいわゆる「進歩教育監」が当選を果たした。それによって「革新学校」は，今後全国規模の学校改革の動きになるのだが，それと同時に反対派からは「楽しい学校づくりの結果，学力低下を招いている」などとの懸念が連日，続々と表明されている。「革新学校」が政治的な変動に左右されることなく，それぞれのクラス，学校，地域に根づき，一人ひとりの子ども，教師，親の成長と幸せを実現する学校改革へと結実していくのか，その帰趨が注目されるところである。

　次に，本章の3節に登場する校長と教師の学校改革の物語は，2008年10月15日の以友学校への訪問とインタビュー，2011年5月24日のフンドク高校への訪問とインタビューによる記録をもとに筆者が再構成したものである。学校訪問とインタビューをお許しくださった先生方にこの場を借りて深くお礼を申し上げたい。

東アジアの未来をひらく学校改革

第4章
中国における素質教育の展開
―上海の学校改革から―

肖霞／上野正道

1節　変わる中国の教育課程

　21世紀の現在，グローバル化は，政治，経済，社会，文化，情報，環境，技術，医療，福祉，食料，安全保障など多岐の分野に影響を与え，複合的，領域横断的に進展している。グローバル化は，先進国か発展途上国かの違いを越えて，人びとの生活や社会全体を覆っている。中国は，改革開放政策によって計画経済から市場経済に移行し，社会と経済の急速な成長が促されるのに伴い，国際社会のなかでの競争力を増大させてきた。中国共産党による社会主義の政治体制を維持し，飛躍的な経済発展を実現した一方で，経済格差や教育格差，人権問題，環境問題，民族問題をはじめとする社会的，政治的課題も浮上している。

　1990年代以降，社会の構造や人びとの生活スタイルが変化するとともに，教育もまた大きな改革を迫られるようになった。学校教育においては，確定的な知識獲得や受験準備に傾倒した「応試教育」から，子どもたちの主体的で創造的な学びを中心とする「素質教育」への転換が図られた。中国では，長い間，かつての「科挙制度」の伝統もあり，試験中心の「受験教育」や「詰め込み教育」が支配的であった。教師や親たちは，子どもを試験に合格させるために，子どもの興味や関心よりも，試験の点数や受験準備に力点を置いた教育を重視してきた。中国の教育は，2009年と12年のPISA調査で，上海が「読解力」，「数学的リテラシー」，「科学的リテラシー」の全分野で第1位を獲得したこと

で世界的に脚光を浴びた。教師，教育研究者，親たちの教育熱が沸騰し，PISA型の活用的な学力やコミュニケーション力の重要性が掲げられる一方で，試験や受験準備を志向する教育の現実も残されており，子どもたちのストレスの増大に拍車をかけている。

　教育研究者や教師たちは，長期にわたる「受験教育」の弊害を指摘し，既存の教育制度が教育の本来の目的や意義をゆがめていることに警鐘を鳴らしてきた。彼らは，さまざまな教育実践を通して，中国の国情に適合する教育の理念や実践を模索し研究し，これからの時代を背負う全面的な人材を育成するために，教育制度や基礎教育課程の改革を訴えてきた。「素質教育」は，1980年代後半に提起されはじめた理念であり，1999年6月の中共中央・国務院の第三回全国教育工作会議による「中共中央・国務院の深化──教育改革・全面的に素質教育を推進することに関する決定」が公表されたことをきっかけに全国的に広まった。2001年5月に，国務院が「基礎教育改革と発展に関する決定」を公布して以降，素質教育は，共産党の教育方針の貫徹と改革の深化のための根本課題となり，素質教育に向けた改革が，都市から農村まで，小学校から高校ないし大学まで展開される重要政策となった。そうしたなかで，優れた素質教育の成果が報告された一方で，理論と実践を結びつけることの新たな困難性も生じている。

　この章では，「素質教育」にかかわる構想と展開，その実践的な課題について考えてみたい。最初に，「応試教育」から「素質教育」への転換について考察したうえで，上海の教育課程改革のモデル校として素質教育に着手した打虎山第一小学校の実践を検討することにしよう。

2節　素質教育による教育課程改革

●素質教育の社会背景と要因

　20世紀末の中国は，改革開放政策を実施し，先進的な技術や進歩的な思想を積極的に受容し，多くの情報も流入するようになった。中国の国際競争力が強化され，人びとの生活が豊かになった一方で，多くの社会問題も噴出した。

そのなかで、教育は、社会の発展の礎石として期待されるようになった。改革開放政策に伴う価値観の変化と多様化のなかで、教育を取り巻く環境も変わってきた。社会の発展の趨勢にあわせ、教育、経済、科学技術に重要な位置が与えられ、教育制度の改革も議論されるようになった。

1990年代以降、「義務教育の全国実施」から「素質教育への転換」が開始された。中国の教育者は、子どもが変化の激しい社会のなかで生きていくために、どのような能力が必要であり、どのような教育が行われるべきか、という問題について考えるようになった。1987年、元中国教育委員会副主任の柳斌は、「基礎教育の水準の向上」を課題とする発言のなかで、「素質教育」という言葉を初めて使用した。そして、93年、中共中央・国務院が公布した「中国教育の改革と発展に関する綱要」では、子どもの道徳、文化、科学、技術などの諸能力を育て、豊かな人間性とたくましく生きるための健康や体力を発達させ、全面的な人材の育成を目標として、旧来の受験教育から素質教育への全面的な転換を果たすことが提唱された。それ以降、素質教育の思想や理論にかかわる研究や検討が活発に展開され、「素質教育を実施する」というのは、教育界の新しいスローガンになった。

素質教育思想は、従来の「受験教育」や「詰め込み教育」を批判し、その弊害を克服することから出発した。そして、「道徳教育を核心とする」、「子どもの体の丈夫さと心理的な健康をバランスよく発達させる」、「子どもの主体性、創造性、生きる力、さらにこれからの激しく変化する社会のなかで競争力を育てることを目指す」ということを強調した。素質教育が開始された社会的な背景として、3点を指摘することができる。

① **中国の歴史的な背景**

過去50年間、中国の教育は紆余曲折を経て発展した。1949年の建国初期、中国の教育界は、旧ソ連の教育理論と経験を導入し、旧ソ連の教育制度と中国の現実とを折衷した教育システムを形成することを志向した。その授業モデルでは、主に基礎知識と基本技能を教えることと伝えることに主眼が置かれた。すなわち、「2つの基本（双基理念）」の授業理念である。このモデルが中国の基礎教育の主流となった。教室では、教師の講義・教材を中心とし、学級を単

位にする授業様式が形成された。この「2つの基本」の能力を検証するために，さまざまな試験が開発された。

また，1966年から10年間にわたって，中国全土で「文化大革命」が展開された。小島麗逸，鄭新培編著の『中国教育の発展と矛盾』によれば，次のようにとらえられている。

> 10年間の「文化大革命」で，中国教育は大きな痛手を受けた。学校は1年ないし5年も授業を停止した。大学の学生募集は5年間，大学院生の募集は12年間，留学生派遣は6年間停止された。大学は45校が廃止され，43校が合併され，17校が中等専門学校に改められた。既存の中等専門学校の大多数は廃校，閉校となり，多くの教師が批判闘争にさらされ，農村に下放された。教育は混乱に陥り，授業は短縮され，試験は廃止された。闘争の実践と現場教育が教室での学習の代わりとされ，学習レベルは問題にならないものであった。大まかな統計によれば，10年間で大学院生10万人，大学生と高等専門学生100万人，中等専門学生200万人の学生が減少したため，その後の人材不足を招き，経済建設に重大な悪影響を与える結果となった（小島，鄭，2001：53）。

文化大革命の10年間に，階級闘争を含む政治運動が頻繁に行われたため，多くの教師の積極性が損なわれ，健全な人材育成や教育レベルの向上が中断された。1976年に，文化大革命を画策した「四人組」の打倒により，ようやく終結し，教育活動は平常に戻り，各段階の学校も発展を遂げた。1980年代に入ると，改革開放政策への道を開き，都市や農村の各段階の教育改革が進展した。

1980年代以降，グローバル化や技術革新が進展し，知識の高度化，専門化，複雑化，領域横断化が促進された。新しい時代においては，知識の獲得だけにとどまらず，急速に発展した科学技術や変化する社会に対応する能力や創造力が求められた。グローバル化のなかで，多くの優秀な人材が要請される一方で，人材養成のあり方が深刻な問題になっていった。「科学・教育による国家振興（科教興国）」の政策が掲げられるなかで，教育改革の重要性が広く認識され，

その思想的，理論的な基盤を構築することが探究された。全国規模の教育大会や教育会議の開催，教育改革に関する研究の公表，教育問題についての討論などが開催され，閉鎖的な古い教育観を転換し，世界と未来に目を向けた新しい教育のヴィジョンを確立することが探索された。こうした動きは，素質教育の思想と理論の構築に寄与することになった。

②応試教育の弊害

　中国は強固な学歴社会であり，科挙制度は廃止されたものの，試験や受験をめぐる激しい競争が存在している。将来の出世のためには，さまざまな資格や免許を取ったり，試験に合格したりしなければならない。このことは，過度な受験競争を招くことになり，試験や受験に対応するための受験教育が浸透するようになった。そのような受験教育は，中国語では「応試教育」と呼ばれている。応試教育では，子どもの主体的で活動的な学習よりも，受動的で機械的な知識の獲得が行われる。そこでは，子どもの個性や関心よりも，生徒全員が同じ学習目標，同じ学習内容，同じ学習進度で進むことが重視され，落第する生徒がいたとしてもほとんど配慮されることはない。応試教育のカリキュラムでは，受験に必要な科目だけを学習し，受験科目ではない教科は削除されることになる。「百点制」で生徒の学習を評価し，生徒の試験の点数だけに注目し，試験の成績は生徒を評価する唯一の基準となる。

　文革後，応試教育は，中国の教育を主導していった。一方で，応試教育のもとで進学した子どもは，「能力が低い高得点者（高分低能）」とも言われた。また，「少子化」のもとで，過度の試験競争に駆り立てられて育った子どもたちには，大きなストレスがたまっている。約13億人という人口は，社会発展の重荷になった。その対策として，1970年代初頭に人口抑制策がはじまり，79年から厳格な「一人っ子政策（計画生育政策）」が採用された。1人の子どもに対して，両親と4人の祖父母，合計6人の愛情が集中するため，甘やかされて育ち，「小皇帝」と呼ばれるわがままな子どもが増えた，と言われている。このような家庭の子どもは，6人のおとなから勉強への強いプレッシャーがかけられる。親たちは，自分の子どもを愛するほど，子どもの出世への望みや期待をかけることになる。親たちは，自分の子どもがほかの子どもより少しでも早

く進んでいると将来のことまで保証されているような気になる。多くの1人っ子の家庭では、子どもは愛情を受けるのと同等のプレッシャーを受けているといえるだろう。

　劉達中によれば、有名校に進学できないために、母親に殴られて死んだ生徒もいれば、子どもが大学に進学できないために、服毒し自殺した父親もいる。1992年に、上海で、受験に失敗した10人の中学生が集団自殺した事件が生じた。また、93年には、南京で、女子中学生が勉強を妨げる祖母を刃物で殺した事件も起きた（劉、1993）。このように、応試教育に潜む問題は非常に重大な社会問題になっている。そのため、教育を抜本的に改革することが要請されてきた。

③教育思想と理論の革新

　1980年代以降、中国社会は、改革開放政策によって急速な発展を遂げた。教育においては、従来の一元的な目標から多元的な方向性へと転換が進み、科学文化の継承と発展、社会に貢献する人材養成だけでなく、調和のとれた人格育成や、子どもの個性伸長と発達といった目標を含むことへと転換した。新しい時代が求める教育理念には、それぞれの才能を開花させ創造力と行動力のある自立した人間の養成を目標とするという視点が入れられた。

　1996年2月に、国家教育委員会は、湖南省汨羅市の教育改革を素質教育実験のモデルとして推挙し、97年7月に山東省煙台市の素質教育改革実験を推奨した。そして、97年9月4日、煙台市で開かれた全国小中学校素質教育経験交流会のなかで、国務院副総理の李嵐清は、「21世紀に向かい、基礎教育の新局面を切り開く」という発言で、素質教育の重要性と実施方針を強調し（李、1997：5）、国家教育委員会主任の朱開軒が「全面的に教育方針を貫徹し、積極的に素質教育を推進する」という講演を行い（朱、1997：3）、全国範囲の素質教育改革を一層深く進めるように呼びかけた。その後、素質教育は、いわば中国全体の教育運動として展開していった。

●素質教育理論の概要

　では、素質教育の「素質」とは、何を意味しているのだろうか。素質教育の

内容，特徴，目標は，どのようなものだろうか。

①提起と定義

　「素質」という言葉については，いくつかの異なる定義や解釈が存在する。今日の教育における「素質」の概念を，最初に詳細に解釈したのは孫喜亭だとされている。それによれば，「素質」という言葉は２つの意味があるという。すなわち，「(1) 心理学で，素質とは，人間の先天的な生理特徴であり，神経系統，脳の特性，感覚器官と運動器官のもつ特徴である。(2) 素質は，物事の主要な要素の品質であり，人の場合には，人間の徳・智・体などの基本的な面での品質である」（王，1995）。「素質教育」における「素質」とは，人間が適合的な教育活動を受けて形成した，学識，能力，品質など各方面を含めて優れた特徴を有することである。ここで，学識というのは，基本的な知識，技能，考える力，活動体験であり，能力というのは，問題の発見・提起と問題を分析し解決する知恵であり，知恵の基本的な表現には，演繹思惟と帰納思惟を融合することがある。品質というのは，道徳修養，精神性，個人の品位などがある。これらの特徴を統一するのは，子どもたちが将来の仕事や社会的な活動や社会生活において基本的な素養と条件を構成するものである。

　素質教育は，このような「素質」を子どもたちが身につけることを目標として教育活動を行うものである。教育学的な視点で「素質教育」という言葉が使われたのは，1980年代後半である。87年，元中国教育委員会副主任の柳斌は，「基礎教育の水準の向上」に関する発言のなかで「素質教育」という言葉を用いた。95年，柳は，「素質教育に関する問題の思考」という文章を発表し，初めて国家教育委員会の立場で素質教育の概念，内容，実施方法などを明らかにした（柳，1995：28）。柳の発言をきっかけとして，全国で素質教育に関する理論と実験の研究が展開され，素質教育思想・理論のひな型が形成され，次第に教育研究の中に定着するようになった。一方で，素質教育の定義をめぐっては，さまざまな論争も行われてきた。代表的な４つの解釈を紹介しておこう。

- 素質教育とは，簡単にいうと，人間の自然素質と社会素質を向上する教育であり，具体的にいうと，人間の身体，政治，思想，美徳，技術，心理な

どの側面の素質を育成する教育である（呉，1986）。
- 子どもの潜在的な能力を開発し，新時代の優秀な国民として必要な基本的な素質を全面的に向上する教育である。
- 有効的・科学的な教育の手段を通して，人間の天賦の条件を発揮させ，人間的な素質を向上させ，心理や能力における欠陥や不足を補う教育である。
- 人間的な発達と社会的な発展の実際的な要請を基本として，子どもの個性と主体性を尊重し，子どもの潜在智能・能力の開発や子どもの健全な個性の形成を大事にし，全面的に子どもの基本素質を向上させる教育である。

このように，素質教育の定義や解釈は異なるものの，その根本にある目標は，生徒の素質を全面的に高めることにあり，社会の実践的な要請を受けて，子どもたちの個性や知性を育てることにあるという点で共通している。つまり，素質教育思想は，知識の獲得だけではなく，子どもの個性と主体性を尊重し，「道・体・美・労」の力を育てる児童・生徒全体の教育であるということができる。

②**内容と特徴**

1993年，中国共産党中央委員会・中華人民共和国国務院は，「中国教育の改革と発展に関する綱要」という，21世紀の教育改革のヴィジョンを公表した。そこでは，「小中学校の教育は，受験教育から国民の素質を高める軌道に転換しなければならない。生徒全員の思想道徳，文化科学，労働技能，身体・心理の素質を全面的に高めなければならない」と記されている（中共中央・国務院，1993：3）。

「素質教育」の教育理念が示されたことによって，「応試教育」という既存の試験中心の教育体制を批判するための言葉も同時に生まれた。1995年に北京市人民代表大会常務委員会副主任だった陶西平は，「中国教育の改革と発展に関する綱要」の中に，「応試教育」から「素質教育」への転換の要点が示されていると述べた。応試教育の弊害の一つは，教育の対象が限定されていることである。一定の選抜を通過した子どもだけが対象とされ，多数の子どもたちは途中で淘汰されることになる。応試教育のもう一つの弊害は，教育内容が一

面的であることである。受験が最終的な目的であるため，入試と関係の薄いものの学習は敬遠される傾向がある。カリキュラムもまた，入試への適応力に重点が置かれ，総じて，教育が受験第一主義に陥りがちになる。したがって，応試教育では，子どもたちの「素質」を向上させることは困難である（小島，鄭，2001：96）。

「素質教育」は，「応試教育」に対抗する教育だとされている。応試教育は，教育を受ける者全体および社会発展の実際から逸脱し，単純に試験の高得点と一面的な進学率の向上を求める教育を指すのに対して，「素質教育は，21世紀に向かう全民族の基本素質を高めることを主旨とする教育である」とされる（李，1997：5）。応試教育と比較した場合，素質教育の特徴として以下の点を指摘することができる。

- 教育の目標から見れば，試験の点数よりも個人の発達を重視する。
- 教育内容から見ると，素質教育は単純に受験に対処する教育ではなく，教学大綱（学習指導要領に当たる）に規定されるすべての教科の授業を行い，徳育・知育・体育・美育などの諸方面の調和がとれた教育を実施するための内容を重視する。具体的には，知識の伝達以外の能力・知能を発達させ，個性を伸長するための内容を重視することである。
- 授業の対象は必ず，生徒全体に向かうこと。一人ひとりの学習過程および発達の可能性を配慮し，各レベルの生徒のすべてが向上，発達できるように，全員高い点数を得ることを求めず，全員の達成感を求め，生徒の個性に応じて授業を行うことを強調する。生徒の学習レベルをA，B，Cなどのレベルに分けて，異なるレベルに異なる学習目標で要求し，異なる学習内容を生徒に勉強させる。
- 学習方法において，生徒の自主学習能力と自己発展能力を強調する。教師と生徒との関係は，生徒の自主性・能動性・創造性は十分尊重されるべきであり，十分な発達の機会を与えることにシフトする。授業中，生徒を従属的な地位に置くのではなく，学習の主体として授業活動に積極的に参加させる。
- 学習評価において，素質教育は，「等級＋特長＋評語」という形で生徒を

評価し，生徒の心身の全面的な発展を強調する。
- 教育管理において，素質教育は科学的な目標管理を行う。

総じていえば，素質教育の理念は，子どもの主体性，教育対象の全体性，子どもの発達の全面性という特性を基本にしていると考えられる。

③素質教育改革から基礎教育課程改革へとつながる6つの目標

1980年代までは，英才教育や試験教育の理論が支配的で，教科の系統性と専門性をめぐる議論が活発に展開されていた。そのため，進学率で学校と教師が評価され，試験による児童生徒の選別と選抜が重視された。このような応試教育は，子どもに大きな負担をかけ，多くの落ちこぼれた子どもや，試験ができても創造力や思考力のない子どもを生み出した。それに対して，1990年代後半になると，子どもたちの「素質」を全面的に発達させる素質教育が提唱された。2001年，教育部の「基礎教育課程改革要綱（試行）」では，6つの目標が示された。

- 知識の伝授を過度に偏重する傾向を変える。積極的な学習態度の形成を強調し，基礎・基本的な知識と技能（2つの基本）を習得するプロセスを，同時に学習方法の習得と正確な価値観を形成するプロセスにする。
- 教科中心を強調するあまりに，科目数が多すぎる。また科目それぞれが統合的ではない。そこで，9年間一貫したカリキュラムを設定し，総合的科目を設けることによって，カリキュラム構成のバランスをとり，総合性と選択性を重視する。
- 教育内容は「難しく，多く，偏っていて，古い」うえ，教科書にある知識を過度に偏重している現状を改め，教育内容を子どもの生活，現代社会および科学技術の発展に関連づけて，子どもの関心と経験に注目し，生涯学習に必要とされる基礎・基本的な知識と技能を精選する。
- カリキュラムの実施，つまり指導と学習において，受動的な学習，暗記学習，ドリル学習が強調されていたが，それを改め，児童生徒の主体的な参加や楽しく探究する実践を重視し，情報の収集・処理能力，新しい知識を

獲得する能力，問題解決能力，交流，協力能力を育成する。
- 教育評価については，選別と選抜の機能を強調することを改め，児童生徒の発達を促進する機能を重視する。
- カリキュラム管理は中央集権的なものから国家，地方，学校の分権的管理を行う形態へと変える。カリキュラムを地方，学校，児童生徒により適応させる。

これらの目標が基礎教育課程改革の枠組みとなり，これまでの基礎教育体系が大きく転換することになった。朱慕菊は，次のように述べている。

　今回の改革は，変化が大きい，スピードが速い，困難が多いといった面において，これまでの7回の改革を圧倒的に越えるものである。改革によって，中国の初等・中等教育は，教科中心，知識中心から，すべての子どもの発達への注目に歴史的な転換を実現することになる（朱，2002：1）。

このように，素質教育の理念は，基礎教育課程を構築する，21世紀の教育改革の思想的，理論的な支柱として位置づけられてきた。

3節　素質教育の現状と検討課題

◉素質教育政策の展開

　中国では，文化大革命後の大学入試再開（1977年）とともに，上級学校への進学をめぐって激しい受験競争が展開されたが，大学進学率は現在でも2割程度である。受験競争は初等中等学校にも及び，学校では受験対策のための知識学習が大きな比重を占めてきた。受験競争の過熱化は，子どもたちに過重な学習負担を課すことになった。それに対して，1999年の「教育改革の深化と素質教育の全面的推進に関する決定」（中国共産党中央委員会，国務院）や，2001年の「基礎教育の改革および発展に関する決定」（国務院）において，「素質教育」が今後の教育改革と政策の基本方針として示された。

しかし，素質教育の導入によって，ある種の矛盾や誤解もまた生じてきた。当初，一部の小中学校の校長，教師，教育研究者たちは，青少年の健全な成長に配慮し，受験教育の知識中心，進学中心の教育が子どもを従属の地位に置いていた現実を変え，「快楽教育」や「愉快教育」と名づけた一連の教育実践を模索しはじめた。それらは，子どもたちの心身発達に即して，個性を尊重し，子どもたちの主体的な意識を養成し，生き生きと成長することを促進するためであった。中国の素質教育政策の発展段階は，次の3段階に分けられる。

①第一段階　1980年代から1990年代初頭まで
　1985年の「中国共産党中央委員会の教育体制改革に関する決定」と，1986年の「義務教育法」の公布以降，教育研究者や教師たちは，教育問題に目を向けるようになった。1つは，教育目的とそれに応じた教育方法であり，もう1つは，激しい受験教育の抱える弊害である。一部の学校で，過度な受験教育を克服するために，「素質教育」の実践が着手された。その後，素質教育に関する議論が活発になったが，この段階で，国家レベルでは「素質教育」と名づけた方針を採用することはなかった。あくまでも，「中国共産党中央委員会の教育体制改革に関する決定」と「義務教育法」に基づいて，教育問題を解決するための施策や措置をとることにとどまっていた。「素質」という表現を使ったのは教育研究者よりも国のほうが早かったが，素質教育理念の提起は教育現場や教育研究者，地方のほうが早かった。

②第二段階　1992年から1998年まで
　1993年に，中国共産党中央委員会と国務院が「中国教育の改革と発展に関する綱要」を公布した。「小中学校の教育は，受験教育から国民の素質を高める軌道に転換しなければならない。生徒全員の思想道徳，文化科学，労働技能，身体・心理の素質を全面的に高めなければならない」と定められた（中共中央・国務院，1993：3）。この段階でも，国家レベルで「素質教育」の概念が提起されはしなかったが，小中学校の現場では，受験教育への対応として，素質教育の性格を帯びた方針が打ち出されていた。各地の素質教育の実践が活発化した。1996年に公布された「中華人民共和国国民経済と社会発展『九五』計

画と 2010 年遠景目標綱要」では,「課程改革を積極的に推進し, 人材が育つ方法を改革し, 受験教育から素質教育に全面的に転換する」ということが強調された。このような国家レベルの政策は, 素質教育の実践を大きく前進させた。

③第三段階　1999 年から今日まで

1999 年に, 国務院は,「21 世紀に向かう教育振興行動計画」と第三回全国教育工作会議で定めた「教育改革を深化し, 素質教育を全面的に推進する決定」などの策定により, 素質教育の中身が一層具体化された。その中心的内容は, 素質教育の本格的な実践であり, 小中学校の教育課程改革を素質教育という目標の実現に置いている。また, 国家教育委員会は,「普通小中学校監督指導評価工作指導要綱（修訂稿）」を公布した。これによって, 現場教育に対する評価そのものを素質教育に相応しいものにシフトさせた。この時期から, 国の教育政策は, 単に素質教育を誘導するマクロの政策にとどまらず, 教育の実践を広範囲でリードするようになった。

●素質教育政策の現状と課題

中国における素質教育の実践は, 必ずしも順調に進展したわけではなく, さまざまな問題や矛盾点をも生み出すことになった。素質教育が直面した具体的な課題について, 2001 年に丁静と周峰が広東省の 60 の小中学校の教師や教育行政関係者を対象として実施したアンケートの結果から検討する（丁, 周, 2003）。広東省は, 中国大陸の南端の沿海の都市であり, 経済的にも文化的にも重要な位置を担っている。広東省には, 広州のような大都市もあれば, 農村の地域や, 都会と農村が混在した地域もある。

①素質教育思想・理念の認識について

素質教育政策の進展とともに, 素質教育理論の研究が増加していった。しかし, 素質教育の概念や定義については, なおも多様な解釈が存在する。教育現場の教師や教育者たちの素質教育思想・理念に対する認識も決して十分とはいえなかった。「素質教育政策の実施に, 真っ先に取り組まなければならないものは何か？」という質問に, 調査した地域の 60％の小中学校の教師が「素質

教育理論の認識を深化させること」を選択した。「教学の内容と方法を改革する」は21.6％で，「現代の教育技術を把握する」は18.4％である。たしかに，素質教育理論の本質や目的，素質教育と伝統的な教育との関係や，子どもの個性を尊重することと科学知識の学習との関係といった主題が明確に認識されなければ，素質教育は，岐路に立たされる危険性が存在するように考えられる。素質教育の実施には，このような矛盾や困難が存在している。

　素質教育理念に対する認識不足の一つは，まず素質教育思想における個性の発達と科学知識の学習との関係を正しく認識できず，素質教育の根本的な目的が科学的な探究や高度な思考と学習を通して生徒の素質を高めることであるということを理解できなかったことにあるように思われる。「生徒の個性に応じて教育を行う」のは，素質教育の重要な特徴の一つである。しかし，個性ある学習を具体化するために，一部の教師や教育者は，高度な知識や科学的な学習を軽視する傾向があった。中国教育発展センターの研究員によれば，生徒の個性を発達させる手段として，①小中学校の学習内容の3分の1をカットする，②学習の難度を下げる，③宿題を出さない，といった方法をとる教育者が増加したという。

②受験競争と試験中心の教育をめぐる課題

　中国政府は，素質教育を通して，受験競争の激化や試験中心の教育を改革しようとしている。受験教育は，社会発展を逸脱し，試験の得点と一面的な進学率の向上を求めるという理由で批判にさらされている。

　しかし，長期間にわたって，応試教育が中国の教育制度を主導してきたために，社会や学校，また親たちの教育観念が簡単に転換することはできず，学校は応試教育を求める保護者の要望にある程度応えざるを得ない現実がある。そうしたなかで，素質教育を浸透させることが困難であろうことは想像に難くない。社会や家庭は，試験の点数で学校を評価する傾向があり，素質教育政策の背後で，応試教育を中心とする教科学習を行っている。丁静と周峰が2003年に広東省の小中学校で実施した調査によれば，「素質教育政策の実施の現状について，どのような状態になると思うか」という設問に，「表面的になることが多く，実践的な効果を求めることが少ない」と答えたのは32.3％で，「実践

することより宣伝することのほうが多い」と答えた人は 9.7％であり，この両者をあわせると 42％にのぼる。「実践的な困難は多かったが，たしかに進展した。将来性がある」と答えたのは 58％である（丁，周，2003：11）。

このことから理解できるのは，素質教育の実施がスローガンにとどまり，表面的になりがちである一方で，教師は，素質教育の実施や将来性に自信を持っているということである。また，素質教育理念に反する教育現実があることについて，「素質教育の実施で突破口となるのは何か」という設問で，「受験制度の改革」（53.7％），「教学方法の改革」（26.5％），「課程内容の改革」（15.4％），「教学手段の改革」（4.5％）という結果が示され，「受験制度の改革」がもっとも多かった（丁，周，2003：20）。この調査結果をみれば，応試教育あるいは伝統的な教育観念が素質教育の実践に困難を与えていることがわかる。素質教育政策の全面的な実施には，教育観念，教育環境，教育制度の転換が重要な課題になっている。

③社会的な環境と素質教育政策の実施

これらの要因のほかに，進学率の上昇や人材評価の基準，就職率の変化といった社会的な要因も関係している。それらは，素質教育の推進に「良い影響を与える」よりも，「苦境をもたらす」といったほうが適切だろう。「素質教育の実践の最大の障害」について，「点数と進学率に注意が向きすぎて，社会的な環境が良くない」と答えた人は 66.4％に及んでいる（丁，周，2003：20）。点数と進学率を過度に重視する現実が，素質教育の発展を阻む要因になっている。進学率の向上を求めること自体は批判されるべきではないが，それを，教育の質を判断し評価する唯一の基準とみなすことには問題がある。

1970 年代以降，人口抑制策がはじまり，「一人っ子政策」が推進されたことで，親たちは，自分の子どもを愛するほど，子どもの出世への期待や優れた教育への渇望を強く持つようになった。しかし，優れた教育の資源が相対的に不足し，教育における需給関係はアンバランスになった。進学率の向上を求めることは，ある種の歴史的な帰結であり，中国の社会経済，教育，文化の発展における矛盾でもある。たとえば，受験生の数と大学の数，学歴と就職，能力と給料などの矛盾を映し出している。

もし高等教育が普及し，適齢の青年の多くが大学に入学することができ，すべての人が良い職業に就くことができ，良い大学に入らなければ良い職業に就くことができないという古い考えを変えることができれば，受験中心で，進学率の向上ばかりを求めることに対する非難は，間違いなく緩和されるだろう。重要なのは，進学率の向上を求めることを非難することではなく，雇用制度の改善，高等教育の拡大，文化意識の転換に伴って，子どもたちが学習することの意味と意義を強調し，進学率の向上によってもたされた積極的な効果を拡大することである。教育課程改革の深化に際しては，政策の推進や理論的な研究だけではなく，教育や社会の観念や思想，制度にかかわる抜本的な改革を伴うことが求められる。

4節　上海打虎山第一小学校の改革

●教育課程の目標と構造

　素質教育のモデルの一つとして，上海の打虎山第一小学校の改革は注目に値する。1980年代以降，打虎山第一小学校は，上海の第一次，第二次教育課程改革の試行校として，上海の重点小学校，素質教育のモデル校となり，国家の課程改革の要請に応じて，子どもの全面的な発達を重視する学校課程改革を展開した。この10年間の打虎山第一小学校の改革は，中国の基礎教育改革と発展の縮図であるといえる。打虎山第一小学校は，「主題活動週」や「興味小組研究活動」など特色のある課程内容の編成に力を注いだ。

　打虎山第一小学校は，国家基礎教育課程の改革と上海市課程改革の目標を結びつけることを学校の教育理念に据えることで教育課程改革を実施した。それは，「子ども期の生活を豊かにする」，「学習意欲を高める」，「総合的な素質を向上させる」ことである。学校生活は，子ども期の重要な部分であり，長い一生の間で子ども期が最良の時期であるべきだが，従来の学校教育課程では，教科知識の学習だけが強調され，学習内容が機械的な記憶中心となることで，子どもたちは，過剰なプレッシャーをかけられ，激しい受験競争へと駆り立てられる傾向にあった。打虎山第一小学校は，子どもたちが良い子ども期を過ごす

表 4-1　上海の打虎山第一小学校の課程構造 (卞,胡, 2009：21)

課程と学習領域		学級と科目	課程類別		
		1〜5年生	基礎型課程	発展型課程	探究型課程
国家課程	言語文化	国語,英語	基本的な学習レベルによって,基本的な学力を育成する	子どもの一人ひとりのレベルや発展方向に応じ,多様性がある	子どもの自主的な学習や能動性を導き,実践的な体験を豊かにする
	数　　学	数　　学			
	社会科学	道徳と社会			
	自然科学	科学と技術			
	技　　術	情報技術			
	芸　　術	音楽,美術			
	体　　育	体育,スポーツ			
学校課程（総合実践）		主題探究週			
		「揺籃」課程			
		興味小組活動			
		社会実践			

ために，子どもの興味や個性を重視する教育課程に改革し，多様な教育方法で子どもの学習意欲を高め，さまざまな実践的な体験を通して，子どもの総合的な素質を向上させることを目指している。

　打虎山第一小学校の教育課程は，表4-1のように「国家課程」と「学校課程」の二つの部分に分けられる。国家課程は，国家の教育方針にそって，子どもたちの基本的な素質を育成することを目標とする科目であり，言語文化，数学，自然科学，社会科学などの科目が含まれる。国家課程は，素質教育政策の実施や課程改革の基本的な前提として展開される。学校課程は，学校の教育理念に基づき，子どもの心身発達と諸方面の全面的な発展に注目し，総合的な実践学習を中心として編成された教育課程である。打虎山第一小学校の実践学習は，素質教育の理念をもとにして，実践的な課程改革を行ってきた。

　打虎山第一小学校の教科教育の課程は，国家の統一的な編成に依拠しているため，授業の内容，基準，時数が明確に規定されている。一方で，近年の素質教育政策の実施と課程改革によって，教育課程編成における柔軟性と多様性が認められ，地方編成の教育課程では，地方によって異なる文化，経済の発展の要求に応える形で，ある程度の自由な裁量が与えられている。また，中国は，各地方の文化的，経済的な発展が不均衡であり，とくに西部や農村の経済と文化の格差は，東部や都市のそれよりもはるかに大きいという事情もある。したがって，一部の地方の教科の到達度を全国で画一的に要求するのではなく，二

重の基準を設定するようになった。だが，政府の学校教育課程に対する管理と支配は，なおも強固に存在する。たとえば，中国では，国が編集し検定した教科書を使用するのが一般的である。地方は，郷土教材を編集し，それを必修教科の内容の一部にすることができるが，科学の教科書は主に国が編集している。

今日，中国の学校教育課程は，硬直的で閉鎖的な状態から少しずつ解放されつつあるが，学校が完全に自由な裁量権を持つことはできず，教師による「手づくりの教科書」を使用するのも認められていない状況にある。そのため，課程改革において，独立した教科として，「総合課程」の新設や選択科目の設置が認可されたことは大きな進展ではあるものの，教科書の画一化や教科内容の単一化，さらには学校が国家課程に対して自主な選択の権利を持っていない点では，本当の意味での教育課程改革にはいたっていないように思われる。

◉「総合実践」の学習活動

打虎山第一小学校の課程改革は，「総合実践」を中心とする科目を新設したことで脚光を浴びた。「総合実践」は，「主題活動週」，「『揺籃』課程」，「興味小組活動」，「主題教育と社会実践」から構成されている。「主題活動週」とは，1週間の間に，ある科学領域の内容を中心に全校で教育活動が行われることである。「主題活動週」は，子どもの自己表現と個性の発展を強調し，クラス，学級，全校を単位として構成する総合的な教育活動であり，全学期で6つの主題が取り上げられる。表4-2は，「主題活動週」の主なカリキュラムである。

打虎山第一小学校の学校の「『揺籃』課程」は，子どもの学習分野を広げ，子どもの人文・芸術素質と科学精神を向上させ，子どもの総合的な素質を育てる教育活動を展開する課程であり，週1回に1時間（35分）の学習が行われる。「興味小組活動」は，同じ興味や関心を持っている子どもたちが集まり，自分が興味のある学習内容を選んで，それについて教育活動を行うクループ学習の活動であり，週1回1時間（35分）の活動が実施される。「主題教育と社会実践」は，実践的な活動で生活につながる知識の学習を強調し，子どもの各方面の意識を強化する教育活動が展開され，毎日1時間目の授業開始前の15分間の時間で行われる。具体的な内容は，表4-3のとおりである。

打虎山第一小学校の教育課程では，教科書以外の知識の学習や体験的な教育

表4-2 「主題活動週」の名称と内容 (卞, 胡, 2009：22-23)

名　称	主な活動内容（活動の名称）	学　期
国語週	よい本と友だちをつくろう　読書活動　読書の感想の発表会　「テキスト劇」「古詩の学び」「小作家」など	前期
数学週	「数学小論壇」「競売にかける」「興味数学」「24点競技（数字遊び）」「方正棋」　タングラムあそびなど	後期
英語週	「Word Banker（単語）」「Copy（発音，表現）」「The sound of music（英語歌曲）」「Culture Express（英文化）」「Super Story Teller（英語の物語）」「Shopping Mall（チャリティーバザー）」「Cartoon Show（アニメーション，劇）」など	前期
科技週	「マジックの神秘」「科技想像絵」　ロボットを設計しよう　種の学びなど	後期
芸術週	「快楽の小歌手」「楽器大舞台」「小書道家」「上品な芸術を体験しよう」「アニメーション」など	前期
スポーツ週	「跳ぶと蹴飛ばす」「竹馬踊り」「活動の隊列」「体育ゲーム競技場」など	後期

活動が尊重され，子どもの全面的な能力を養成することが重視されている。「興味小組活動」の課程内容では，「琴棋と書画」，「運動と芸術」，「科技と制作」，「学科と探究」，「生活と鑑賞」の5つの分野に分けられている。「興味小組活動」の課程には，教科知識にかかわる「英語」や「化学」などの科目もあれば，「茶道」や「切手収集」など，子どもの興味に関する科目もある。科目構成においては，子ども一人ひとりの個性に応じるために，単一的ではなく，多様性が担保されている。また，子どもたちは，自分が興味のある科目を選べ，子どもに自分の特長を伸ばすことに有利な条件を提供していると考えられる。

注目すべきことは，上海の打虎山第一小学校は，「主題活動週」という科目を新設していることである。「主題活動週」では，子どもたちの主体性，自主性を強調し，教科科目で学んだ知識を子ども一人ひとりの特長と結びつけ，基本的な知識を実践的な活動で活用することが探索される。これは，教科教育と総合学習の有機的な結合であり，子どもの実践的な能力を育てると同時に，教科の知識も強化される。打虎山第一小学校では，多くの教育活動が学校で行われており，見学や学校外の活動は必ずしも多くない。「社会実践」におけるボランティア活動は，授業の時間ではなく，授業以外の時間で行われており，授業はほとんど教室内の活動にとどまっている。社会見学や学校外の活動で，学

表 4-3 「総合実践」の課程名称と内容 (卞, 胡, 2009：23-28)

課程名称		主題, 内容	学級
「揺籃」課程		生活と礼儀（中華民族の伝統的な美徳の物語, 中国生活と習慣, 外国生活と習慣など）	1年
		遊びと健康（子ども時代の遊び, 体育世界, 兵営生活, 緊急状況の処理など）	2年
		私と科技（体の奥秘, 生活の中の科学, 私と地球　宇宙たんけんなど）	3年
		芸術博覧（美工作坊, 音楽の小部屋, 曲芸の雑壇）	4年
		三味書房（漫画と連環画, 童謡と児童詩, 寓話, 散文と小説, 民間文学など）	5年
興味小組活動	琴棋と書画	棋芸, 紙芸, 科技想像画	1～5年
		素描, 泥塑壁新聞設計, 編織	3～5年
	運動と芸術	舞踊, 合唱, 児童小ゲーム, 芸術体操, 演劇組, 小司会者, 口技	1～5年
		鼓号楽団, 舞龙舞狮, ハンドボール	4, 5年
		バスケットボール	3～5年
	科技と制作	科学小実験	1～5年
		科技小制作, OM科技組, パソコン新聞制作, インターネット小エリートなど	4, 5年
		環境保護と製造	3～5年
	学科と探究	児童口語英語, 科普英語, 植えると飼う	1～5年
		生活中の化学	3, 4年
		形象と思惟	1, 2年
		「智力大衝浪」「小通信員」	3～5年
	生活と鑑賞	切手収集, 撮影	4, 5年
		茶道	3～5年
		カルタゲーム	1～5年
主題教育と社会実践	小さな視聴室	健康教育, 安全教育, 環境教育, 国防教育, 禁毒教育, 行為規範教育, 心理教育, 生命教育, 民族精神教育など	全校学生
	小さな学者	「春の集まり」「中秋の祭り」「民族心・民族感情」「感恩教育」など	全学級
		卒業論文	5年
	小学校生活行事	昇旗儀式, 祭日の祭り, 卒業式	全校学生
		新1年生入学式, 入団儀式	1年
		入隊儀式	2年
		10歳の誕生日	3年
		卒業式	5年
	社会実践	2日間合宿, 春・秋遠足, 見学, 児童劇の観覧など	全校学生
	ボランティア活動	休日小隊活動, 街・地域ボランティア活動, 公衆衛生掃除, チャリティーバザー など	

習の内容を習得するのみならず，さまざまな人と出会ったり，いろいろなことを経験したりすることもまた重要となる。子どもたちは，体験的な活動を通して，生活経験が豊かになり，社会的な実践力や思考力が育まれることになる。これらのことが，総合的な実践活動の持つ積極的な意義であると考えられる。

5節　中国の教育改革のゆくえ

　1990年代以降の中国では，改革開放政策によって，グローバル化や急速な社会変革が進み，社会の構造や人びとの生活様式が大きく変化した。教育の市場化や民営化が進展する一方で，教育の不平等や格差の拡大をめぐる問題も浮上している。新たな愛国主義教育や公民教育が活発化しているのに加え，PISA型の学力や活用的な学習にも光が当てられている。そのような社会変化に対応する形で，学校教育を改革する必要性が叫ばれるようになった。

　この間，基礎教育課程改革においては，子どもの総合的な素質を高め，教育の質を向上させる素質教育政策が推進されてきた。従来型の教室の授業では，確定的な知識の獲得や機械的な記憶に比重を置く伝統的な学習方式が採用されることによって，子どもの実践的な思考力や探究活動，問題解決，コミュニケーションを育てることが十分に行われていないことが問題点として指摘されてきた。知識を習得する意味や喜びが失われ，「勉強は嫌だ」，「学校は嫌だ」，「授業には興味がない」といった消極的な態度をとる子どもたちが増えていった。多くの教育研究者や教師は，学校が教育活動を行う場として，「学校から離脱した改革は真の改革ではない」と認識し，教育改革の深化には，学校の課程内容や学習方法を改革する必要があると考えている。このような現状を前にして，基礎教育課程の改革が提唱され，学校教育の革新が目標にされた。素質教育においては，教科中心からすべての子どもの発達への転換が掲げられ，既存の確定した知識の伝達に傾倒した教育の改善が目指されている。

　教育課程改革では，子どもたちの生活経験や関心が尊重され，それらを現代のグローバルな社会変化や科学的な技術革新へと関連づけると同時に，生涯学習時代に求められる基礎的かつ実践的な知識や思考，子どもの主体的な参加や

探究的な学習活動，情報の収集・処理力，高度な知識を活用する問題解決，コミュニケーション力の育成などが新たに重視されるようになっている。中国の教育課程編成は，長い間，全国で統一され，教育課程の決定に関する裁量は，中央に集中し，地方と学校の個性を軽視する傾向があった。1980年代以降，素質教育政策の実施に伴い，地方の学校は，国家の課程改革方針を基盤にしながらも，地域の状況と特徴にあわせて特色のある教育課程編成や学校づくりが認められてきた。

　そうした動きとともに，上海の教育関係者は，教育改革の重要性を強調するようになった。教育研究者や教師は，子どもたちが学習意欲を喪失し，受験のための学習を常態化させてきた教育の現状に直面し，教育課程の内容や方法の改革に従事した。教育改革を実行する過程で多くの困難が生じたことは確かだが，学校を取り巻く環境が少しずつ改善してきたこともまた事実である。上海は，中国の中心的な都市として，経済，文化，教育の分野で重要な位置にある。また，上海は，国際都市として世界とのつながりが密接であり，交流も多い。そのため，世界の新規な情報や思想が活発に流入し，それが市民生活にも大きな影響を与えている。

　改革開放政策以降，上海の経済力はますます強化され，人びとの生活水準も向上した。生活が豊かになるにつれて，文化や教育の改革にも目が向けられてきた。それによって，かつての「受験教育」や「詰め込み教育」に傾倒した学校のあり方も緩和されてきた。上海は，国家の入試制度改革の試行市として，大学入試制度が多様化されている。素質教育に関する教育改革モデル校も数多く設置された。打虎山第一小学校の改革の軌跡は，上海の教育課程改革を代表する実践である。それらの改革の成果は，2009年と12年のPISA調査で，「読解力」，「数学的リテラシー」，「科学的リテラシー」のすべてでトップを独占し，「学力世界一」と言われたことにもあらわれているように思われる。

　グローバル時代を迎えた東アジア世界のなかで，中国の教育はどこへ向かうのか，これからの教育課程改革をどのようにデザインするのか，PISA型の活用的な学習や考える力をどのように育成するのか，教育格差の拡大や経済格差の拡大にどのように向き合うのか，愛国主義教育や公民教育の実施にどのように対応するのか。今日，中国の教育は，新時代を切り開く画期となる，大きな

転換と挑戦に直面しているといえる。

【付記】
　本章の4節は，肖霞「日中の総合学習カリキュラムの比較研究─和光小学校の『総合学習』と上海打虎山第一小学校の『総合実践』─」『教育学研究紀要』第5号，大東文化大学大学院文学研究科教育学専攻，2014年3月，pp.109-120の一部を加筆・修正したものである。

東アジアの未来をひらく学校改革

第5章
グローバル化のなかで始動する台湾の学校改革

黄　郁倫

1節　グローバル時代の台湾の学校改革

　1990年以降，アジア諸国における民主化の波にさらされ，かつて権威主義的政治体制のもとにおかれていた台湾でも民主化が進行し始めた。政治の民主化とともに，教育においてもさまざまな改革が要請されるようになった。また，グローバリゼーションの進行は，台湾の国際競争力を向上させる必要性を呼び起こし，旧来の19世紀型の学校から21世紀型の学校へと転換する教育改革を求めるようになった。1990年代以降，台湾政府は，人民の要求に応え，また，21世紀の社会に適合した人材を育成するために，教育政策，カリキュラム，教科書などの分野で，多様な教育改革を展開するようになった。1990年代から2000年前半にかけて，台湾は，「教育の歴史上，最も大きな転換期」を迎えたと言われている。この時期の教育改革は，権威主義的政治体制の教育を克服する意図から，「受験体制からの解放」および「一斉授業から多元的な授業づくりへ」という2つの目標を掲げた。政府は，1990年代に教科書制度を開放し，高校と大学を増設するとともに，2000年代には「九年一貫課程綱要」を導入し，多元入学方案を採用するなどの教育改革を実施した。台湾政府は，教育改革を通して，学校での受験体制と一斉授業を転換しようとしたのである。このことは，政府が教育政策の転換によって，トップダウンのかたちで学校改革を導こうとしたことを意味している。しかし，1990年代から2000年代にかけて行われた新たな教育政策は，学校改革と授業改革を積極的に導いたとは必ずしもい

えなかった。実際,この時期に,教育改革が進行すればするほど,学校での受験体制と一斉授業が緩和するどころか,さらに強化され固定化されていったように考えられる。

2014年9月から十二年国民教育という新たな教育改革が展開されることになっている。改革によって,従来の高校の入学試験が廃止され,受験体制と学校間競争も大幅に緩和されることが期待されている。この転換に伴って,2013年9月に,学校と教師は急速に学校改革と授業改革に着手するようになった。「アジアで最も改革が遅れている」と言われていた台湾は,現在,急速に学校改革を始動させようとしている。

2節　変わる教育制度と変わらない学校

本節では,まず1990年代の主要な教育改革を概観し,それが学校改革と教師に及ぼした影響を記述する。次に,2000年代の主要な教育改革を取り上げて,改革が学校と教師に与えた変化を考察する。これによって,1990年代から2000年代にかけて,教育改革がどのように学校と教師の実践に影響を与えたのか,また,なぜ学校改革を積極的に導くことができなかったのかについて述べることにしたい。

1）1990年代の主要な教育改革

1990年代の民主化によって,教育改革が声高に叫ばれるようになった。そのなかで,学校,教師,保護者,生徒の最大の関心を集めているのは,従来の一斉授業と受験体制を転換し,過度な受験競争から生徒を解放することである。そのために,政府は,多様な教育改革を準備し,新たな政策の導入によって学校での受験勉強を緩和しようとした。

●教科書制度の開放

1968年に台湾の国民義務教育が6年から9年に延長されて以降,学校では,国定統一教科書が使用されてきた。政府は,「課程標準」という統一的なカリ

キュラム（「学習指導要領」に相当する）を規定し，政府機関である国立編訳館が小学校から高校まで統一的な教科書を編集してきた。学校では，国定統一教科書が使用され，統一された教科書の内容に基づいて入学試験が実施されてきた。1990年前後の政治的な民主化の流れに伴い，欧用生をはじめとした革新的な教育学者は，一元化思想を排除し，多元的な授業づくりを擁護するために，国定統一教科書の一元化した教育内容を批判し，教科書制度の自由化を主張し始めた（欧，1988）。そうした要請に応えて，教育部は，一元化した教育内容と思想を改善させること，市場競争によって教科書の質を向上させること，教師の教え方と授業づくりを多元化させることという3つの目標を設定し，1989年以降，次第に教科書制度を開放するようになった。

　教育部は，教科書制度の開放の方法について，国定制から検定制へと転換するというかたちで宣言した。すなわち，政府が定めた「課程標準」に即していれば，各出版社は，教科書を編集し出版することができるようになり，編集した教科書は教育部の検定を経て，各学校に販売することができるようになった。まず，1989年に，教育部は，中学校の芸能学科と活動科目（「音楽」，「美術」，「童軍活動（ボーイスカウト）」，「輔導活動（ガイダンス活動）」）の教科書の編集を開放し，次に，1991年に，小学校の芸能学科と活動科目の教科書の編集も開放した。1993年に，「課程標準」は，「国民中小学課程標準」に改訂された。この新しい課程標準に基づき，1996年から検定制は次第に小中学校の全教科に拡大した。さらに，1999年に，高校の全教科の教科書も開放された。2002年に，「統編本」という国立編訳館によって編集された教科書が正式に廃止されたことから，教科書制度は完全に自由化された。このような変化は，「一綱一本（一課程標準のもとで一種類の教科書）」から「一綱多本（一課程標準のもとで多種類の教科書）」への転換であると言われている。

　このように，1990年代の民主化は，まず教科書制度の開放を導いた。「一元化から多元化へ」という目標のもと，教育部は，教科書の改革を実施することによって，学校における新たな授業づくりを促そうとした。現在，小中学校と高校の教科書を編集し出版している出版社は10社以上におよび，市場競争のもとで各学校に教科書を販売している。

● **高校と大学の増設**

　1954年以降，中学校や高校の生徒が高校や大学に進学するためには，卒業後「聯合招生考試（以下，「聯考」と記す）」と呼ばれる統一入学試験を受けなければならなかった。生徒は，中学校や高校の3年間の勉強を1回の試験で測定され，その成績次第で入学する高校や大学が決められていた。有名な高校や大学に進学するには，生徒は聯考で高い点数を取らなければならなかった。たとえば，1985年の高校進学率は71.31％，大学進学率は40.19％であり，生徒が高校や大学に進学するには，互いに激しい競争を経なければならなかった。学校では，約50年にわたって，生徒に聯考で高い得点を取らせ，良い学校に進学させるために，一斉授業による教育方法を採用し，受験体制に傾倒した教育制度を維持してきた。1990年代の民主化の進行に伴い，人々の声も重視されるようになった。この時期，受験競争の緩和を意図して，一般市民や教育学者を中心に，いくつもの団体が組織され，教育改革の必要性が叫ばれるようになった。聯考に傾倒した受験体制と競争学力を批判した最も大きな団体として教改連盟がある。教改連盟は，1994年には，生徒を受験競争のプレッシャーから解放させるべきだと訴えて，数万人規模のデモを行った。それは，台湾の教育史上，最大のデモであった。連盟は，生徒の受験のプレッシャーが進学率の低さに起因すると考え，高校と大学の学校数を増加すれば受験競争を緩和できると提唱した。そして，教改連盟は，4つの教育改革の1つとして，「高校と大学の増設」を要求するようになった。

　1996年に，教育部は，教改連盟の要求に応え，受験競争を緩和するために，高校と大学を増設すると宣言した。教育部は，高校の増設を，普通高校の新設と職業高校の減少によって実施することにした。当時の中学校卒業生の進路には2つの選択肢があった。1つは，聯考を通して普通高校に進学し，卒業後，大学に進学する方法である。もう1つは，聯考を通して職業高校に入学し，卒業後，就職するか，あるいは技術大学に進学するかを選択する方法である。教育部は，普通高校の進学競争が激しいこと，また，21世紀の社会に相応した高学歴の人材を大量に育成することを念頭に置いて，職業高校の数を減少させるとともに，普通高校を新設することにした。具体的に，1990年に台湾全体において，普通高校の数は170校，職業高校が216校で，合計386校であった

のに対し、10年後の2000年には普通高校の数が277校、職業高校が188校で、合計465校になった。このことから、高校の数が増加しただけでなく、普通高校が大幅に増加したことが理解できる。教育部は、大学への進学者数を増加させることによって、受験競争の過熱を緩和し、大卒の人材を大量に育成しようとしたのである。

　それと同時に、教育部は大学の増設も促した。教育部は、大学の新設を支援するとともに、専門学術教育と技術職業教育の高等教育機関の規制を緩和し、専科学校と技術学院の科技大学への転換を後押ししてきた。それによって、大学の数も大幅に増加した。1990年の台湾全体において、大学の数は21校、専科学校と技術学院が100校で、合計121校であったのに対し、2000年には大学の数が53校、専科学校と技術学院が97校で、合計150校になった。大学が新設されるとともに、専科学校と技術学院も次第に大学へと転換された。2012年には、専科学校と技術学院の数は42校まで減少したのに対し、大学は120校に大幅に増加した。

　このように、教育部は、人民の要求に応え、大量の高校と大学を増設することによって、進学をめぐる過度な受験競争を緩和しようとした。実際、2000年の進学可能率は、中学校卒業生が108.17％、高校卒業生は118.17％であった。進学可能な生徒数は、卒業生数を上回ったのである。

●学校現場の動向

　1990年代の民主化以降、教育部は、一斉授業と受験競争を緩和する意図から、教科書制度の開放と高校と大学の増設という教育改革を行った。それは、学校と教師にも影響を与えた。だが、この時期の改革は、学校改革と授業改革を導くというよりも、むしろ受験体制を固定化し、教師の教科書に対する依存をさらに強化する結果に終わった。

　まず、学校では、受験体制が大きく変化することはなかったと考えられる。その理由のひとつは、学校に深く根ざした進学主義がある。改革以前の教科書制度では、生徒は、統一された教科書を使用し、その内容に基づいて作成された聯考を受験していた。このような試験内容は、「一綱一本」と言われていた。そこでは、単一のガイダンスのもとに、各科目それぞれ1冊の教科書が決めら

れていた。教科書制度が開放されてからは，各出版社が自由に教科書を出版することができるようになった。「一綱一本」の状況は「一綱多本」へ転換し，単一のガイダンスのもとで各科目に何冊もの教科書が刊行されるようになった。一方で，聯考について考えた場合，「どの出版社の教科書の内容が入学試験の根拠であるのか」，「わが（子どもの）学校が採択した教科書の内容で受験に足りるのか」という懸念が，学校と保護者に広がるようになった。このことから，学校の授業では，採択した教科書の内容を教えるだけでなく，各出版社が編集した内容をすべてまとめて生徒に教えるようになった。また，普通高校と大学の増設によって，高校と大学への進学可能率が高まったものの，多くの教師と保護者は，「聯考が廃止されていない以上，生徒に良い学校に進学させるため，受験体制を継続しなければならない」という思いを抱き，一斉授業と競争学力をさらに重視するようになった。こうして，学校の受験体制が一層固定化され強化されていった。

　また，教科書の編集と出版が多元化されたにもかかわらず，教師の授業改革を導くことは十分にできなかった。その原因の一つとして，教師の研修不足が指摘されている。山崎は，教科書制度の開放に加えて，教師の役割と専門性の育成が重要であると指摘している（山崎，2000：153-162）。すなわち，かつての一元的な教育内容と思想のもとで育成された教師は，多様な教科書を使用し，多元的な授業づくりを実践するために，さらなる専門性を形成することが必要になる。しかし，教師の研修では，教科書をどのように使用するかという内容にかかわる研修がほとんどであり，専門性の向上に寄与する研修が少なかったという。2006年に教育部が行った教師研修をテーマとした研究を見ると，中学校と高校の教師が研修で身につけたいと考える能力の第1位は，「多元的な授業づくりと評価」であった。この調査から，教師の多元的な授業づくりに対する困惑と，教師の専門性の獲得をテーマにした研修の不足が浮かび上がってくる。また，教科書の出版社の競争が過熱し，教科書が商品化されたために，教師の教科書への依存が増大したことが指摘されている。教科書制度の開放によって，学校と教師が自由に教科書を採択することができるようになったけれども，各出版社は，編集した教科書の売り上げを伸ばすために，「カリキュラム・パッケージ」といった補助教材を競い合って作成し，指導計画からテスト

の問題集にいたるまで教師に提供するようになった。この状況から，周は，専門性を十分に獲得していない教師が教科書に依存する傾向を強めていると指摘している（周，2003b）。教師の研修不足の状況から，教師が教科書に過度に依存していることが推察できる。周は，教師が出版社に授業で使用するワークシートから授業計画の準備にいたるまで多くのことを要求し，さらに蚕を飼うことまでも要求するようになったと述べ，教師の教科書に対する依存の増大を批判している（周，2003c）。教科書が多元化されたものの，それと並行するかたちで，教師の専門性を向上することができなかったために，多元的な授業づくりを十分に導くことができず，教師はさらに教科書に依存するようになったのである。

　このように，1990年代の民主化の波を受けて，政府は，過度な受験競争を緩和し，一元的な授業から多元的な授業へと改革するために，多様な教育改革を準備してきた。教科書制度の開放と高校と大学の増設は，その代表的な改革である。一方で，この時期の教育改革は，社会に深く根ざした進学主義と，教師の専門性の不足によって，学校改革と授業改革を十分に導くことができなかったと考えられる。

2）2000年代の主要な教育改革

　21世紀の到来に向けて，世界各国は，さまざまな教育改革を実施してきた。グローバリゼーションの流れにさらされた台湾政府も，1998年に，国民の教養と国際競争力を高めるために，国民教育の質の向上や入学方式の多元化などの改革目標を掲げた「教育改革行動方案」を公布し，多くの改革を導入するようになった。2001年に，「九年一貫課程綱要」が発布され，教育改革の歴史上，最大のカリキュラム改革が行われた。また，2001年に，聯考が廃止され，多元入学方案が公布された。これらの改革は，学校と教師に多くの影響を与えた。

●「九年一貫課程綱要」の導入

　1968年に中学校の入学試験が廃止され，九年国民教育が正式に実施された。それによって，国民教育は九年制になった一方で，カリキュラムの改革にはいたらなかった。1993年に，教育部が従来の「課程標準」を「国民小学課程標

準」と「国民中学課程標準」へと修正したが，カリキュラムに大きな変更は見られなかった。つまり，教科書が自由化された1996年までは，学校では政府機関である国立編訳館によって編集された小学校と中学校の国定統一教科書が使用されており，小中一貫の教材は存在していなかった。また，1996年に教科書が自由化された後，編集と審査に関するさまざまな問題が浮上した。政府は，各出版社の教科書編集を統制するために，確固とした課程綱要を必要とするようになった。さらに，教育部は，21世紀のグローバル化と競争社会に対応するために，「新しい世紀に新しい考えと新しい教育が必要である」と主張するようになった。以上のことから，教育部は，「九年一貫課程綱要」という新しいカリキュラムの計画に着手したのである。

　教育部は，「九年一貫課程綱要」（以下，「課綱」と記す）制定を3段階で実施した。第一段階（1997年4月から1998年9月まで）において，「国民中小学課程発展専案小組」を組織し，小中学校一貫の課程の基礎と目標を示す「国民教育九年一貫総綱」を完成させた。第二段階（1998年10月から1999年11月まで）で，「国民中小学各学習領域綱要研修小組」を成立させた。各学習領域の課程綱要を完成させ，それぞれの教育目標と基本学力を提示した。第三段階（1999年12月から2002年8月まで）では，「国民中小学課程修訂審議委員会」を組織し，制作された各学習領域の課程綱要の内容を検討することによって，新しいカリキュラムの推進方案を考案した。そして，2001年度の新学期に，「課綱」にしたがって改革された新しいカリキュラムを小学校1年生から実施し始めた。翌年には，小学校1年生，2年生，4年生，7年生（中学校1年生）まで一気に実施が拡大された。

　「課綱」の特徴として，教科から学習領域への変更，学習内容と学習時間の減少，本土化と国際化という3点が指摘されている。

　まず，教科内容から見ると，分類の方式が変化したことが理解できる。「課綱」によって，国語，数学，社会といった教科の分類が，以下の7つの学習領域に変更された。

1．言語・文学（国語，英語，郷土言語（各民族の言語）とそれぞれの文化の学習）
2．健康と体育（健康保健と体育等）

3．社会（歴史文化，地理環境，社会制度，道徳規範，郷土教育，公民教育等）
4．芸術と文化（音楽と芸術等）
5．自然と生活科学技術（自然環境，科学，資料処理等）
6．数学（数学の概念，思考と問題解決の能力等）
7．総合活動（団体活動，家政活動などの学習者に考えさせる団体の時間）

　教科から学習領域への変更が示しているのは，従来の教科の壁を越えることが意図されているということである。また，「課綱」において，各領域が3段階や4段階に分けられ，各段階に必要とされる基本能力が明白に示されていることも特徴的である。基本能力の概要については，以下の10点が示されている。

1．自我の理解と潜在能力の発展
2．鑑賞力，表現力，創造力
3．生涯の計画と生涯学習
4．表現，コミュニケーション，分かち合い
5．尊重，思いやり，団結協力
6．文化学習と国際理解
7．計画，組織，実践
8．科学技術と情報の運用
9．主体的な探索と研究
10．独立した思考と問題解決力

　以上の10点は，教育部が九年国民教育において子どもたちが身につけておくべき基本能力として考えたものである。各学習領域のカリキュラムと教科書は，基本能力に沿って計画されなければならない。「課綱」が提起したのは，学習領域を考案し，思考や自己表現などの基本能力を示すことによって，教科の壁を越えて，カリキュラムを多元化することであった。
　次に，「課綱」において，教育内容と教育時数の削減が行われた。カリキュラムが多元化され，郷土教育や総合活動などの授業が増加したことによって，

国語や数学といった既存の教科の授業時数は削減された。たとえば，改革以前，小中学校の数学は週に6時間であったのに対し，「課綱」では週に2～2.7時間になった。また，週に11時間ほど設定されていた国語の授業時数も，週に5.4～8.1時間に削減された。それだけでなく，言語の学習領域に，国語，英語，郷土言語のすべての授業が入れられたため，国語の授業時間数は実質的には削減された。また，授業時数の削減とともに，教育内容の削減も行われた。たとえば，改革以前の小学校算数は，約3割の子どもが達成できるレベルと設定されていたのに対し，「課綱」では，約8割の子どもが到達できる算数のレベルへと変更された。中学校の教育内容においても同じような状況が見られる。「課綱」において，教育内容のレベルが低下したことは明らかであった。

また，「課綱」によって，カリキュラムを多元化する本土化と国際化への動きが加速した。1990年代まで，中国大陸から来た国民党政府が統治し，国民国家の定着を図ってきた台湾では，教育内容もすべて中華民国に関連したもので構成されていた。当時の教育内容では，台湾についての紹介は必ずしも多くはなかった。1990年代に入り，政治が民主化されるとともに，台湾の歴史と地理環境を知りたいという人民の意識が高まるようになった。「課綱」のカリキュラム改革は，「本土」への意識に対応して，教育内容も本土化された。具体的には，社会の学習領域に郷土教育が入れられ，小学校に「郷土教学活動」，中学校に「郷土芸術活動」と「認識台湾」という3教科が正式に導入されることになった。また，言語の学習領域にも，郷土言語が入れられ，正規教科として小学校1年生から週に1時間各民族の子どもが自民族の言語を学習することになった。こうして，カリキュラムの本土化が進められた。また，グローバリゼーションの進行は，人民の国際競争力の向上を促す必要性を呼び起こした。「課綱」では，言語の学習領域に，国語と郷土言語とあわせて，英語が必修科目として導入された。子どもは小学校3年生から週に2時間ほど英語を学ぶことになった。

このように，教育部は，「課綱」によってカリキュラムを多元化し，学校と教師に多元的な授業づくりを行うことを支援しようとしたのである。

●多元入学方案の実施

　「課綱」の計画と実施によるカリキュラムの多元化は、従来の入試制度の改革を促す必要性を広く認識させた。そこで、教育部は、1996年から高校多元入学方案の計画に着手した。2001年には、聯考と呼ばれる中学3年生と高校3年生の統一入学試験を正式に廃止し、多元入学方案を実施することになった。

　まず、教育部は、高校入試について、高校の聯考を廃止し、中学校基本学力テスト（以下、「基測」と記す）を実施すると発表した。従来の高校入試では、中学校卒業生が聯考を受験し、その1回の成績でどの高校に入学するかが決められていた。こういった入試制度が学校間の競争や受験勉強を過熱させたと考えられた。教育部が新たに提起した基測は、聯考の代わりとなるものであり、すべての中学生が3年生の時に受けるものである。聯考とは異なり、基測の成績によって高校が決められるのではなく、志願する高校が参考にするものとして位置づけられた。また、2000年に教育部は、入学制度について、以下の3つの方案を提起した。

1．甄選入学（美術、音楽、演劇、体育等の技術の推薦入学）
　　美術や体育などの特殊な技術を持った生徒が口述や小論文や技術などの試験を受け、志望する高校に入学する。
2．申請入学
　　生徒が基測の成績と学校内の成績で志望する学校に申請する。
3．登記分発入学
　　生徒が基測を受け、その成績で一つの学区を選択し、その学区内の学校を申請する。学校は連合募集なので、各生徒が成績によって学校に配置される。

こうして、生徒が聯考という1回の試験で学校が決められるあり方から、選択や申請による多元的な方式で高校に入学する制度へと転換することになった。
　2002年に、教育部は、大学入試について、大学の聯考を廃止し、その代わりに学科能力テストと指定学科テストを導入することにした。学科能力テストとは、中学校基本学力テストと同様に、高校3年生の全員が受ける試験であり、

大学はその成績を参考にして選抜するものである。学科能力テストは，主に高校2年生までの学習内容をもとに作成され，国語，英語，数学，社会，自然という5科目に分類されている。また，指定学科テストには，国語，英語，数学甲（理科）・数学乙（文科），物理，化学，生物，地理，歴史，公民，社会という10科目がある。生徒は，すべての試験を受けるのではなく，志望大学が指定する科目を選択して受験する。2002年に教育部は，入学制度について，以下の3つの入学方案を公布した。

1．繁星推薦入学

　各高校が一定の割合で大学に生徒を推薦する制度である。生徒が学科能力テスト，および各大学の要請による指定学科テストを受けなければならない。

2．個人申請入学

　高校3年生が個人の希望により最大6校の大学を申請する制度である。生徒は学科能力テスト，および各大学の要請による指定学科テストを受けなければならない。

3．試験入学

　大学の連合募集である。当該年度の高校卒業生だけでなく，高校の学歴を持っている者，または高等職業学校の卒業生も受験できる制度である。受験者は，学科能力テスト，および各大学の要請による指定学科テストを受ける。試験の成績によって，各大学に配置される。

このように，教育部は，入学方式の多元化によって，「1回の試験ですべてを決める」という状況を変えようとした。それによって，受験勉強と学校間の過度な競争を緩和しようとしたのである。

●学校現場の動向

　周祝瑛をはじめとした研究者たちは，2000年以降に教育部が主導した「課綱」のカリキュラム改革と多元入学方案の入試制度改革が学校と教師に多大な影響を与えたと指摘している（周，2003a）。一方で，関係資料の整理や，学校

観察と教師へのインタビューを進めると，当初，意図していたものとは異なる教師と学校の反応と変化が見えてくる。すなわち，カリキュラムに対する教師の混乱と改革に対する無力感が広がるとともに，授業での教科書に対する依存や受験競争が一層深刻化したという側面である。

　まず，教師の反応から見ると，新しいカリキュラムは，さまざまな混乱を生み出したことが観察できる。上述したように，「課綱」は，従来の教科の壁を越えて，6つの学習領域に分類することで，教師の仕事に多大な変化を引き起こした。具体的には，教師が他教科の教師と協力して授業を行ったり，専門ではない教科を教えたりするようになった。たとえば，地理と歴史が同じ社会の領域に入れられたことで，地理教師と歴史教師が協力して授業を行うようになった。また，小学校1年生から母語教育と郷土教育が導入されたことによって，担任教師が民族の言語と文化を教えるようにもなった。こうした変化にもかかわらず，授業の連合や新しい授業の教え方についての確かな方法が存在していなかった。したがって，教師の間で，混乱が広がることになった。また，教師は，6つの学習領域だけでなく，「課綱」で各領域に規定された10の基本能力に沿って授業を行わなければならなくなった。科学の領域にどのように国際理解の概念を入れるのか，社会科でどのように子どもの鑑賞力を育てるのかといった課題は，教師にとって大きなものであり，さらなる混乱が生まれた。さらに，上述したように，「課綱」のカリキュラムは，2001年に小学校1年生に導入されたが，2002年には一気に小学校1年生，2年生，4年生，7年生（中学校1年生）においても実施されるようになった。旧来のカリキュラムと教科書で勉強してきた生徒たち（とくに4年生と7年生）にとって，急速に新しいカリキュラムと教科書への移行が行われたことは，多くの混乱と苦情を引き起こすことにつながった。教師は，生徒と保護者に対し，新しいカリキュラムを説明する必要が生じた一方で，自身の授業の混乱を解決しなければならなかった。学校現場やカリキュラムの混乱が広がり，教師の無力感が増大することによって，教師の定年ブームの状況が生まれた。当時，台湾の教師が定年を申請できる条件には2つの方法があった。第一に，教職歴5年以上の教師が55歳になれば定年を申請できた。第二に，教職歴25年の教師であれば，定年を申請できた。これらの条件のうちどちらかを満たせば，定年の申請が認められた。

2001年にカリキュラム改革と入試制度の改革が実施された後，2002年に台湾全体で定年を申請した教師は9,000人にのぼった。その数は，1997年の約2倍であったという。また，2002年に教師を対象とした調査によれば，94％の教師が「教育改革の政策が不適切である」と述べ，83.1％の教師が政策の急変が定年ブームの大きな原因だと答えている。このように，教育改革に対する教師の無力感が浸透するようになった。

　新しいカリキュラムの実施に伴う混乱の拡大は，授業において，教科書への教師の依存を増大する事態を招いた。2節で述べたように，教科書制度が「一綱多本」になったことで，各出版社が編集した教科書の売り上げを伸ばすために，「カリキュラム・パッケージ」というサービスを競って提供し，教具からテストの問題集にいたるまで用意するようになった。それによって，教師は教科書にさらに依存するようになった。2001年のカリキュラム改革が教科を6つの領域に分け，各領域に10の基本能力を定めたことは，どのように授業で生徒に基本能力を身につけさせるのかについて，教師の困惑を増大させることにつながった。また，新しいカリキュラムと入学方案に対する保護者からの不安と苦情が生じたことで，教師は，どのように保護者を安心させるのかという問題に直面した。そのうえ，「教育部に検定された教科書の内容を全部教えれば絶対に問題がない」という考え方が浸透し，教師がさらに教科書に依存するようになった。2010年9月と11月，2011年9月に，筆者は，台北市，新北市，苗栗県，彰化県の小学校計4校で授業観察を行った。観察したすべての授業で，教師が教科書を持って内容を教えた後に，教科書の付録にあるCD-ROMを使用したり，出版社の編集したテスト問題を使用したりする場面が見られた。筆者が観察した授業で，教科書を使用していない教師は皆無であった。授業後に，10人の教師とインタビューしたところ，授業の準備について，「教科書の教師マニュアルに沿って準備する」という答えがほとんどであり，授業の内容と課題については，「教科書に書いてある内容を説明する」という答えが圧倒的に多かった。このように，教師が教科書に依存する事態が生じることになった。周淑卿をはじめとした研究者たちは，「教師が教科書を知識の権威と見なしている」状態を批判し，教師が教科書に過度に依存している状況を問題点として指摘した（周，2003c）。

さらに、学校では、カリキュラムの混乱、教師の教科書に対する依存、多元入学方案に対する不安から、一斉授業と受験勉強に傾倒した教育体制が一層強化されるようになった。教師は、新しいカリキュラムに伴う混乱の拡大から、授業を順調に進めるために、教科書の教具と内容への依存を強めるようになった。また、慣れていない授業内容を教えるために、学校では一斉授業の体制が固定化されていった。それに加え、多元入学方案では、聯考の結果次第で、受験校を決める方法に代わって、基測と学校での成績（学習成果）をもとに志望校を決めるようになった。これによって、受験勉強のプレッシャーが緩和されることが期待されたが、実際に保護者の間で浸透したのは、「有名な学校を志望するために、小テストから期末試験まで全部良い成績を取らなければならない」という思いであった。そこで、保護者たちは、子どもに有名な高校や大学に進学させるために、学校に一層の受験準備の体制を要求するようになった。保護者の要求に応え、学校間の激しい競争のなかで生き残るために、学校は、さらなる一斉授業と受験勉強に傾倒した教育を展開するようになった。筆者が観察した学校の授業すべてが一斉授業の形式で行われており、筆者の小学校の頃とまったく変化していなかった。また、どのように授業内容を計画するかというインタビューの質問では、多くの教師が「試験に出るものを教える」と答えている。教育改革が推進されたものの、学校の受験体制はそれほど改善されなかった。

このように、1990年代から2000年代にかけて、台湾政府は、多くの重要な教育改革を実施したにもかかわらず、学校改革を十分に前進させるまでにはいたらなかった。教育部は、一斉授業から多元的な教育方法への転換を図るために、教科書制度の開放や「課綱」を提出した。しかし、教師の専門性は必ずしも向上せず、授業では教科書への依存が強まり、一斉授業がさらに固定化されることになった。また、教育部は、学校の受験競争の緩和を意図して、高校と大学の増設や、聯考の廃止、多元入学方案の導入を実施した。だが、学校の授業は、進学主義から脱出することができず、ますます受験体制に拘束されていった。つまり、この時期の教育改革は、一斉授業と受験体制から生徒を解放することに成功しなかったのである。むしろ、教育改革が進行すればするほど、学校は保守化していくことになった。こうした状況のもとで、台湾の学校に5

度訪問した佐藤は，台湾の教育について，「アジア諸国のなかで最も改革が遅れた国という印象しかなかった」と指摘している（佐藤，2012）。

3節　始動する学校改革

2節で述べたように，1990年代から2000年代にかけての台湾では，大規模な教育改革が行われ，教育の制度的変化が促された一方で，学校改革や授業改革という点では，大きな転換が生まれることはなかった。2014年9月の新学期から，教育制度の改革がさらに進められ，国民教育と呼ばれる義務教育が9年から12年に延長されることになっている。この制度再編は，学校と教師にとって，新たな改革の1ページを刻むものと期待されている。本節では，まず十二年国民教育の改革の内容と特徴を紹介し，次に現時点で筆者が観察した学校と教師の変化について考察しよう。

1）十二年国民教育の導入に向けて

「九年一貫国民教育」によって，入学方式が多様化し，入学試験の重要性が軽減されたものの，エリート学校や進学校と呼ばれる高校に進学するためには，生徒は学校で良い成績を取らなければならず，また中学校3年生の時点で基測を受け，高い点数を取らなければならなくなった。台湾において，エリートや進学校の大半は公立高校であり，各地域に公立高校のランキングがある。すなわち，入学方式が多様化されたにもかかわらず，生徒たちは，依然として激しい受験競争を強いられている。こうした状況を踏まえ，2011年に，教育部は，「入試勉強から脱出させ，国民の教養を向上させる」ことを目指して，2014年から国民教育を9年から12年に延長すると宣言した。

教育部はまず，「小中学校における教育の質を向上させる」，「一人残らず子どもの権利を保障する」，「国家の競争力を高める」という3つのヴィジョンを掲げたうえで，以下の6つの目標を設定した。

1. 国民の教養を育成する

2．子どもの多様な発達を導く
3．子どもの学力の質を確保する
4．過度な受験勉強のプレッシャーを緩和する
5．都市部と農村部の教育の発展のバランスを取り戻す
6．社会の公平と正義を追求する

　以上の6つの目標から，受験勉強のプレッシャーを緩和し，子どもの学びを中心にした教育を行うという教育部の意図がうかがえる。

　具体的な改革内容としては，まず，小学校から高級学校（普通高校，職業高校）3年生までが義務教育になるため，授業料が部分的に無償になる。教育部の調査によれば，2010年度に高級学校の入学率は，すでに99％に達しており，学校数から見れば，入学可能率は100％を超えたという。つまり，中学校の卒業生のほぼ全員が高級学校に入学できるようになり，学校の入学枠が中学校の卒業生の人数を上回っているのである。しかし，入学率が高いとはいえ，学費にはばらつきがある。たとえば，2005年の教育部の資料によると，公立高級学校の学費の平均は半年で8,060元（授業料が6,240元，教材費や他の費用が1,820元）（約24,275円）であるのに対し，私立高級学校の学費の平均は半年で最大26,970元（授業料が11,930〜22,350元，教材費や他の費用が4,620元）（約69,181円）であり，学費の差が約3倍となっている。そこで，教育部は，十二年国民教育の「社会の公平と正義を追求する」という目標のもとで，2010年度から家庭の年収が114万元（約373万円）以下の生徒（公立学校と私立学校とともに）については，学費を部分的に免除することにした。2014年9月の新学期からは，家庭の年収が148万元（約485万円）以下の生徒を対象に，高級学校の授業料を無償とするという。それによって，約86％の中学校卒業生の授業料が無償になるという。

　次に，教育部は，高校の学校ランキングの競争を廃止し，小中学校の受験体制を緩和するため，「免試入学」という政策を推進した。これによって，基測という高校の入学試験が廃止され，各地域の75％の高校入学枠が学区内進学になる。「九年一貫国民教育」では，入学方式が多元化されたにもかかわらず，高級学校（とくに普通高校）にランキングが残されていたことで，ランキング

の高い学校に進学するには，中学校の基測で高い得点を取得しなければならなかった。すなわち，ランキングによって高級学校の学校間競争が激化しただけでなく，中学生も受験勉強を強いられるようになった。そこで，2014年の十二年国民教育の実施以降，高級学校は，入学枠の75％以上を学区内の申請から受け入れなければならなくなった。つまり，中学校卒業生の大多数が自宅近くの高級学校に入学するようになる。教育部はさらに，2019年度の新学期には約85％の生徒が学区内進学をするという目標を設定し計画に着手している。この学区内進学によって，高級学校におけるランキングの競争も緩和されると考えられている。

しかし，これまでの受験体制と競争に慣れ親しんでいる学校や教師，生徒，保護者は，学校のランキングを急激に廃止することには必ずしも肯定的ではない。とくに，もともとランキングの高い学校とその学校に通学している生徒と保護者たちは，強力に反対している。そこで，教育部は，十二年国民教育の改革を順調に前進させるために，前述の「免試入学」の制度に加えて，「特色招生（特別募集）」という政策を導入し，各地域の入学枠の25％を「特色招生」に当てることにした。これは，学区内進学生のほかに，各学校が特別募集（筆記試験や口述試験，技術試験等）によって入学生を受け入れることができるという制度である。一方で，教育部は，特別募集の入学枠を地域内の中学校卒業生の総人数の25％に制限することによって，過度な学校間競争と受験競争を招くことがないように配慮している。その具体的な効果については今後のさらなる観察課題となるが，75％以上の生徒が学区内進学をすることによって，学校をめぐる受験競争が次第に落ち着くのではないかと期待されている。

ただし，基測という入学試験が廃止されるとはいえ，中学生は試験を受ける必要がなくなるわけではない。2014年に，基測が廃止される代わりに，「国中教育会考（以下「会考」と記す）」が開始されるという。すべての生徒は，中学校3年生の時に，会考を受けなければならない。一方で，教育部は，会考と基測の目的の違いを強調している。基測の成績は，高校受験の際に重要な参考資料として用いられ，生徒が志望する学校に進学できるかどうかに大きく影響していた。それに対し，会考は，生徒の学習状況を理解するという目的で行われるものである。すなわち，中学校は，会考の成績から生徒の学習状況の程度を

理解し，高校は，その成績によって入学した生徒のレベルを把握する。つまり，会考の成績は，高校の進学それ自体には影響することがないのである。また，教育部は，会考の採点方式について，基測で使用されてきたような細かな点数ではなく，熟達，中間基礎，補習必要という大まかな3レベルの採点へと変更すると宣言し，それによって，受験体制と競争学力のプレッシャーを軽減すると述べている。

このように，2014年9月から，国民教育の年限が12年に延長され，教育制度が大きく変化することになる。そのほかにも，教育部は，十二年一貫カリキュラムの設定や高級学校の均質化などさまざまな計画に着手しているが，それらの詳細な内容については未だ公表していない。

2）広がる「学びの共同体」の学校改革

十二年国民教育は，学校と教師に対して多大な影響を及ぼすことが予測される。なかでも，高校入学試験の基測が廃止され，高級学校の入学者の多くが学区内進学になることは，中学校と高校に大きな変化を呼び起こすと考えられる。

まず，教師に求められる指導力と役割について取り上げてみよう。2001年に「九年一貫課程」が実施されたのを契機に，中学校の教師は，生徒に基測で良い成績を取らせるために，多くの時間と労力を費やして受験対策をしてきた。多くの中学校教師は，「試験に出るものしか教えない」という発想に慣れ親しんできた。それに対し，試験の急激な廃止は，「これから何を，何のために教えればよいのか」という疑問を教師たちに投げかけることになった。一方で，高校の教師たちが抱える不安は，それとはやや異なっている。前述のように，高校入試に対するランキングが大きいために，高校の教師は，「選抜された生徒」を教えることに慣れている。高校の入学生徒たちは，学校ごとのランキングにしたがって，基測の点数で各学校に配置されるために，ランキングの高い学校の教師は高学力の生徒だけを教え，ランキングの低い学校の教師は低学力の生徒だけを教えていた。台湾の教師（公立学校と私立学校を含め）は，基本的に転勤がなく，ほとんどの場合，定年まで同じ学校で勤務することになる。したがって，多くの教師は，長年にわたって，同じレベルの生徒を指導することになる。十二年国民教育の実施は，大多数の入学生徒が「選抜されていない」

生徒になることを意味している。こうしたことから，高校の教師たちの間では，「どのように異質な生徒を教えるのか」という疑問が湧き起こっている。

　また，十二年国民教育によって，学校の役割も大きく変更すると思われる。まず，中学校は，戦後から長期間にわたって受験中心の体制を維持しており，1990年代から2000年代の教育改革においても過度な受験勉強を変更させることができなかった。その主な原因は，「生徒をランキングの良い高校に進学させたいのであれば，受験勉強が必要である」という，広く普及している考え方にある。このような中学校教育は，「正規ではない学校教育」と呼ばれ，学習塾で見られるような一斉授業を展開している。十二年国民教育によって，こういった中学校の受験体制が変化するのではないかと考えられている。中学校では，「これから正規教育を行おう」という目標が掲げられ，公教育としての役割が期待されるようになっている。また，高校の役割についても，転換期を迎えつつある。高学力の生徒の学校，中位の学力の生徒の学校，低学力の生徒の学校というように，ランキングごとに分けられていた高校は，十二年国民教育によって，学区内進学を中心とする「みんなの学校」に変更されることになる。授業料が高額であった私立高校もまた，十二年国民教育によって，部分的に無償となり，学費が大幅に下がることになる。公立高校と私立高校では，どのように「みんなの学校」へと転換するのかという問いが提起され，中学校でも，「質の良い教育へと高める」ことに対する思いが広がっている。このように，十二年国民教育によって，中学校と高校は，「どのように公教育の役割を果たし，もっと質の良い教育へと高めるのか」という重要な問題に直面するようになった。

　また，生徒の学びの態度と意欲の変化も，学校と教師に改革を促している。前述のように，教育部は，受験体制を緩和するために，1990年代に高校と大学の増設を行い，2000年代には多元入学方案を採用した。それによって，生徒の大学への進学率は大幅に上昇した。教育部の統計調査を見ると，94年の大学進学率が44.35％であったのに対し，06年に90％に上昇し，さらに07年には97％に達している。台湾では，「数学の入学試験で3点だけ取れば大学生になることができる」という冗談が広まるほど，高校の卒業生のほぼ全員が大学に進学する状況になっている。わざわざ試験で高得点を取らなくても進学で

きるという状況で，少数のエリート大学を目指す生徒を除き，大多数の生徒にとっては，かつて勉強の目的であった入学試験の役割が機能しなくなり，学ぶことの目的そのものを喪失していくことにもなった。学校ではなおも受験体制が敷かれているものの，生徒は以前に比べて授業に参加しなくなった。2012年に，筆者が改革を希望している30名の教師と校長に，「なぜ改革を行いたいか」について聞いたところ，大多数の教師と校長は，「台湾の中学校と高校で，学級崩壊が進行しているため」と答えていた。学級崩壊について具体的に尋ねると，「不登校の生徒は少ないが，授業で居眠りしたり，おしゃべりしたり，携帯電話を使用したり，自分のやりたいことをしたりしている生徒は増加している」と答えている。なかでも，底辺校の学級崩壊は，深刻な局面に直面している。佐藤は，子どもたちが学びの目的を失い，学びの意欲を喪失していく状況を，「学びから逃走する」という表現で表している（佐藤，2000）。学校の増設に伴う入学可能率の上昇や，多元入学方案による進学率の上昇は，子どもたちの学ぶ意欲を向上させるのとは反対に，学びからの逃走を加速させることにつながった。

　2012年6月に，台湾で最も有名な教育雑誌である「親子天下」が約3千名の中学校教師を対象にして，十二年国民教育の教育改革に関する調査を実施した。その結果，約95％の教師が，学校と自分の教育方法を改革する必要があると答えている。一方で，半数以上の教師がどのように改革を行えばよいのか分からないとも述べている。つまり，多くの中学校教師は，学校を改革する必要性を感じている一方で，その方法についてはなおも理解できずにいるのである。また，「親子天下」が小中学校の541名の校長を対象に調査した結果では，8割以上の校長が公立学校の改革をしなければ，私立学校に負けるだろうと述べ，より良い質の教育に向けた改革を実施したいと考えていると答えている。小中学校の校長だけでなく，これまで進学校とされていた公立高校の校長たちの間にも危機感が広がっている。彼らは，十二年国民教育をきっかけに，公立学校の公共的な使命を考え直すべきだと訴えている。十二年国民教育の改革によって，多くの教師や校長は，学校改革の必要性を実感するようになったが，改革の方法についてはなおも十分に見いだすことができない状況にある。

　2012年4月に，佐藤学の著作の翻訳が『学習的革命』というタイトルで出

版され，日本における「学びの共同体」としての学校改革のヴィジョンと哲学および授業研究が台湾の教師に紹介された。『学習的革命』は，刊行後，1か月を経ないうちにベストセラーとなり，教師4人に1人が翻訳書を持つ状況になっているという。「これこそ希求する学校，希求する授業」だと言わんばかりに，学校改革が急速に普及し始めた。

先陣を切って改革に乗り出したのは，台北市教育局（教育委員会に相当する）である。2012年6月に，台北市教育局の主催で，約30名の小中学校と高校の校長と教育学者が日本を訪れ，浜之郷小学校や睦中学校などの「学びの共同体」のパイロットスクールを訪問した。その結果，2012年9月に，台北市において，5つの小学校と5つの中学校と高校が自発的にパイロットスクールを創立することになり，さらに市内26校中16の高校が「学びの共同体」を実践したいという意思を表明した。台北市のほかに，新北市（旧台北県）の教育局も，2012年9月の新年度から実践する小中学校と高校25校を選択し，パイロットスクールを創設した。さらに，2013年に，台北市などの大都市のほかに，新竹市，新竹県，嘉義市，彰化県，桃園県等の地方からも，100人以上の教師を日本に訪問させ，積極的に導入を計画している。

このように，数十年間にわたってほとんど変化することがなかった学校が劇的に改革に着手するようになった。佐藤は，これらの爆発的な改革の普及を「燃える台湾の学校改革」と称えている（佐藤，2012：94-97）。

3）学校と教師の急変と政府の動向

台湾の学校と教師は，十二年国民教育に直面して危機を覚え，一気に「学びの共同体」の学校改革を始めた。『学習的革命』の訳者として，今日の台湾の学校改革について，教師，学校と校長，政府という3つの側面から記述する。

まず，教師の変化という側面から見れば，かつて教育改革に対して消極的であった教師が，自発的に協同的な授業づくりと授業研究に挑戦するようになった。台北市の事例を参考にして，2012年6月に30名の教育関係者による訪問団が日本の学校に訪問した後，2012年8月には，教師のネットワークを形成するため，日本に訪問した台湾師範大学の副教授である陳佩英がフェイスブックに会員限定グループを作成した。このグループを通し，各学校の壁を越えて，

教師が実践について討論できる空間が提供された。筆者はグループ管理者の一員として教師たちの発言を観察した。まず，協同的な授業づくりについて，翻訳の紹介に影響されて，学校現場の教師が自主的にコの字型の教室配置と協同的な学びを自らの教室で取り組み始めた状況が見られた。フェイスブックのネットワークによって，教師たちが活発に自分の実践を交流し，さらに意見を交換していた。中学校のA先生は，「自分の学校は『学びの共同体』を導入していないが，自ら改革の意識を持ち，一人で実践を始めた。フェイスブックでの交流によって，私は仲間があると強く感じる」と述べている。従来，教科書に依存してきた台湾の教師にとって，実践における最大の関心は，どのように教科書とは異なる課題やさらに高いレベルの課題を設定するのかという問題であり，どのように課題にふさわしいワークシートを作成するのかという問題である。日本の学校を訪問したH校長は，「今まで課題やワークシートを作る習慣がなかった教師にとっては難しい」と述べている。こういった状況から，教師は，自主的に学校内やフェイスブックのネットワークに研究グループを組織し，互いに討論し協力することによって，一緒に授業準備と課題設定をしている。こうした互いの励ましと協力は，教師たちの教室の扉を開くことを容易にしていると考えられる。実際に，授業研究の習慣がなかった台湾の教師は，「同僚性」を築くという「学びの共同体」の概念に影響され，同僚間の教室の扉を開き合うようになり，学校において研究会を開くようになった。さらに，各学校の公開授業だけでなく，フェイスブックの交流によって，教師が学校の壁を越え，自ら同僚や他の学校の教師を誘い，授業を公開するという試みが活発に見られるようになった。韓国の「学びの共同体」の推進者である孫于正は，11年間にわたる韓国の「学びの共同体」の実践について，「今もなお，どのように教師に教室の扉を開いてもらうかは大きな問題の一つだ」と指摘している。上述した韓国の実践状況と比較して，台湾の教師の実践は，2012年9月からの短時間のものではあるが，教室の扉を開くという点では韓国の教師より重く受け止めたのではないかと考えられる。また，フェイスブックのグループが開始した時点では，23名であったメンバーは，2014年6月現在，892名になっている。発端は台北市の教師を主要なメンバーとして作られたグループであったが，現在では，地方からの多くの要請を受けて，台湾全土（離島を含め）の

教師が参加できるようになっている。さらに，メンバーは，現場の教師だけでなく，校長，教育学者，教育委員から構成され，毎日，数十人もの人たちからグループに参加したいというリクエストが来ている。今日，台北市だけにとどまらず，地方においても多くの教師によるネットワークが形成され，教師たちの自主的な試みによる授業改革が進行している。これらのネットワークによって，台湾における授業改革が急速に進み，教師が教室を開くようになったことから，台湾の教師がいかに学校改革を待望していたかがわかるだろう。

　次に，学校と校長においても，改革に積極的に取り組んでいる姿が見られる。前述のように，十二年国民教育の改革に向けて，受験体制が変更される状況で，多くの学校や校長は，「もっと質の良い教育をするべきだ」と考えるようになった。それによって，多くの校長が積極的に学校改革に着手するようになった。前述した台北市教育局主催の訪問団の構成において，参加していた教育関係者の半数以上は校長であった。参加の動機について聞かれたところ，すべての校長が「これから学校改革を開始したいから」と答えている。校長の積極的な行動は明らかである。校長の行動と努力によって，学校全体が「学びの共同体」としての学校づくりに挑戦するようになっている。2012年9月25日に，台北市のパイロットスクールの一つである国語実験小学校が最初の公開授業を開催した。授業に参加したのが校内の教師だけでなく，他の学校の教師も数多く参加したという。「学びの共同体」の推進者である佐藤も学校を訪問し，国語実験小学校の公開授業と授業協議会について「質の高いものであった」と指摘している。続いて，2012年11月30日に北政中学校が中学校として初めての公開授業を開催し，100名以上の教師が参加した。2013年1月4日に中正高校と麗山高校が公開授業を開き，高校レベルでも学校改革の新たな幕が開かれた。それ以降，多くの学校で，公開研究会の開催に挑戦し始めている。また，研究会とともに，すでに実践している学校でも，個人レベルで実践したいと考えている教師に対して交流会への参加を呼びかけている。フェイスブックのグループで，メンバーが自発的に月に1回，研修として読書会や交流会を開いている。実践している学校は場所を提供し，交流会で報告を行っている。交流会では，実践についてさまざまな意見を交流するだけでなく，日本や韓国に訪問した教師と教育学者の訪問経験を聞くこともある。C校長は，「自分の実践に加え，

第5章　グローバル化のなかで始動する台湾の学校改革

外国での経験を考えることによって，台湾なりの『学びの共同体』を模索する」と述べている。週末に行われた3回の交流会には，100人を超える教師と教育学者が自発的に参加したという。参加できなかった教師に向けては，主催する学校が当日の発表と資料を公表し，フェイスブックにアップロードする。このように，主催する学校であれ，発表する教師であれ，参加する教師であれ，義務ではなく，また誰かに強要されているわけでもないのに，研修として自発的に読書会や交流会に参加している。このような行動が示されたことは，授業研究の歴史がなかった台湾にとって大きな変化と成長だと考えられる。

　さらに，学校と教師とともに，政府の改革に対する姿勢にも変化が見られる。1990年代の教育改革から2014年の十二年国民教育にいたるまで，政府は，トップダウンのかたちで改革を推進してきた。それに対し，「学校は内側からでしか変わらない」という『学習的革命』の考え方に影響を受けて，教育部部長（文部科学大臣に相当する）の蔣偉寧は，教師の自主的な改革を「強要することはしないが，もし実践したいというのであれば支持する」と述べている。2012年6月には，台北市教育局をはじめとする教育局は，指名派遣ではなく，改革を実践したいと願う教育関係者を募集して，日本の学校への訪問を援助した。また，学校の公開研究会とフェイスブックの交流会の経費は，すべて教育局によって援助されている。交流会に参加した中学校のT教師は，「感動したのは教師たちの改革に対する熱意だけではない」と話したうえで，「かつて官僚的であった教育委員が一番後ろの席に座り，一言も発言せずに私たちとともに学

写真5-1　第1回目のフェイスブックの学びの会（2012年9月6日）

写真5-2　中正高校公開研究会（2013年8月20日）

ほうとしていた。こんなことは前代未聞であり，感動的だ」と述べている。このことから，政府の姿勢もまた大きく変化したことが理解できる。

4節 「学習的革命」へ

　現在のグローバリゼーションの流れのなかで，「アジアで最も学校改革が遅れている」と言われていた台湾は，急速に学校改革と授業研究に取り組むようになった。この疾走する改革から，今後の観察課題として以下の2点を指摘しておくことにしたい。

　第一に，改革に対する政府の位置づけである。前述のように，「学びの共同体」の学校改革について，政府は，「実践を強迫することはしない」という態度を維持している。2012年の改革の構成から見るならば，その核心には教師，次に学校と校長，その次に政府，一番外側にいるのが保護者であった。だが，改革の爆発的な普及によって，2013年9月の新学期に，台北市教育局をはじめ，新北市，新竹市，台中市，南投市などの各地の教育局は，まるで競い合うかのように導入を計画していると宣言した。教育局が改革を主導し，ふたたびトップダウンのかたちで各学校に「学びの共同体」の実践を要求するような事態が生じることが懸念される。実際，ある台北市の高校教師は，「実践について，最初の頃は，学校側が自由に選択してくださいと言われていたが，最近では，教育局のこうしたいという好みによって，学校側に実践を強要するようになってきたと感じる」と述べている。政府は学校改革に深く影響を与えるという発想のもとで，今後の政府の行動と意図を観察する必要がある。

　第二に，「学びの共同体」の学校改革の継続と変化である。2012年に『学習的革命』の出版により，「学びの共同体」の学校改革が台湾の北部に爆発的に普及した。1年後の現在，学校改革の影響は中部の都市にまで及ぶようになった。日本とは異なり，台湾では授業研究の歴史がなかったため，実践においても，教師が多様な課題に遭遇する可能性があると思われる。また，政府の位置づけが変化する可能性もある。教育関係者がこれからの課題にどのように対応するかということが，「学びの共同体」の学校改革を継続するうえでの鍵にな

第5章　グローバル化のなかで始動する台湾の学校改革

ると考えられる。ブームのような改革はブームのように消え去るのか，あるいは，台湾にふさわしい新たな学校改革へと転換するのか，今後，さらなる観察が必要であると考えられる。

写真 5-3　小学校の協同的な学び

写真 5-4　中学校の協同的な学び

写真 5-5　高校の協同的な学び

東アジアの未来をひらく学校改革

第6章
シンガポールにおける学校改革の現状と課題

齊藤英介

1節　本章の視座

　シンガポールは，ほぼ淡路島あるいは東京23区と同じである714.3平方キロメートルという狭い国土に，531.2万人（うちシンガポール国民ならびに永住者381.8万人）（Department of Statistics Singapore, 2012）の人口を抱える小規模国家である。1965年8月に独立したが，むしろマレーシア連邦から追放されたに等しい処置が故の独立であり，危機と隣り合わせの独立であった。初代首相であるリー・クワンユーは，その苦悶のために人目をはばからず涙するほどであった。

　天然資源は皆無のなか，シンガポールの安寧を図るための選択肢とは，海外からの投資を募り経済発展を図ることしかなかった。もともとは商業が中心であったが，独立以後は人民行動党（People's Action Party：PAP）政権下，国家をあげての工業化をはかり，経済振興を図ってきた。その結果，1970年代から80年代にかけて大きな経済発展を遂げ，現在ではアジアの金融を中心とするビジネス拠点として揺るぎない地位を獲得している。

　人材を資源の第一とするシンガポールにおいて，学校教育は主要な投資対象である。たとえば2012年度の国家予算をみると，総額約503億ドル中106億ドル（約21.07%）が教育予算に当てられている。これは国防予算123億ドル（24.45%）に次ぐ大きさである。参考までに日本では，一般会計総額90兆3,339億円中，文教・科学振興予算が5兆4,057億円と，約6%の比率である

（財務省，2012）。この事実から，シンガポール政府がいかに学校教育を通じた人材の育成を重視しているかが読み取れる。

　シンガポールの教育については，大別して教育改革全般（Ng, 2008；Sharpe & Gopinathan, 2002），ならびに政策や改革に対する教師の反応（Lim et al., 2011；Nathan, 2001），現職研修を含む教師教育（Hairon & Dimock, 2013；Hairon, 2006；Lim et al., 2011；Gopinathan, 2006；Chen & Koay, 2011），カリキュラム研究（Adler & Sim, 2008；Gopinathan & Deng, 2006；池田，2007），マネジメント（Heng & Marsh, 2009；Lim, 2005），教科書分析（斎藤，上條，2002；河野，2010；Saito et al., in print），実践事例の分析（Baildon & Sim, 2009；Vaish, 2008），多民族性（Rahim, 1998；Kang, 2005），教科教育（Gopinathan & Hung, 2011；齊藤，2012）などの観点から研究が行われてきた。英語の文献ではシンガポールの事例に関する研究が近年急速に増加しつつあるが，日本語による研究では，学校レベルでの改革や実践についての論考はまだ不足している。本章では，シンガポールにおける学校改革に焦点を当てる。その際，シンガポールの社会・経済的な文脈についても整理を行い，どのような文脈において施策が実施されており，それについてはどのような展望と問題点が存在するのかを検討する。

　本章のデータは，学術論文・図書，雑誌・新聞記事，教育省ホームページなどのオープンソースである。また近年の教育の動向として教育省ホームページのプレス・リリース，あるいはシンガポールにおける主要な新聞である The Straits Times の記事も参考とした。本章の構成は，この節の後，シンガポールの社会の概観を行う。次に教育政策の動向を記述し，学校改革の問題について検討し，結論を述べることとする。

2節　シンガポールの社会

1）多民族社会の成立

　シンガポールの特徴はさまざまであるが，なかでも重要なことは多民族国家という特性である。1819年1月，当時イギリスの東インド会社ベンクーレン

副総督であったラッフルズがシンガポールに上陸し，入植を開始した。当時，シンガポールにおける人口は微々たるもので，さしたる産業も存在しなかった。だがラッフルズは，大陸部東南アジアと島嶼部東南アジア，さらにはインド洋と太平洋を結び合わせる位置に存在するシンガポールの将来性に目をつけ，イギリス本国の承認を受ける前に，強引にスルタン（君主）を擁立，条約を結んだ。

　以後，シンガポールは自由港としてさまざまな物資が持ち込まれるようになった。またイギリスが大規模なゴムのプランテーションを行い，錫鉱山開発を行うようになると，シンガポールは中継・加工貿易港として発展を遂げた。これに伴い，もともと存在していたマレー人に加え，中国とインド南部から労働者として移民がやってきたことが，現在の多民族社会の基盤となっている。

表6-1　シンガポールにおける人口トレンド

年	総人口（人）	中華系（%）	マレー系（%）	インド系（%）
1819	150			
1824	10,684	31.0	60.2	7.1
1840	16,634	39.4	45.9	11.5
1849	35,589	50.0	37.3	9.5
1860	52,891	52.9	32.2	11.9
1871	81,734	61.2	19.8	15.9
1881	97,100	56.2	26.9	11.8
1891	137,800	?	?	?
1891	181,600	67.1	19.7	8.8
1901	227,600	72.1	16.0	8.0
1911	303,300	72.4	14.0	9.0
1921	418,300	75.3	13.0	8.0
1931	557,700	75.1	12.0	9.0
1947	938,200	77.8	12.0	8.0
1957	1,445,900	75.4	13.6	8.0
1960	1,646,400	76.0	14.1	8.6
1970	2,074,500	76.2	15.0	7.8
1980	2,413,900	76.9	15.0	7.0
1990	2,735,868	77.8	14.0	6.0
2000	3,263,200	76.8	13.9	7.1
2010	3,771,721	74.1	13.4	9.5

出所：岩崎（2005），Saw（2012）

そのため，シンガポールを構成する民族は大きく中華系，マレー系，インド系に大別され，これに欧米とアジア系の間に生まれた人々（Eurasianと呼ばれる）を加える場合もある。この民族構成は今日にも引き継がれ，学校教育では，教授言語は主に英語であり，母語教育として中国語（北京官話），マレー語，タミル語が指導される。

　以下，岩崎（2005）を参考にしながら独立の経緯を概述する。1819年に始まったイギリスによるシンガポール支配の形態は，当初インドに本拠地を置く東インド会社統治領として始まり，1824年にペナン・マラッカとあわせて海峡植民地が創設され，シンガポールはその行政首都となった。さらに1868年にイギリス直轄植民地と変更され，1942年に日本軍が侵略・占領するまで続いた。第二次世界大戦終了に伴い，1945年9月にイギリス支配が復活，1946年1月にはマレーシアから分離して直轄植民地として，単独統治を開始した。岩崎（2005）は，このことが後の「シンガポール国家」の土壌を形成したと述べている。その後，独立運動が本格化し，1955年，財政，法務，治安，軍事，外交などをのぞく労働や教育などの部分的内政自治権がシンガポールに付与され，同年4月に自治政権が成立した。1957年にマレーシアがイギリスから独立し，外交と軍事をのぞく完全内政自治権がシンガポールにも付与された。そして，1959年に行われた自治政府選出のための総選挙で，「民主主義・非共産主義のマレーシアとの合併による独立」を唱ったPAPが圧勝，以来，PAPは今日まで続く長期政権を樹立することとなる。

　1963年9月16日，シンガポールはマレーシア連邦の一州となりイギリスからの独立を達成，州政府の地位を獲得する。だが，しばらくしてシンガポール州政府は連邦中央との対立を激化させる。人口比がマレーシア本土側においてマレー人優勢になるのに対して，シンガポールでは中華系優勢になることが大きな要因であった。マレー人を重視する連邦と，中華系の声を反映させようとするシンガポール州政府は，国家体制，政治体制についての根本的な論争を続けた。このことが，感情的なしこりとなり，1964年6月と9月に，大流血の惨事を引き起こす結果となった。その結果，マレーシア連邦のラーマン首相はシンガポールを「追放」することが最善と判断，1965年8月9日，シンガポールはマレーシアから分離して単独独立国家となったのである。

だが，いかに中華系が比率において優越しようとも，シンガポールが多民族国家であることは独立当初から刻印されており，どのように政治的なバランスを取るかは大きな課題であった。今日においても，多民族共生については非常にシンガポール政府ならびにメディアは敏感であり，このことは市民の大半も共有しているといってよい。

2）政治体制の構築

シンガポールは冒頭にて述べたとおり，目立った自然資源もなく，文字どおり人間のみが唯一の資源である。マレーシア連邦時代は，それまで輸入によってまかなっていた工業製品を，自国の国内生産によって代替し，工業化を促進しようとする輸入代替が中心であった（甲斐，2009）。しかし，マレーシア連邦からの追放的な独立のため，この方針は破綻した。当然のことながら，単独国家としての独立当初は，果たして国として立ち行くのかという懸念があった。追い打ちをかけるように，1967年にはシンガポールを安全保障の面と経済面とで支えていた英国軍が撤退すると発表された。そこでシンガポール政府は，国家としての生存（survival）をかけて，経済開発を支配の正統性の根拠とする強権的な開発独裁の政治体系を構築した。

この生存の思想が強調したのは，田村（2000）によれば，次のような価値観である。(1) PAPの安定した一党支配こそが国家の生存と繁栄の前提であり，国家利益はPAPが決定する，(2) 国民はシンガポール生存のために，ありとあらゆる貢献や自己犠牲を行う，(3) 限られた人的資源を最大限利用するための能力主義社会（メリトクラシー）を実現する，というものであった。

1965年以後のPAPは，支配体制の徹底化を推し進めた。労働組合，学生運動，華語新聞など，政治色の強い団体を徹底的に弾圧・排除・管理し，統制を強化した。その結果，PAPに対する圧力団体や利益団体はほぼ壊滅し，PAPの一党支配体制が盤石となった（岩崎，2005）。そして，1968年の第一回総選挙ではPAPが国会全議席を獲得し，PAP，政府，国家が合一するという図式が成立することになった（岩崎，2005）。

シンガポールの開発独裁体制は，(1) 開発を最大の国家目標とする，(2) テクノクラート官僚を重用する，(3) 権威主義的な政治体制を有する，(4) 権力集団

が政党である、という4点に特徴を集約できる（岩崎, 1996）。他の周辺諸国では、軍人が権力集団として重要な位置を占めているのに対して、シンガポールでは、軍は文官官僚制に従属している。そして、後述する厳格な教育制度と、国家奨学金制度を通じて最優秀な学生を官僚とする制度ができあがっており、そのことがまた安定的な官僚による支配と統治を確実なものとしてきた。1980年代以降はPAPの絶対的な支配から、野党も議席を獲得するなど相対的な支配へと移行したと言われる（岩崎, 2005）。とはいえ、PAPの支配には揺らぎがないというのが近年までの識者における認識であった（岩崎, 2005；甲斐, 2009；Troci, 2006）。

だが、この認識が大きく揺らいだのが、2011年の総選挙であった。この選挙では、87議席中PAPは81議席を獲得し勝利を収めた。だが野党は前回2議席から6議席となり、最多であった1991年の4議席を上回る結果をおさめた（久末, 2012；Tan, 2012）。その背景としては、雇用、移民、住宅、物価などの諸問題に対する国民の不満が蓄積していた点があげられる（久末, 2012；Tan, 2012）。また、今回の選挙では若い有権者の動向が大きく注目を集め、FacebookやTwitterなどのSNSを利用して、若者が率直に政府に対する不満や意見を自由に述べる動きも見られた（久末, 2012；Tan, 2012）。

3）経済発展

上記の「生存の思想」は、まさに国家の政策を正当化する基本概念であり、他の社会生活上の領域に対して経済が優先される枠組みを構築した（Chua, 1995）。そのなかで生まれた考えは、狭い国内市場だけでは経済が成立しないという判断であり、積極的に輸出を志向する工業化を推進する展望であった（甲斐, 2009）。そのために、2つの指針をおいた。第一には、国家主導型の経済開発であり、第二には海外からの投資の積極的な呼び込みであった（甲斐, 2009；岩崎, 2005）。岩崎（2005）は1965年以降の過程を（1）輸出志向期（1965〜1979）、（2）産業構造高度化期（1979〜1988）、（3）海外展開期（1989〜）に区分している。この岩崎（2005）の区分を参考にしながら、経済開発の展開について略述する。

まず1965年から1979年にかけては、シンガポールの経済開発に関する基盤

整備の時期に当たる。輸出指向型の産業振興をはかるとはいえ，当時のシンガポールでは商業が中心的であり，工業振興のためのノウハウはなく，海外からの投資に期待せざるを得なかった（甲斐，2009）。そのために経済開発庁の組織改編がなされ，シンガポール開発銀行が1968年に発足した。加えてさまざまな法制度や税金の優遇，ジュロン工業団地の整備などがはかられた。また，100％の外資企業も参入が認められた（甲斐，2009）。さらには，投資にかかるリスクを軽減するための政治と治安の安定も図られた。

　この時期，独立当初は経済規模が小さいために重化学工業は適さないと政府は判断し，繊維産業や電気機器などの労働集約型産業で経済発展を果たすことを目標とした。その結果，外資系企業が大量に進出してくることとなった。その要因として，政府による上記の経済政策のほかに，この時期，世界貿易が拡大したことや多国籍企業が廉価な労働力を求めて発展途上国に進出を開始したこと，また1967年のASEAN発足と1968年のスハルト政権誕生にともなう対インドネシア関係の改善があげられる（岩崎，2005）。

　1979年から1989年にかけては産業構造が大きく変動した。上記のように，労働集約型の産業が興隆し，海外資本が大量に流入した結果，1970年代中頃にはシンガポールの労働力は不足した（岩崎，2005）。加えて，タイ，マレーシア，インドネシアなどの他の東南アジア諸国も安い労働力を武器としてシンガポールに対する追い上げをはかった（甲斐，2009）。

　そのため，シンガポール政府は労働集約型産業から資本集約型産業（研究開発や施設に資本を要するタイプの産業）や技術集約型産業を志向するよう，産業構造転換をめざす政策を打ち出した。つまり，低廉な労働力を魅力とする経済から，高い価値を供給できる経済への脱皮をはかろうとした。そしてそこには，政府が強硬に賃上げをはかり，労働集約型産業を強制的に排除しようとした政策も含められている。しかし，1981年から世界経済が衰退したこともあり，1985年には輸出も減少し，独立以降初めてマイナス成長を記録した。産業高度化政策は不成功に終わった（甲斐，2009；岩崎，2005）。

　その一方で，金融が80年代以降大きく進展した。この金融セクターは東南アジアを市場とするものであり，先進国からの投資と先進国の市場をターゲットとする製造業とは対照的な性格を有していた。1985年のプラザ合意以後，

円高が強まり，日本企業の積極的な投資がシンガポールに向けられ，ふたたび経済成長を促進させていく。新興工業経済地域（New Industrialising Economies：NIES）の一角を形成するにいたった。

1989年以後は，シンガポールの経済が大きく国際化する傾向が強まっている。シンガポールは小規模な都市国家に過ぎず，市場は小さく，資源もきわめて限定されているため，海外を成長の促進剤とする戦略をシンガポール政府は打ち立てた（岩崎，2005）。とくに，アジア諸国が大きく成長を始めた1990年代以後は，アジア地域を重点的な投資先とする地域化政策（Regionalisation）が喧伝されるようになった。インドネシアやマレーシアにおけるシンガポール企業の進出支援や中国との工業団地共同開発などが行われた。

しかし，この経済の国際化は同時に世界的な不況の影響を受けることでもある。1997年のアジア通貨危機では，シンガポール本国は直撃をかわしたが，アジア地域全体が不況に陥ったため，1998年後半は輸出が落ち込み，成長が停滞した（甲斐，2009；岩崎，2005）。2001年は，電子産業が世界的に不振であり，シンガポールの輸出の50%を占める電子部品輸出が大規模に落ち込み，経済成長がマイナスに落ち込んだ。

2008年のリーマンショック以降，欧州経済危機や東日本大震災の影響を受け，シンガポールの経済には減速傾向が見られている（久末，2012）。そのような状況下で，ホワイトカラーの職業も，低賃金で雇用できる単純労働も，ともに外国人の参入が活発であり，シンガポール人は彼らと競争を絶えず強いられている。その結果として雇用が外国人に流れることに国民の不満が蓄積されていった。その結果，2011年の選挙では，争点の一つとして雇用問題があげられ，PAPが議席を落としたことは上に見たとおりである。その後PAPは政策見直しを行い，自国人を雇用した場合，政府から補助金が交付するという優遇措置を決めた。しかし，とくに単純労働に関しては，高コスト化した自国民雇用を行う場合，全体的なコスト上昇につながる危険性が大きく，シンガポールにとって生命線である海外投資が減少する弊害も懸念される。天然資源や農業資源が極端に乏しいシンガポールにおいては，海外からの投資が経済の牽引役であるため，コスト高はこうした投資を停滞させ，ひいては不況が長期化する危険性もはらんでいる。

3節　シンガポールの学校教育

1）教育制度

シンガポールの教育制度は初等教育が6年，前期中等ならびに中期中等教育が合計4年，後期中等教育が2年の6－4－2制度となっている。だが，実際には制度が個別化され，きわめて複雑な構造になっている（図6-1参照）。

特徴的であるのは，各段階での卒業試験が初等教育（Primary School Leaving Examination），前期中等教育（General Certificate of Education O level），後期中等教育（A level）と存在し，一般的な試験に対する関心とプレッシャーがきわめて強いことである。また，習熟度に基づく編成が初等教育では4年生以降，前期・中期中等教育では全般を通じてなされており，つねに子供は階層化して教授されている。どのようにして今日のような制度を持つにいたったのか。次節では，現在にいたるまでのシンガポールにおける学校教育における歴史を概観することにしよう。

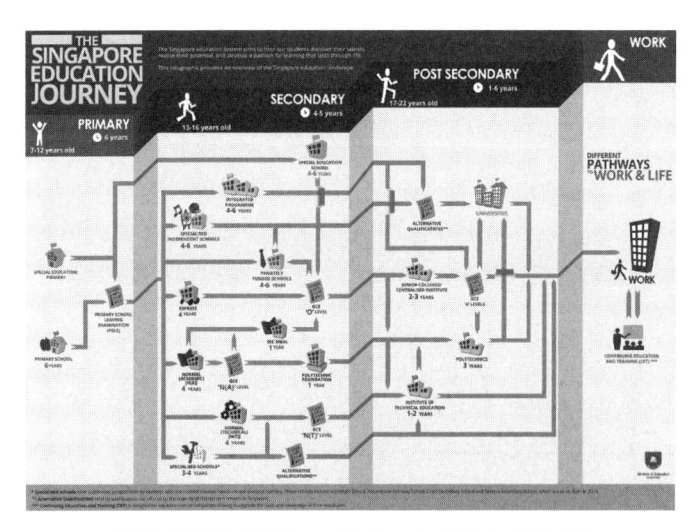

出所：教育省（Ministry of Education）Webサイトより
図6-1　シンガポールにおける教育制度

2）シンガポールにおける学校教育発展

●独立当初期（1965年〜1979年）

独立当初，植民地的な経済から輸出指向型の産業発展を行う必要があった。このことは，学校教育システムも，そうした産業転換に対応しうる熟練工を多数輩出することが目的とされた。そのため，科学，数学，技術・職業教育に力点が置かれた（Gopinathan, 2012）。また，中等教育終了後にポリテクニクなどで一層の技術職業教育を受ける機会なども提供された。

この政策は学校教育の機会拡大にも反映された。独立前の1962年とその後の1966年，1972年を比較すると，初等教育の就学者数は318,643人（1962年），368,846人（1966年），354,936人（1972年）と推移し，また中等教育就学者数は72,308人（1962年），132,088人（1966年），161,371人（1972年）と推移した。とくに技術系の中等教育就学者数は3,377人（1962年），15,132人（1966年），17,266人（1972年）と変動した。また，中等教育後の技術・職業教育については，1962年では未設だったのが，1966年では1,409名，1972年では5,841人と増加した（Gopinathan, 1991）。

また，シンガポールは中華系，マレー系，タミル系という言語が大きく異なる多民族国家として独立したため，言語教育は独立以前から深刻な問題であった。独立以後は，バイリンガル教育が正式に実施された。そこでは，英語が共通言語とされ，マレー語，タミル語，マンダリン（北京官話）が第二言語と位置づけられた（Gopinathan, 2001）。中学校では英語が必修とされ，非英語校でも数学や理科などの一般科目は英語で教授された（大原, 2002）。これは，大原（2002）によれば，英語を共通言語としながら，他民族・多言語国家が統合する基盤を構築しようとしたものと考えられる。

●効率志向期（1979年〜1987年）

バイリンガル教育政策の結果，英語教育校に対する人気が加速するようになった。中国本土とのつながりから，華語話者には左派的な傾向が見られ，リー・クワンユーは弾圧を繰り返し行ってきた。それに加えて，経済的な観点からもリー・クワンユーは英語の中心性を提唱してきた（大原, 2002）。事実，就

職やビジネスに有利であるとして，英語校の人気が大幅に上昇した。

　上記の政策は一定の成果をおさめるが，いくつかの深刻な問題も生み出した。第一には，子どもたちが十分な学習達成を果たせなかった（Gopinathan, 2012）。とくに，小学校の卒業試験と中学校における GCE（General Certificate of Education）O レベルでの試験では，受験者の 6 割以上が言語の試験を失敗していることに政府は憂慮した（尹，1985）。

　この問題を受けて，政府はゴー・ケンスイ副首相兼防衛大臣を中心に教育政策の見直しを図ることになる。この結果は 1979 年に報告され（ゴー・レポート），重要な提言が盛り込まれた。同報告書では，(1) 3 年の段階で能力別編成を実施する，(2) 能力に応じたカリキュラムを行う，(3) 低学力児童には就学期間を延長する，(4) 中等教育においても能力別に生徒を編成する，というものであった（Gopinathan, 2001）。

　政府は，このレポートの提言に基づき，大幅に教育制度を改変し，履行した。重要視されたのは，合理的な政策策定であり，単に費用効果の高い政策を策定するだけではなく，適切な資源配分と実施が求められた（Gopinathan, 2012）。対応するべく，教師にも子どものニーズに対応できるように研修・訓練が多く実施された。システムとしての効率を高める施策を形成し，実施したのがこの時期であるといえる（Gopinathan, 2001）。

●能力志向期（1987 年～ 1997 年）

　1980 年代末から 1990 年代にかけて，シンガポール経済は海外展開を行っていく。また，そこでの経済のありかたも，それまでの産業基盤型から知識基盤型へと移行するようになる。とくに，ICT の興隆が果たした役割は大きい。そのことと連動して，1990 年代末に(1) Thinking Schools, Learning Nation（TSLN）構想，(2) ICT マスタープラン，(3) 国家教育（National Education）という 3 つの改革政策が導入されることになる。ここでは，学びの共同体と関連の深い TSLN について着目する。

　TSLN は，1997 年にゴー・チョクトン首相（当時）によって提唱された。Ng（2005）によると，TSLN のうちの思考する学校（Thinking Schools）とは，創造的な思考技術や生涯にわたって学び続ける情熱，そして国家に対する献身

を子どもに涵養することをねらったものである。そして学習する国家（Learning Nation）とは教育機構を越えて学習を国家的な文化とし，創造性と革新性が国家のあらゆる場において発揮されることであった。また，校長に対しては，自らを学校の社長（CEO）として考えることが促され，また学校を会社のように経営することが求められた。すなわち，人々を先導し，結果を生み出し，株主や顧客の期待に応えることなどであった。

　この能力志向型の教育（ability-driven education）は，効率志向型の教育とは一線を画すと言われている。効率志向型の教育では，熟練した労働力の輩出が主たる目的であったのに対して，能力指向型の教育ではそれぞれの子どもが有する才能や能力を同定し最大限に発達させることを目的としているという（Tan, 2005）。だが，シンガポールにおいては，この能力指向型の学習はあくまでも経済を志向するものであり，知識基盤型，確信志向型の経済を構築するための方途として位置づけられたのであった（Tan, 2005）。

● 創造性志向期（1997年〜現在）
　TSLNを発展させる形で'Teach Less, Learn More'（TLLM）という政策が導入された。これは，2004年に現首相のリー・シェンロンが提唱し，当時の教育大臣であったタルマン・シャガラトナムが発展させたものである（Deng, 2012）。このTLLM構想から派生した具体的な改革としては，(1) ICTのさらなる活用，(2) グローバル経済における国家ニーズに対する認識の深化，(3) 批判的あるいは創造的な思考スキルの涵養であった。

　TLLMは，それまでによく見られた教え込みや暗記主義の教授法から脱却し，探求や問題解決型学習など，子どもがより主体的にかつ深く学ぶことを狙いとした枠組みである（Ng, 2008）。すなわち，より社会構成主義やプラグマティズムの伝統に基づく教育方法を，国家が推進し促進する，というものである（Deng, 2012；Tan, 2005）。

　また，従来の教員研修が短期の詰め込み型であり，実際の力量形成にはつながらないという批判を受けて，Professional Learning Community（PLC）と呼ばれる各学校の教科集団や学年集団そのものが常態的に研修に行うアプローチが導入された。そこでは，「3つの大きな考え」と「4つの問い」を検討する

とされている。「考え」とは、「子どもの学びを可能にする」、「協同的な文化を構築する」、「子どもの成果に焦点を絞る」というものであり、「問い」とは「子どもが何を学ぶことを期待するか」、「子どもがいつ学んだことをどう把握するか」、「子どもが学べていないときにどう対応するか」、「子どもがすでに知っているときに、どう対応するか」というものであった（Hairon, 2011）。

しかし、実際にはなかなか授業の実践は容易には変容しておらず、依然として試験志向型で暗記中心、あるいは教師による教え込みが多い（Deng, 2012）。また、PLCにせよ、教師の繁忙や縦型の権威主義的な教育システム、PLC実施過程の不明確さ、学校内リーダーシップの未成熟などの制約要因を抱えており、困難な現状を抱えていることに変わりはない。

3）問題点

シンガポールは、能力主義社会（Meritocracy）が国是とされている。だが実際にはさまざまな格差の問題が存在している。この格差の問題は、学校教育に対しても影響を及ぼしている。ここでは、その具体的な例として民族間格差と階層間格差の問題について述べる。まず、民族間格差については、マレー系国民が中華系国民、インド系国民に比べると、学校教育の面で取り残されている、という指摘がなされている（Rahim, 1998；Tan, 2007）。この格差の問題については、タン（Tan, 2007）が（1）比較的高い中退率（attrition rates）、（2）GCE Oレベルの合格率の低さと高等教育進学率の低さ、（3）イスラム系宗教学校で学ぶ子どもの学業達成度の低さ、という3つの問題点を具体的に指摘している。この問題点については教育省も把握しているといわれ（Lim, 2012）、MENDAKIと言われるマレー系住民の相互扶助団体に対して支援を行っている（Tan, 2007）。

だが、ラヒム（Rahim, 1998）は、PAPは一貫してこの問題の解決に冷淡であり、とくにリー・クワンユーは顕著であった、と述べている。過去のリーの発言を引用しながら、ラヒム（Rahim, 1998）は、マレー系住民が抱える問題が「問題は心理的なものであり、努力が不十分であったがために発生した」という自助努力やさらには遺伝上の問題とまでされていることを指摘している。またMENDAKIに対する支援のロジックも、格差は民族固有の問題とする観点

に基づくものである。つまりマレー系住民が抱える問題は彼らの内在的な問題であり，彼らがその克服のための自助努力が必要であり，政府はその支援を行えばよい，というものである（田村，2000）。

第二に，社会・経済的な格差である。タン（Tan, 2004）はシンガポール社会を不平等な権力，資源，報酬を伴う地位に基づく階層的社会であると述べている。かつ，チェン（Chueng, 2012）は，シンガポールにおける収入に関する不平等は拡大しつつあり，かつ不況の影響は下位の階層が如実に受けていると述べている。民族的な要因と同様に，親が有する社会経済的な背景によって，進学する学校が大きく異なることが指摘されている（Kang, 2005；Lim, 2012）。エリートの進学校では英語を用いて会話する富裕層の家族に属する子どもが独占しているのに対して，普通の公立校では7～13%をそうした家庭の子どもが占めるに過ぎない（Lim, 2012）。

能力主義社会とは，一般に能力ある人々による当地・支配が確立する社会であると理解されている。そこでは，能力のある人間が社会的な位置，職階，収入，威信を手に入れる，という建前になっている。だが，一般に開かれた競争が行使されるというよりは，ある特定の世代において獲得された文化的・経済的資本が，次の世代に不平等に再生産されていくという傾向が見られる（Bourdieu, 1984）。よって，シンガポールにおいても，能力主義社会という言辞には，横並びの一誠の競争というよりは，さまざまな資源の不平等な配分が再生産されていくプロセスを支持し助長し，階層間移動が困難になる（Lim, 2012；田村，2000）危険性がつきまとっている。

4節　学校改革

上述のとおり，近年の一連の政策は，たしかに硬直化した暗記型の教育を，深い思考と探求に基づくものに代えようとする教育省の意欲を示す一方で，「上からの改革」に終始する危険性をはらんでいる。これは，日本における授業の改革において，連綿と一般の教師が研鑽を積んできたのに対して，シンガポールでは押しつけられる形で改革が進められてきていることと対照的である。

当然，日本でもすべての教師が意欲的に取り組んできたわけではないが，少なくともその先鞭となる教師が，子どもの事実から学形で自らそのあり方や授業を代えようと努力してきたこととは大きく異なる。

そして，教師自身が，その職のあり方についてシニシズム，ニヒリズムを抱いていることが危機的である。教師の繁忙感は洋の東西を問わないが，シンガポールも例外ではなく，その状況は1980年に確認されている（Singapore Teachers Union：STU, 1980）。そして，矢継ぎ早に繰り出される「上からの改革」について疲弊していることも報告されている（STU, 1980）。この傾向は今日でも変わらない。

加えて，シンガポールの多くの学校が，児童・生徒が1,000人，場合によっては1,500人を超え，教師も60名から80名在籍するというマンモス校である。学区指定が基本的には存在せず，一定の児童・生徒数が確保できなければ，統廃合される仕組みにもなっている。だが，この仕組みは，教職員間の意思疎通が困難になりやすい現状を生み出してもいる。学校内における「共同体」の醸成を教育省は企図しているが，そのことは同時にいかに職員間の関係が事務的で冷え切っているか，ということも示唆している。

筆者自身の経験から述べてみよう。筆者は現在，大学院の授業を担当しているが，そこでの学生の大半は現職の教師である。あるコースで，自分が教師として成長した契機についてナラティブ（Connelly & Clandinin, 1990）を書いてもらった。その際，圧倒的多数の学生が契機として述べたのが，厳しい生育環境下に置かれた子どもとの出会いであった。Neighbourhood Schoolと呼ばれる公立校で，とくに学力下位校に通う少なからぬ数の子どもたちはさまざまな形でのリスクに直面している。そして，そのような子どもたちの状況に，良心的な教師たちは心を痛め，苦悶している。

こうした教師の語りから同時に浮き彫りになるのが，学校における組織的なつながりの欠如である。子どもたちが抱える問題が深刻化すればするほど，個々の教師が別々に対応しても解決にはつながらない。状況の困難さになすすべなく傷つき絶望し，教師という仕事を辞するにいたる場合さえある。そのような事態を避けるためには，学校内での団結が必要であるが，あまつさえシンガポールの学校は大規模校の傾向があり困難である。加えて教師を厳しく監

督・評価し管理するシステムが存在している。そのため，教師が個々人に分断されてしまい，組織的に連帯し合う関係を生み出すことが難しい。

　こうした問題の解決を図るべく，教育省は，勤務評定の改革は行わないながらも教師間の関係をより密にし，教師の対応能力を高めるためにPLCを導入したと思われる。そして，PLCの一つのあり方として，授業研究が教師から注目を集めている。授業研究は2000年代に入りシンガポールにも紹介された。筆者は授業研究関連の教育活動にも携わっており，近年一気に授業研究に対する関心が高まったことを実感している。

　導入の実態として，筆者が見聞きする限りでは，授業研究を開始するに当たり，学校全体を最初から巻き込むことは不可能であるという認識が強い。そのため教師たちはまずは特定の学科の特定のチームにおいて授業研究を導入するという傾向にある。また，授業研究導入の際，授業計画や事前の研究に重きを置くスタイルが中心である。これは，授業研究が主にアメリカの文献（Lewis, 2002；Wang-Iverson and Yoshida, 2005）に依拠しながら導入が図られたことに由来すると考えられる。

　しかし，この導入が特定のグループだけをターゲットとするなど小規模の場合，授業研究の開始はしやすいものの，どのように学校全体に広げていくか，持続的に取り組むかという点では課題が残る（Saito et al., 2006）。とくに中学校以後の場合は，ただでさえマンモス校であることに加えて，教科によって教師が別れるため，学校全体で意思疎通し，あるべき教育のヴィジョンや方法について共通の認識をもつことは困難を極める（Ainscow et al., 1998）。そのため，一部の好事家の活動として授業研究が認知されるリスクが高い。

　また，この関心が，実際に教師間でニーズに対する認識が高まったが故のものであるのか，一時的な流行に過ぎないのかは即断できない。そのため，なぜ授業研究を行うのか，という議論がどこまで教員間でなされているかは多くの場合において不明である。とくに，教師が授業研究を上司から命令されたために授業研究を行うと考える場合，活動を完了させることだけを目標とする傾向があり，成果を期待できない。そのような場合，教師の取り組みに思いや願いが込められず，活動が雑になりがちで深まりが生まれないからである。

　また，そもそもにおいて教科型の計画を重視する授業研究では，大きなイン

パクトを期待できない（佐藤，2005）。筆者が聞き及ぶ限りでも，なぜ一つの授業を計画するために忙しい中何度も会議を重ねなくてはならないのか，といういらだちを一部の教師たちは有している。また，授業研究＝協同的な授業計画策定，という誤解も生じている。加えて，授業をどのように見るのか，というノウハウも多くの授業研究に関する国際文献では共有されていない（Saito, 2012）ため，シンガポールの教師たちの多くもどのようにすれば授業を深く観察できるのか，という点で悩んでいる。

　本書の多くの著者たちが実践し研究している「学びの共同体」アプローチ（Saito and Sato, 2012；佐藤，2005；佐藤，佐藤，2003）は依然としてシンガポールではあまり注目もされず，導入が困難な状況にある。佐藤（2012）が指摘するように，Hillgrove Secondary School がその先鞭をつけた形となっているが，同校以後は，教科別・事前重視型での授業研究を全教科で実施する学校が散見されるものの，純然たる「学びの共同体」アプローチを採用する学校はまだ存在していない。

5節　考　察

　本章では，シンガポールにおける学校改革に関する展望と問題点を検討することが目的であった。その議論を行うために，シンガポールの社会・経済的な文脈についても整理を行い，またマクロな学校教育全体のレビューも行った。そこで明らかになったのは，中華系を中心とする多民族社会が19世紀から20世紀にかけて急速な勢いで成立し，かつそのバランスがマレーシア本土と逆転したが故に対立を増し，独立へといたったこと，独立以後はその乏しい資源と稠密な人口から「国家の生存」を最大の優先事項として輸出指向型の労働集約型産業から出発し，やがて技術集約型産業に転換をもくろむと同時に金融セクターの発展があったこと，そのことは同時に世界経済の影響を大きく被ることを意味していることなどが述べられた。

　また，学校教育についてみると，経済の転換と呼応するように教育の方針も転換されてきた。1965年から1979年までの独立当初は労働力の創出を志向す

る学校教育であり，やがて1979年から1980年代末までの産業の高度化時を同じくするように効率性を志向する学校教育の志向，1980年代末から海外進出期には能力に応じた学校教育，そして2000年代に入っては創造性志向型の教育が施行されていることが述べられた。

　このような文脈において，学校の改革を検討すると，いくつかの具体的な問題が見えてきた。まず，学校のあり方について政策・制度面から検討するならば，世界経済からの影響が増大する今日，世界経済が冷え込んでいる状況下ではシンガポールの経済不況に伴う子どもに対するインパクトへの対応が鍵となるだろう。そのようななかで，どのように子どもの教育を受ける権利を保障していくのかが焦点となる。

　また，過重に競争や試験を強調する教育制度は，国民に疲弊感を生み出していることも否定できない。そしてかりに競争に勝ち抜いたとしても，ホワイトカラーの職を海外からの参入者が獲得してしまう危険性は十分にあり，将来の展望を描けるとは限らない。ブルーカラーの職も同様であり，今度はコスト面での競争を強いられ，より安価な海外からの労働者が職を獲得してきた。シンガポールの経済政策はグローバル経済化を志向してきた。学校教育システムも，まさにその経済政策を支える人材として英語を第一言語とするエリート層の輩出に努めてきた。だが，現在のシンガポールは，こうしたエリート層ほど同国社会に見切りをつけ，海外に移民してもおかしくない状況を生み出している（Velayutham, 2007）。事実，一部のミドルクラスの市民がオーストラリアなどに移住する動きが出ている（Lee, 2008）。

　貧しい層が多数を占め，かつ国民の大多数が早期に学校教育を中退している場合は，開発独裁下の一部のエリートが国民に就労や収入の安定を保障することにより統治の正統性を獲得することができる。だが，シンガポールは経済的に発展し，少なからぬ数の国民が高等教育を享受する社会を達成した。そのような状況下で，どこまでPAPによる開発独裁の正統性が国民に支持されるかは未知数である。この現政権の政策に対する支持の不安定性は，学校教育のありかたについても大きな影響力を及ぼす可能性がある。

　加えて，この競争的教育制度は，上述のとおり習熟度別の編成を基本としているが，この制度が現代のシンガポールに果たしてフィットするか否かは疑問

である。現政権は，国民統合に腐心しており，国家の一体感の醸成に懸命である一方で，現在の教育制度を有する限り，その達成は困難であるだろう。なぜならば，学業達成の度合いにより子どもを分化させることは，各階層間におけるコミュニケーションの機会と連帯感の醸成を奪うことにほかならないからである。一般に，広い階層の国民が真に一体感を持つためには，早期からの階層に関わらない相互扶助的な経験が必要であるが，現行の制度では自らを他者から異化させることばかりが強調されるからである。

　こうした国民の一体感の醸成に欠かせないとされるのが徴兵制の経験である。たしかに，階級や民族を越え，同じ釜の飯を2年間にわたって食うという経験は，国家統合という観点から得がたいものであることには違いない。しかし，学校教育では2年間よりもはるかに長い期間を，本来的には協同し扶助しあうことにあてることが可能なはずである。

　「能力主義社会」の名の下に，競争と分化をいたずらに助長させているとすれば，異なる背景の者同士を唐突に軍隊のなかで協同させようとしてもうまくいかない危険性が高い。なぜならば，あまりにも育ってきた環境や背景が異なり，場合によっては基本的な運用言語も異なる場合さえありえるからである。しかも，徴兵制は男性のみに適用され，女性にはその機会はない。

　この過当な能力主義，競争主義は，リー・クワンユーの意向に基づくと考えられ，実質上の国父である彼の存命中は，このイデオロギーの見直しは相当に困難であろう。だが，彼亡き後は，漸進的である可能性は否めないが，競争主義が緩和されるか，すくなくともその方向性が検討されるのではないかと筆者は予測している。

　次に，具体的な学校の状況についても検討した。その結果から考察すると，第一には規模として大きく，雰囲気もせわしない学校をいかに落ち着かせることができるかが，シンガポールにおける課題の要諦である。実態として，シンガポールの学校の多くでは，教師は常に繁忙状況に追い込まれ，子どもは試験の対策に追われている。ストレスのために，若手や中堅の有望な教師が教職を去ることも決して珍しくない。

　この繁忙状況は，分掌業務の多さが理由と推測されるが，実は「忙しい」という言葉が保身のために用いられている可能性もある。つまり，忙しいという

ことを隠れ蓑に，改革に対する否定的な姿勢を消極的に表明している可能性がある。シンガポールで学校改革について話すとき，校長レベル，中間管理職レベルを問わず'buy-in'という言葉がよく持ち出される。これは，学校改革の主張などを，他の教師が「信じる」，「賛同する」などといった意味で用いられている。この'buy-in'をいかに得るかが，シンガポールの学校における管理職業務の中核の一つである。「忙しい」という不平・不満を越えて，どのように前向きな姿勢を持たせるか，が問われている。

　同時にシンガポールの教師に多く見られる個人主義も問題の一つである。この個人主義は，厳密な勤務評定と関係していると思われる。勤務評定を気にするあまり，他人とのノウハウの共有などに後ろ向きであり，また他の教師との協同により作業能率が落ちることを懸念している向きもある。そうしたなかで，どのように同僚性を構築していくかが鍵となろう。上述のように，教育省のさまざまな改革は同僚性の構築を企図したものであるが，「上からの」性格を有している以上，容易には達成されない危険性がある。また，個人主義の跋扈は，教師それぞれの実践を閉ざす傾向にもつながっている。これらのバルカン化（Hargreaves, 1994）をどのように内破するかが学校改革の鍵になる。

　「学びの共同体」アプローチ（佐藤，2005；Saito and Sato, 2012）の理念は，このように寸断された学校を一つの共同体として復活・再生させることである。仮に，教師たちのこのアプローチに対する関心が少しずつ集まり，本格実施に乗り出す学校が生まれてくるにしても，リーダーにとって大きな決断と労力を必要とすることは間違いない。だが，どのアプローチを採択するにせよ，校長や教師の決断や日々の努力なしには学校が変わらないことも事実である。この難問をいかにシンガポールの教師たちが解決していくのかを，伴走しながら見守りたいと筆者は考えている。

東アジアの未来をひらく学校改革

第7章
インドネシアの教育政策の変遷と学校改革の新たな波 —トップダウンからボトムアップの実践へ—

高澤直美

1節 インドネシアの政治経済の動き

　リーマンショック以降も経済発展の勢いが衰えないインドネシアでは，現在，重点教育政策として質の向上が大きく掲げられている。しかし，1980年代から2009年頃までというつい最近までは，国をあげて9年基礎教育の就学機会保障および拡大に注力してきた。そうしたなか，インドネシアの学校および学校を取り巻く環境はどのように変容して来たのであろうか。現在のインドネシアの教育政策，学校の置かれている状況をよりよく把握するため，これまでの教育政策に大きな影響を及ぼした歴史的事象，政治経済的動向，国家建設における国民教育への期待，多様な社会文化的背景などを理解する必要がある。そのため，まずインドネシア共和国成立から現代までの歴史的経緯，政治経済動向を概観した後，教育政策の流れ，現状，学校改革の動向について書き進めていく。

◉東南アジアの大国インドネシア

　インドネシアは，約192万km²の国土をもち（日本の5倍），その東西の幅は約5千キロで，アメリカ合衆国，あるいはポルトガルからウラルまでに匹敵する。人口は約2億5,000万人（2012年統計）で世界第4位，そのうち約9割がイスラム教徒で，世界最大のイスラム教徒人口を擁する国でもある。インドネシアは，東南アジア人口の半分，面積も南半分を占め，太平洋とインド洋の結

束点に位置する。東南アジア諸国連合（ASEAN）事務局もジャカルタにあり，その経済力（GDP）は第2位のタイの倍以上である。

インドネシアは1万7,000を超える島からなる島嶼国であり，約300の民族が共存する。ただし，人口に占める割合が2％以上の民族は，ジャワ人（40.2％），スンダ人（15.5%），バタック人（3.6%），華人（約5％と推定），マドゥラ人（3.0%），ブタウィ人，ミナンカバウ人，ブギス人となっており，これらの民族で75％を占める。宗教では，イスラム教（87.2%），キリスト教のプロテスタント（6.1%），カトリック（2.9%），ヒンドゥー教（1.7%），仏教（0.7%）のほか，2000年に華人の儒教が国家公認となった[1]。多様ではあるが，テレビ，ラジオや学校教育などを通じて全土でインドネシア語が通じ，独立以来の国是である「多様性の中の統一（Bhinneka Tunggal Ika）」[2]を実現している。

● オランダ植民地支配から独立へ

インドネシアは，歴史的におよそ350年もの長きにわたり，オランダ植民地支配を受けてきた。民族主義運動の指導者スカルノを中心に，数多くの島々，多様な民族がオランダ領東インドという共通項のもと，団結し，独立へと突き進んでいった。さらにインドネシアは，第2次世界大戦中の1942年〜1945年まで日本軍の統治下にも置かれた。

インドネシアは，第2次世界大戦終了直後の1945年8月17日に独立を宣言し，オランダとの独立戦争を経て，1949年にオランダの譲歩を受けて連邦共和国として独立し，翌1950年には連邦制から単一の共和国を発足させた。

スカルノは独立後も，アジアでの反植民地主義運動に大きな影響を与え，アフリカの植民地諸国とも連帯し，1955年にインドネシアのバンドンで第1回アジア・アフリカ会議を成功させた[3]。

● 旧体制から新体制へ（From 'Orde Lama' to 'Orde Baru'）

インドネシアを独立に導いたスカルノであったが，1957年〜1958年のオランダ企業国営化後，経済運営に破綻を来たす結果となった。スカルノ政権末期の国家経済状況は，財政赤字を補うための通貨増発による高いインフレ率，国内経済の停滞，貿易赤字の増大などから，最低の水準にあったとされる（ハリ

リ・三平，1989：3-7）。

　内政では，多様な主義，多様な地域性が台頭するなか，成立間もない議会制民主主義がうまく機能せず，スカルノは自分の安定的な政権基盤が築けず，政権運営に終始苦しんだ。その後「指導される民主主義」構想を打ち出し，ナショナリズム，イスラム勢力，共産主義の三大勢力（当時10政党）を均衡する指導者としてナサコム体制[4]の下，終身大統領となり，首相も兼任した（木村，1989：68-72）。しかし，地方反乱鎮圧と国営化した企業の管理権掌握により陸軍の力が大きくなりすぎ，パワーバランスのため共産党へのテコ入れをし，その結果，中国に接近することとなった。ついには，マレーシア建国の承認をめぐり，1965年にはインドネシアはいったん，国際連合からも脱退し，国際的にも孤立していった。こうした挙国一致体制下で，国軍内右派が警戒感を強めていった。1965年に軍内スカルノ忠誠派によるクーデターが起こると，右派によるその鎮圧という事態にいたり，スカルノは，鎮圧の中心であったスハルト陸軍戦略予備軍司令官に全権委託を余儀なくされた。スハルトは大統領代行となり，1968年には第2代大統領に就任した（〜1998年）。

　スハルト新大統領は，スカルノ時代との政権運営の違いをアピールすべく，自ら率いる政権を「オルデバル（新体制）」と呼び，「経済開発」を前面に打ち出した。スカルノ時代は「オルデラマ（旧体制）」，「国家統一期」と呼ばれるようになった。

●**開発独裁政権の長期化**

　スハルト大統領は，政治の実権を握ると，国家の経済再建のため，西側の援助を引き出すことを目標に定め，ただちに反共路線を鮮明に打ち出し，中国との国交断絶に踏み切った（1967年）。反共連合と見なされていたASEANに加盟することがアメリカによる援助の条件であった。スハルト政権は，IMF，国連に復帰，マレーシア闘争終結，親米外交を繰り広げるなど，国際政治での路線を大きく転換し，国家開発への国際支援の基盤回復を進めた（木村，1989：85-87）。

　経済再建政策を進めると同時に，スハルトは，国内の治安維持対策を講じた。町村レベルにまで国軍を配置し，広大な国土の隅々にまで治安維持網を張りめ

ぐらした。反政府分子や分離独立を標榜する者の存在を監視する体制を全国各地に構築していったのである。労働組合などの各種社会団体もサブセクターごとに軍人が主導する官製の組合に統合された。言論，出版，集会は監視され，検閲され，反体制的なものは不許可，発禁の処分がくだった。アチェ，パプア，東ティモールの分離独立の動きも徹底的に弾圧を受け，分離独立運動や反政府運動の海外支援者もインドネシアへの入国が許可されなかった。こうした徹底的な治安維持の施策，積極的な海外援助・外資導入およびそのための法整備が，スハルト政権が開発独裁政権と呼ばれた所以であり，長期政権維持の基盤ともなった。

　スハルトの政治基盤は，大きく次の3つの要素で構成されていた。

(1)　国境でなく国内ににらみを利かせた軍配備
(2)　内務省ルートによる任命制の州知事，県知事以下の行政組織を通じた開発補助金と抱き合わせにした支配
(3)　ゴルカル（職能集団）[5]と称する大政翼賛会の与党としての選挙時の動員

　1971年に同政権下で初めて行われた総選挙以来，国軍と行政機構を全面的に動員したゴルカルが与党としてスハルトの政治基盤を支えた[6]。公務員に対しては，1970年に公務員の政治活動を禁止する政令を出し，ゴルカルへの支持を意味する「一元的忠誠」の義務を課した。全国の教職員も公務員として例外ではなかった。総選挙後，ゴルカルに非協力的であった約600人の公務員の解雇も行われた。さらに，1971年の総選挙後に全国の公務員を束ねるコルプリ（共和国職員団 Korpri：Korps Pegawai Republik Indonesia）が設立され（木村，1989：271-275），職場での平日投票を行う等，投票の監視も強化し，野党の支持基盤を切り崩し，自らの安定的支持基盤の確保に成功した。

　スハルト政権での経済再建政策であるが，1969年から本格的に着手された。同年から第1次国家開発5か年計画（REPELITA I：Rencana Pembangunan Lima Tahun Pertama）および国家開発長期計画（PJP：Pembangunan Jangka Panjan）が正式に開始し，5か年を中期計画，25か年を長期計画というスパンで計画・レビューが行われ，経済の発展において目覚ましい成果をあげた。スハルト政権の経済政策は，次のような基本的枠組みで構成されていた（ハリリ・三平，1989：v-x）。

(1) 世銀，IMF両機関およびアメリカの専門家の密接な関与[7]
(2) インドネシア援助国会議（IGGI）を通じての先進国・国際機関からの援助導入
(3) 均衡財政の原則
(4) 外国民間投資への門戸開放
(5) 外国為替市場の自由取引

　国家開発5か年計画開始の翌年の1970年からアジア経済危機が深刻化する前の1997年までの28年間にわたるインドネシアの経済成長率の平均は約7.26％と堅調に推移していた（世界同時不況で石油等の輸出額が落ち込んだ1982年を除く）。25年の長期国家開発計画の成果として，農業部門から製造業，サービス業部門の役割の増大，雇用機会の拡大，米完全自給の達成（1984年），食糧消費から非食糧消費へと消費パターンが変化，脱石油依存型経済などがあげられる。公共投資も大統領令（Inpres）補助金を社会開発分野など優先的な分野に投入してきた。

　国家建設，経済成長，（抑圧的ではあるものの）安定した内政運営を実現してきたスハルト政権であったが，身内や側近の厚遇，同政権下の組織的汚職，偏った人選などについての疑惑があり，1990年代から国民からの批判が次第に大きくなっていた。汚職程度の国際比較を試みている国別汚職度指数（CPI）によると，1998年当時，対象85か国中インドネシアは80位と非常に低い[8]。CPI調査が開始された1995年には，対象41か国中インドネシアは最下位であった。上述のようなスハルト政権にまつわる疑惑は国民の間でKKN（Korupsi, Kolusi, Nepotisme：汚職，結託，縁故主義）と称され，学生や知識人を中心に改革（Reformasi）が必要だとの声が強くなっていった。

　1997年にアジア諸国で通貨危機が発生し，それが深刻なアジア経済危機へと進展すると，とくにタイ，インドネシア，韓国経済に甚大な影響をもたらした。景気悪化に歯止めがかけられないなか，国民の不満が頂点に達し，全国的なスハルト退陣・民主化要求のデモが急速に拡大，発展していった。そしてついに，1998年5月，約32年間にわたる長期政権を率いたスハルト大統領は退陣に追い込まれた。

●民主化・改革の時代へ

　1998年5月に，スハルト大統領の辞任にともない，当時副大統領であったハビビが繰り上がって大統領に就任した。ハビビはスハルトの側近中の側近であったため，着任直後から，前スハルト政権の負のイメージを払拭するため，改革の施策を次つぎと打ち出さなければならなかった。その第一が，言論の自由，結社の自由，第二に自由な総選挙実施の法的基盤整備，第三に1945年憲法を初めて改訂し，大統領の権限を制限した。こうして，政治的自由，政治的競争と参加，権力関係などの制度化に取り組み，短命政権ながら民主主義体制へ大きな一歩を踏み出した。また，長年中央集権が続いて来た政治体制の改革の一環として地方分権化政策の基盤となる法令を成立させた。さらに，分離独立運動が活発であった地域の一つの東ティモールで住民投票を行い，インドネシアからの独立を承認した。

　1999年6月には，インドネシアにおける初の民主的な総選挙が行われ，国民協議会（国会）での選挙により4代目大統領としてワヒドが，スカルノ初代大統領の娘であり，民主化運動の旗頭であったメガワティが副大統領に，それぞれ就任した。ワヒドは，インドネシア最大のイスラム教団体ナフダトゥル・ウラマ（NU）を支持基盤とするPKB（国民覚醒党）党首として，宗教を越えた対話やアチェ問題の解決にも積極的に取り組むが，終始連立政権運営が円滑に行かず，2001年7月には大統領を罷免される。当時副大統領であったメガワティが大統領に昇格した（〜2004年10月）。1998年以降，アジア経済危機により落ち込んだ経済再編がどの政権にとっても課題であったが，メガワティ政権では，目覚ましい取り組みもなかったが，国内の景気も底を打ち，堅調な個人消費に支えられ，経済成長率がマイナスから3〜4％台まで持ち直した。しかし，2002年に起きたバリ島爆破事件により，治安対策の手緩さが露呈した。それ以降，インドネシア政府は徹底的なテロ撲滅に取り組むことになる。

　2004年7月および9月（決選投票）にインドネシア初の直接選挙による大統領選が行われ，ワヒド・メガワティ両政権で政治・治安担当調整相だったユドヨノ将軍がメガワティを破り，第6代大統領（〜2014年10月）に就任した。ユドヨノ大統領は，徹底したテロ対策による国内治安の回復，アチェ和平など国内紛争の解決，汚職撲滅への取り組み，アカウンタビリティの向上，堅調な

経済成長率,金融危機などへの適切な対応,対外債務依存脱却の努力などが国民から支持され[9],2009年の大統領選でも再選を果たし,2014年まで任期を延長した。ユドヨノ政権では,それまで進んでいなかった投資環境の整備やFTA(自由貿易協定)の推進,2009年の世界金融・経済危機の影響を受けたものの,10年の任期中年平均4.6%という比較的高い成長率を達成した。2010年には一人当たり名目GDPが3,000ドルを超えた。2025年には,名目GDPを2010年比の約6倍を目指し,世界の10大経済大国となる目標を掲げており,新興経済国を代表するBRICSはBRIICS(Brazil, Russia, India, Indonesia, China, South Africa)であるという議論も出ている。

　これまで見て来たように,インドネシアは1997年から1999年にかけての政治経済で大きな変動期を経て,各政権とも民主化に向けて改革に着手してきた。ユドヨノ政権に入り,民主化の定着期,政治経済の安定期を迎えているといえる。2014年7月には次の大統領選が控えており,現在の政治経済の安定的推移が今後も継続されるかどうか,次期大統領に委ねられることになる。

● **地方分権化政策**

　年代は若干前後するが,スハルト体制終焉の象徴の一つとして掲げられる行財政改革の大がかりな施策である地方分権化政策についてここで述べたい。地方分権化推進の背景としては,従来の極端な中央集権的体制下の行政の非効率性改善,資源の公平な再分配および最適化,多様性を維持した国家統一の達成などがあげられる(岡本,2001:3-46)。地方分権化政策は,国際援助機関からの外圧もあり,1990年中頃から着手されたもののスハルト体制下では本格的な取り組みは進まなかった。政権交替後,ハビビ政権の一連の戦略により,就任より約1年後,そして法案提出より約半年後という驚くべきスピードで,分権化のロードマップである地方行政法(1999年法律第22号)および中央・地方財政均衡法(1999年法律第25号)が成立するにいたった。これにより,両法案が成立した1999年5月より2年間の準備期間[10]を経て2001年より全国一斉に地方分権化が実施されることとなった[11]。このように,地方分権化二法は,国会での審議にも十分な時間をかけることなく,地方政府の声が反映される時間的余裕もなく,中央政府主導で,非常に性急に成立へと持ち込まれた。その実

施に向けたタイムスケジュールも，地域的多様性を抱えた東南アジアの大国にしては，野心的過ぎるものであった。

こうした地方分権化二法成立により，大統領を頂点とし，中央行政および地方行政を経て，一般市民を底辺としたヒエラルキーのピラミッド構造が崩壊し，中央政府と地方政府間の垂直な従属関係も同時に解消されたことになった。同二法では，行政一般における「中央（Pusat）」から，「州政府（Propinsi：旧第1級地方自治体）」を飛び越え，「県／市政府（Daerah：旧第2級地方自治体）」への大幅な権限移譲を定めた。外交，国防治安，司法，金融，財政，宗教を除いた分野における多くの権限が県／市政府へ移譲されたのである。公共事業，保健，教育・文化，農業，運輸・通信，通商・産業，投資，環境，土地，協同組合，労働の分野は，県／市政府が行政を行う責任があると規定された。これらの分野の多くの権限が県／市政府に移譲されると同時に，裁判所，税務署，宗教省事務所などを除く他中央省庁の州，県／市，郡の出先機関[12]も廃止され，それら出先機関は同レベルの地方政府の部局に吸収併合されることとなった。それにともなって，それまで地方で勤務していた教員を含む国家公務員（インドネシア文民公務員400万人中200万人以上）が地方公務員となった。また，地方政府の首長の選出方法が，従来の大統領による任命制から，地域住民による完全公選制へと変更された。さらに，首長の施政報告が議会に拒否された場合，首長の罷免も可能というより民主的手続きに改められた。

また，中央・地方財政均衡法の成立により，従来中央政府が政府歳入全体の90％以上と歳出の75％以上を掌握していたが，ある程度の財源も地方政府に委譲されることとなった（岡本，2001：3-46）。地方政府は分権化以降，同法に基づき，一般交付金（均衡金），自主財源，地方自治体借り入れなどの予算における裁量が承認されるにいたった。

しかし，地方分権化開始以降の県／市の権限執行は依然として限定的なものに留まっている。県／市財政の実態として，一般交付金の配賦を受けているものの，全体の約80〜90％は県／市の公務員の人件費であり，事業予算や開発予算は依然として，中央政府からの特別交付金（ニーズに合わせた交付金）や各省庁の省庁委託事業の予算に大きく依存しているのが現状である。天然資源のある地方は開発予算が潤沢であり，独自の事業実施が可能となっているが，そ

第7章 インドネシアの教育政策の変遷と学校改革の新たな波

のような自治体は少数派である。このような状況から、インドネシアの地方分権化は、1割地方自治との指摘がある（木村，2003：6-13）。

2節　公教育制度の整備

●植民地下のエリート教育から国民教育へ

オランダ植民地下でオランダ領東インドと呼ばれたインドネシアにおける公教育の対象はエリートに極端に偏っていた。ヨーロッパ（主にオランダ）人の子息，およびインドネシア上流階級の子息に対する教育は，初等教育から高等教育までオランダ語で提供されていた。その他は，現地語（ジャワ語など各地方語）で5年の初等教育あるいは2～3年の村学校があり，職業教育も提供されていた。1900年代初めにインドネシア人が創設したイスラム教団体のムハマディア（Muhammadiyah [13]）やタマンシスワ（Taman Siswa [14]）が民間の近代教育を行い，初等教育から開始し，短期間に全国的に拡大し，中等教育，教員養成も行うようになっていった。この2つの教育の場がやがてナショナリズム覚醒の場へと発展していった。

日本軍政期は1942年3月～1945年8月の約3年半ではあったが、インドネシアの公教育に大きな影響を与えた。この間に、全国共通の教育制度を全国民に開いた。初等教育6年、前期中等教育3年（普通科、職業科、工科）、後期中等教育3年、師範学校2年・4年・6年、高等教育（医学，工科，獣医学，行政に限定）が導入された。さらに、この間、初めてインドネシア語（Bahasa Indonesia）による教育が全段階で行われるようになった（MONE, NDPA, WB, 2001：2-6）。

1945年の独立宣言以降、インドネシア政府は、エリート中心主義の植民地教育から民主的な公教育システムへと大幅な転換をはかった。そして、国民国家としての統一が国民教育の第一義とされた。スカルノ政権では、国の教育システムの基盤作り、新たな教育機関（各種大学など）の設立に取りかかった。1954年に、6歳に達した児童は6年間の初等教育を受けることを義務づける法令が制定された。しかし、教員不足が深刻で、当時約760万人[15]の児童が就

学し，生徒全体の約半数は地域のボランティア教員に頼っているという状況であった。

　1966年にスハルト大統領の政権が発足すると，米欧で経済学博士号を取得して帰国したインドネシア大学経済学部教授などを登用し[16]，米欧や日本援助を大々的に導入して真の意味での近代化に着手した。国民教育の目的は国民国家の統一のみならず，国家建設の手段へとスケールアップされた。スハルト政権では，建国5原則（パンチャシラ）を唯一の思想的基盤として継承しつつ，一方で，スカルノ政権の思想的遺産を国民教育からも徹底的に払拭・排除することが最優先された。1970年代半ばには，安定的成長を遂げつつあった好調な経済を背景に，就学前から高等教育までの公教育の基盤が急速に整備されていった。公教育のシステム整備および普及については，上述のように独立後の1950年代からすでに着手されてはいたが，その速度がスハルト政権でより加速されていった[17]。

●インドネシアの教育制度

　インドネシアの現在の教育制度は，独立直後も現在も日本と同様の6－3－3制である。この制度は，日本軍政期に導入され，独立期を経て，変更されずに現在にいたっている。初等中等教育制度については，1969年に教育省[18]，UNESCO，USAIDの共同研究の過程で，イギリスの8－4制の導入が検討されたこともあった（Shaeffer, 1990：20-21）。しかし，初等教育段階で普通課程か職業課程か将来の進路を決断しなければならない制度の導入には省内外での抵抗が強く，結局イギリスの制度の導入は却下される結果となった。実際，プロジェクトのパイロット校においても，早期に職業課程を選択せざるを得ない生徒たちや親たちの失望感を招き，パイロット校から転校する生徒が相次いだ（Shaeffer, 1990：20-24）という。

　インドネシアの学校教育は，教育文化省（以下，教育省と称する）および宗教省によって管轄されている。教育省（Kementerian Pendidikan Dan Kebudayaan）所轄校は，幼稚園（TK：Taman Kanak-kanak），小学校（SD：Sekolah Dasar），中学校（SMP：Sekolah Menengah Pertama），高等学校（普通高校SMA：Sekolah Menengah Atas，職業高校SMK：Sekolah Menengah Kejuruan），高等教

育機関：4年生の大学（Universitas/ Institut/ Sekolah Tinggi）および1～4年制の各種短期大学（Politeknik）および高等専門学校（Akademi）となっている。また，各教育段階で，特別支援学校（SLB：Sekolah Luar Biasa）が設置されている。

一方，宗教省（Kementerian Agama）所轄校は，イスラム幼稚園（RA：Raudhatul Athfal），イスラム小学校（MI：Madrasah Ibtidaiyah），イスラム中学校（MTs：Madrasah Tsanawiyah），イスラム高等学校（イスラム普通高校 MA：Madrasah Aliyah, イスラム職業高校 MAK：Madrasah Aliyah Kejuruan），およびイスラム高等教育機関（国立イスラム大学　UIN：Universitas Islam Negeri など）である。

1950年以降，1989年の制度改革が行われる前までは，上記の他に，前期中等教育に商業，家政，工業などの職業中学校[19]，後期中等教育では，商業，家政，工業，師範[20]の職業高校がそれぞれ設置されていた[21]。高等教育レベルでも，学士課程期間の変更やディプロマ課程（専門的・職業的教育課程）の導入など，大幅な改革が行われた（DPK, 1996：114）。

インドネシアの最新の教育制度は図7-1のとおりである。同図が示すように，上述の正規教育課程のほか，学校外教育プログラムが整備されている。1970年代より教育省所轄で通信教育や実習を中心とする学校外教育課程が初等中等教育段階で徐々に整備されてきた。家庭の事情で学校に通えない児童は，通信教育を受講し，修了試験を受けることで，普通学校を含む次の教育段階に進むことが可能となっている。また，所轄の異なる学校間の転校，進学も可能である。たとえば，普通小学校卒業後，宗教中学校への進学が可能ということである。

また，正規教育の一環として，公立中学校には就学を促進するために，1990年代はじめより全国的に公開中学校（SMP Terbuka）が併設されるようになった。公開中学校とは，普通中学校に通学できない生徒が，公開中学校が併設されている公立中学校に週1，2回通学し，他の日は近隣の学習センターで指導を受けられるという定時制の中学校教育である。

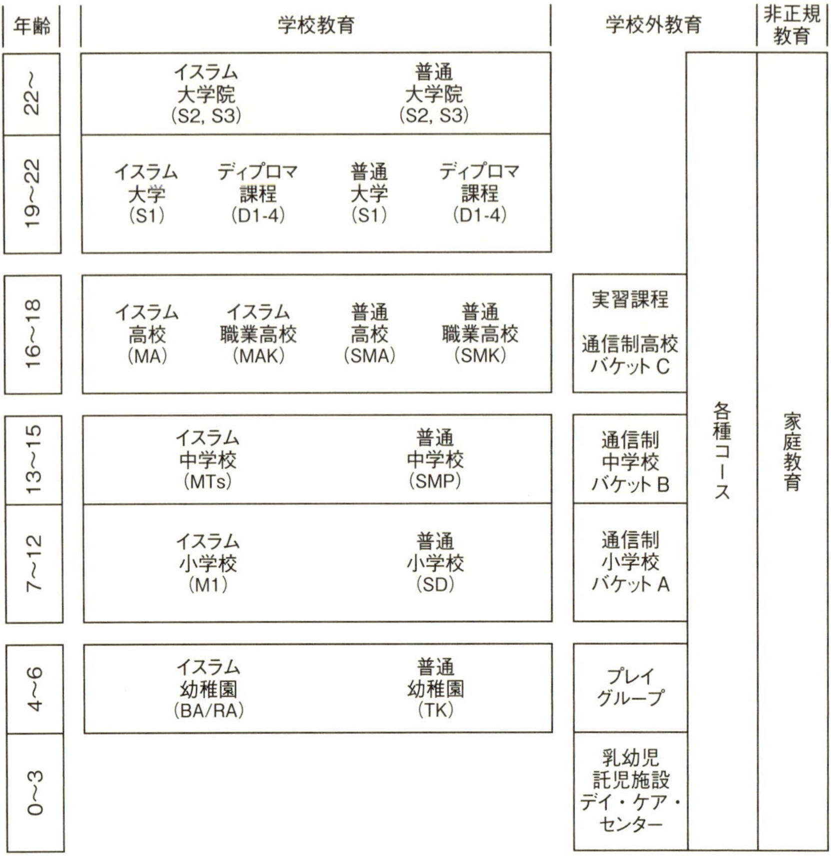

年齢	学校教育				学校外教育		非正規教育
22〜	イスラム大学院 (S2, S3)		普通大学院 (S2, S3)			各種コース	家庭教育
19〜22	イスラム大学 (S1)	ディプロマ課程 (D1-4)	普通大学 (S1)	ディプロマ課程 (D1-4)			
16〜18	イスラム高校 (MA)	イスラム職業高校 (MAK)	普通高校 (SMA)	普通職業高校 (SMK)	実習課程 通信制高校 パケットC		
13〜15	イスラム中学校 (MTs)		普通中学校 (SMP)		通信制中学校 パケットB		
7〜12	イスラム小学校 (MI)		普通小学校 (SD)		通信制小学校 パケットA		
4〜6	イスラム幼稚園 (BA/RA)		普通幼稚園 (TK)		プレイグループ		
0〜3					乳幼児託児施設 デイ・ケア・センター		

出所：Indonesia Educational Statistics in Brief 2010/2011 (MOEC, 2011：14の図を筆者訳)

図7-1　インドネシアの教育制度

●**初等教育義務化政策**

　スハルト政権において，1970年代初めから初等教育普及の取り組みが全国規模で取り組まれた。REPELITA I末期の1973年より初等教育普及のための大統領令（Inpres SD）によるプログラムが開始され，その後小学校の新校舎建設が速い速度で進められた。1969〜1984年の15年の間に全国で約7万校の小学校が新設された。これは，現在の全国の公立小学校数133,406校（MOEC, 2011：45）の約半数を超える数である。この時期に，30万の教室の増設・改修

第7章　インドネシアの教育政策の変遷と学校改革の新たな波

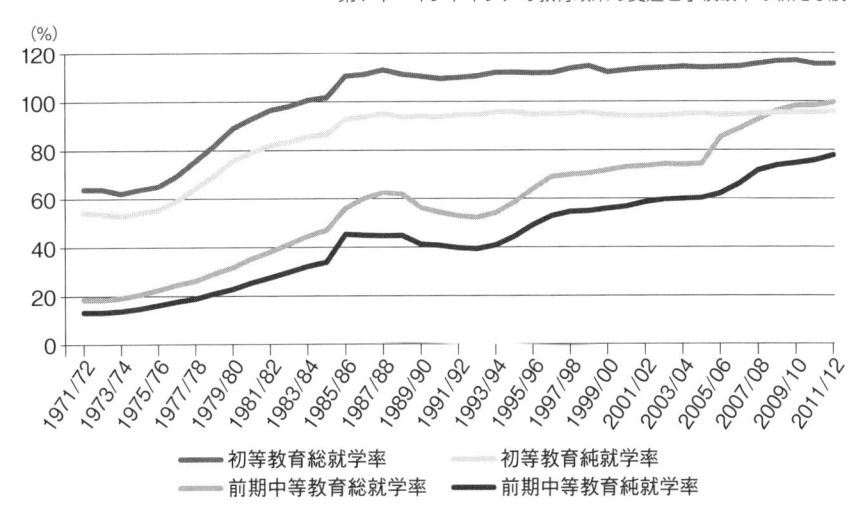

注）1971/72～1984/85年までの統計にイスラム学校は含まない。
出所：次のa）b）をもとに筆者作成
　　a）Boediono and Dhanani（1998）
　　b）Indonesia Educational Statistics in Brief 1997～2012, MOEC（1997～2012）
図7-2　インドネシア基礎教育就学率の推移

も小学校開設と並行して行われた（DPK, 1996：321）。この小学校校舎建設プロジェクトが実施された結果，現在インドネシア全国で各村（Desa）に最低1校の小学校が存在すると言われる。この小学校建設事業により，新たに約1,000万人以上（DPK, 1996：522より筆者算出）の小学生の就学が可能になったと概算される。

小学校校舎整備および教員増員など一貫した初等教育普遍化政策が採られたことにより，初等教育の就学率は1970年代後半から1980年代前半にかけて飛躍的な伸びを見せた。1977年より公立小学校の入学金および授業料が無償化され，その政策がさらに就学率の伸びに拍車をかけた。校舎整備と並行して，教科書・教材，教師用指導参考書などの整備も本格的に始まった。その結果，1984年にはインドネシアの初等教育の総就学率が100％を超え[22]，100.5％に，純就学率が85.5％に達した。1984年に初等教育の義務化が大統領によって宣言された。

スハルト政権が1973年より大統領令補助金による小学校建設に継続的に着

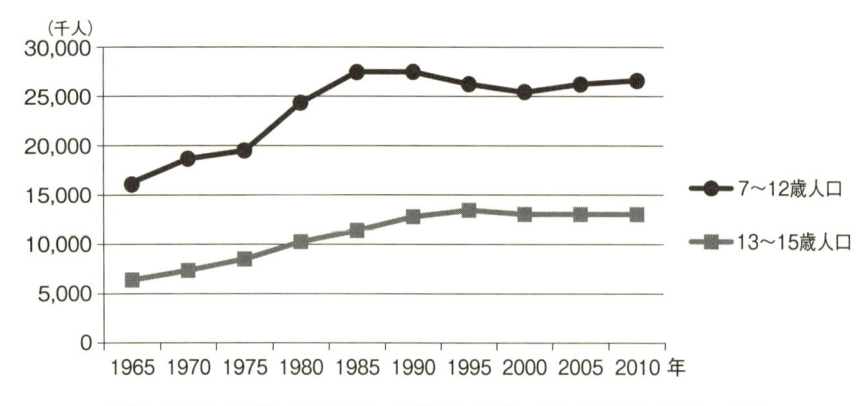

出所：DPK, 1996：535-536, MOEC, 1997：28, MONE, 2001：109, MOEC, 2006：109, MOEC, 2011：112をもとに筆者作成

図7-3　学齢人口の推移

　手したことは，上述のとおりだが，その投入規模[23]はPJP Iにおいて大統領令補助金全体の22.4％にも達した。UNESCOは，このインドネシア政府の初等教育普及における努力に対して，1993年に大統領を表彰（Avicenna Gold Medal）した（DPK, 1996：506）。

　初等教育の総就学率が100％に達したものの，内部効率性に大きな課題があった。小学校は自動進級制ではなく，留年する児童も少なくなかった。卒業をせず，中途退学となる児童が1985年当時で4.0％（Boediono and Dhanani, 1996：5）[24]であったことから，約110万人いたと試算される。留年生は中途退学者をはるかに超えると推定される。

　現在でもこの時期に建設された小学校の校舎が全国のあちらこちらで使用されている。標準的な小学校は，規模が小さく，1年生から6年生まで各学年1学級で，各学級に1人の担任が配置され，校舎は6教室，職員室1室，校長室1室という構成になっている。都市部には，この2，3倍の規模の小学校もある。

　一方，1980年代中頃の中学校の就学状況はというと，1984年当時で総就学率が44.4％，純就学率が32.0％と初等教育の就学状況の半分にも満たず，中学校に進学する生徒は比較的裕福な家庭の子弟であったといえる。インドネシアにおける前期中等教育の義務化政策は，1994年から本格的に着手された。

第7章　インドネシアの教育政策の変遷と学校改革の新たな波

● 1950年代〜1980年代の教育内容

1973年の一般政策大綱では，教育は国民個々の人格，能力を開発することを目的とし，また生涯にわたって，学校および学校外で教育の機会が保障されるものとされた（MONE, NDPA, WB, 2001：8-12）。

インドネシアでは，独立以降，1980年代までのカリキュラムは，各1947年，1950年，1958年，1964年，1968年，1975年，1984年に改定が行われた。1968年カリキュラムまでは，初等教育において3学年まで地方語で授業を行う学校と入学時からインドネシア語で授業を行う学校の両方が認められており，小学校1学年から一斉にインドネシア語で授業が行われるようになったのは，1975年カリキュラムに入ってからである。また，同カリキュラムより教科教育が本格的に導入され，教科書・教材，教師用指導参考書も整備され，学校での学習内容の統一も促進された。同カリキュラム実施準備のために，大がかりな規模で教員研修も行われた。カリキュラム改定を契機に，学習活動の質向上や指導方法の普及・徹底が全国的に取り組まれた。このように，インドネシアにおいて全国的な学校教育の規格統一が図られたのが1975年であったといえる。1975年のカリキュラムの特徴として，科学・技術の強調を指向するものであり，この点が就学前教育，初等教育，中等教育のカリキュラムに反映された。しかしこのカリキュラムは，追って，詰め込み過ぎとの批判を受けることになったとされている（UNESCO, 2011：9-24）。

1975年カリキュラムと1984年カリキュラムとの間で，教科の大幅な組み替えは行われていない。ここでは1984年のカリキュラムの具体的教科を表7-1〜表7-3に示す。初等教育では，宗教，公民，民族闘争史，国語，社会，数学，理科，保健体育，芸術，工芸，地方語，前期中等教育では，初等教育の教科に英語，技能，理科の生物，物理が加わった。後期中等教育では，前期中等教育の教科に，さらに文学，歴史，経済，地理，化学が加わった。1984年カリキュラムでは，1975年カリキュラムに対する批判に対応し，ゆとりを持たせた内容となり，授業運営による柔軟性が認められていた（UNESCO, 2011：9-24）。

●全国統一卒業試験の導入

インドネシアでは，カリキュラム実施達成の評価のための全国標準テストと

表7-1 初等教育1984年カリキュラム（小学校）

教科/学年	I	II	III	IV	V	VI
宗　教	2	2	2	3	3	3
公　民	2	2	2	2	2	2
民族闘争史	1	1	1	1	1	1
国　語*	8/7	8/7	8/7	8/7	8/7	8/7
社　会	-	-	2	3	3	3
数　学	6	6	6	4	4	4
理　科	2	2	3	4	4	4
保健体育	2	2	3	3	3	3
芸　術	2	2	2	2	2	2
工　芸	2	2	4	4	4	4
地方語**	(2)	(2)	(2)	(2)	(2)	(2)
計	26/27(28)	26/27(28)	33/34(35)	36/37(38)	36/37(38)	36/37(38)

＊国語は，1・2学期に週8時間，3学期に週7時間とされた。
＊＊地方語は，実施するか否かは学校裁量で，実施する場合には週2時間とされた。
出所：DPK，1996：346-347

表7-2 前期中等教育1984年カリキュラム（中学校）

教科/学年	I		II		III	
セメスター	1	2	3	4	5	6
宗　教	2	2	2	2	2	2
公　民	2	2	2	2	2	2
民族闘争史	-	2	-	2	-	2
保健体育	3	3	3	3	3	3
芸　術	2	2	2	2	2	2
国　語	5	5	5	5	5	5
英　語	4	4	4	4	4	4
地方語*	(2)	(2)	(2)	(2)	(2)	(2)
社　会	4	4	4	4	4	4
数　学	6	4	6	4	6	4
理科生物	3	3	3	3	3	3
物　理	3	3	3	3	3	3
技　能	4	4	4	4	4	4
計	38(40)	38(40)	38(40)	38(40)	38(40)	38(40)

表7-3 後期中等教育1984年カリキュラム（高校）

教科/学年	I		II		III	
セメスター	1	2	3	4	5	6
宗　教	2	2	2	2	2	2
公　民	2	2	2	2	2	2
民族闘争史	2	-	2	-	2	-
国語・文学	4	4	3	3	2	2
イ史・世界史	3	3	2	2	2	2
経　済	3	3	-	-	-	-
地　理	-	-	2	2	3	3
保健体育	2	2	2	2	-	-
芸　術	3	3	2	2	-	-
技　能	2	4	2	2	-	-
数　学	4	4	-	-	-	-
生　物	3	3	-	-	-	-
物　理	2	2	-	-	-	-
化　学	2	2	-	-	-	-
英　語	3	3	-	-	-	-
選択科目*	-	-	19	21	25	23
計	37	37	38	38	38	34

もいえる全国統一卒業試験が1980年に導入され，1985年より全国規模で各教育段階の卒業時に実施されている。一連の教育改革による2002年の制度改定までは，全国統一卒業試験（EBTANAS：Evaluasi Balajar Tahap Akhir Nasional）において，表7-4が示すように，小学校レベルでは5教科，中学校レベルでは英語が加わった6教科の試験が実施されてきた。また卒業学年以外の全学年対象に，一斉に学年末試験（EBTA：Evaliasi Belajar Tahap Akhir）が全教科を対象に実施された。こうしてEBTA，EBTANASが進級，進学の審査基準となるにいたった。EBTANASは国レベルで，EBTAは州レベルで問題が作成された。

　2001/2002年度に統一卒業試験の方法が改定され，EBTANASがUAN（Ujian Akhir Nasional），EBTAがUAS（Ujian Akhir Sekolah）と名称も改まった。その後，さらにUN（Ujian Nasional），US（Ujian Sekolah）と改称された。この改定で，小学校卒業学年対象の全国標準試験が廃止され，教育省のガイドラインに沿った学校レベルでの実施と変更された。従来のEBTAもUSに切り替わり，学校レベルでの試験実施に改まった。さらに，2002/2003年度からは，対象教科から理科，社会，公民が廃止された。しかし，その数年後，理科専門家による働きかけがあり，対象教科に理科が復活した。また小学校では，2008年より再度統一卒業試験が行われるようになった。このように2002年以降，目まぐるしく毎年のように試験実施規定の見直しが行われたのである。

　また，2005～2011年まで合格点が設定され，小中学生（義務教育）であっても，合格点に達しない場合は，留年となった。この措置はその後最高裁で憲

表7-4　全国卒業統一試験の教科（左：2001年まで，右：2014年7月現在）

小学校	中学校・高校	小学校	中学校・高校
パンチャシラ公民 インドネシア語 数　学 理　科 社　会	パンチャシラ公民 インドネシア語 英　語 数　学 理　科 社　会	インドネシア語 数　学 理　科	インドネシア語 英　語 数　学 理　科

出所：筆者作成

法に抵触するとの判決が出された。2012年からは合格点は設定されず，小中学生は全員卒業が認定されるようになった。

　もともとカリキュラム達成度測定，個々の生徒の達成度測定，優秀生のサンプリング，新入生の学力確認など多角的な目的のもとに導入された試験制度であったが（DPK, 1996：278-281），教育現場では統一卒業試験の試験結果の重要視が主流となり，統一卒業試験の成績が進学先も左右し，学校の序列化を生む結果となった。地方分権化により学校裁量が拡大したことから，学校での授業改善に評価の結果が効率的に生かされるような評価システムが教育改革の時期から検討されてきているが，現在まで新たな評価システムの導入にはいたっていない。

● 1989年～1994年の教育改革

　1989年にインドネシアで初めて教育制度法が制定され，義務教育年限が初等6年間から初等・前期中等教育9年間に拡大されることが規定された。地域裁量カリキュラム（Muatan Lokal：ローカルコンテンツ）のデザインが，中央から地方政府に移譲され，国のカリキュラム（一部）を各地域の状況に合わせることができるようになった。また，校長が教科書選定においての選択の権限を付与され，地域特有の文化保存が奨励されるようになった。とくに都市部や観光地において，小学校教育段階にも英語が導入される，などの活動が可能になった（UNESCO, 2011：9-24）。

　同教育制度法において，前期中等教育では，商業，家政，工業などの職業中学校が廃止され，普通中学校に統合された。後期中等教育では，普通高校以外は職業高校（SMK）と名称が一本化された。さらに，後期中等教育の改革で特筆すべきことは，小学校教員の資格がディプロマ課程（D2）に引き上げられたことにより，小学校の教員養成機関であった師範高校が廃止されたことである。この教員資格の変更は，教員採用，各種研修，教育の質向上政策など教育行政に大きな影響を及ぼした。高等教育レベルでも，学士課程期間の変更やディプロマ課程の導入など，大幅な改革が行われた。

　1994年にはカリキュラム改定も行われた。これは，1989年の国家教育法制定にも対応した改定であった。科学教育が強調された1975年カリキュラムの

反省に立ち，内容にゆとりを持たせた1984年カリキュラムであったが，現場ではやはり知識偏重で多様な地域のニーズに対応できていないという指摘がされていた。1994年カリキュラムでは，初めて州レベルの地域裁量を導入したという点でその当時としては画期的と評価された。地域裁量科目の割合は，小学校・中学校においてカリキュラムの約7～17％（週2～7コマ）であった。これにより，各州で英語，農業入門，観光，環境，工芸など約6教科ほどの教科書・教材・指導書を開発し，各学校に選択肢を示した。

さらに，1989年の教育制度法施行にともない，初等教育に前期中等教育を加えた9年義務教育政策が1994年の大統領宣言により開始した。全国的な就学キャンペーン，義務教育支援委員会の設置，校舎建設，教員や校長に対する各種研修など大がかりな政策が展開された。1994年当時58.3％であった前期中等教育の総就学率を2015年までに100％にすることが政策目標とされ，それに沿った量的質的改善の施策が立案されていった。この目標年は，その後の前期中等教育の総就学率の伸びが順調であったため，2009年に修正された。

この9年義務教育政策には世界銀行や国連等，数多くの海外援助機関の支援が入っていた。日本政府も1990年代後半よりインドネシアの基礎教育分野での援助を開始した。日本政府はそれ以前，ODA[25]による基礎教育協力については，基礎教育は各国の社会文化に根ざしたものであるため，基礎教育への海外援助は内政干渉にあたる，という見解を示していた。しかし，1990年代の終わりよりインドネシアでの基礎教育協力がテストケースとして実施されることとなり，その後の日本のODAによる基礎教育協力を拡大するきっかけとなった。

3節　近年の教育改革の動向

●民主化政権への移行による教育大改革

1節でも述べたとおり，1997年からアジアで非常に深刻な経済危機が発生し，インドネシアでも急激な景気悪化に歯止めがかからず，同時に民主化を求める反政府運動が激しさを増し，ついにスハルト大統領は1998年に退陣に追

い込まれた。その後の政権より，民主主義を基盤とした抜本的な政治・行政改革が始動した。2000年末のワヒド政権下，教育制度改革のさきがけとして，特別教育改革審議会が発足した。同審議会のタスクは，1989年教育制度法下の教育制度全体の見直し，抜本的改革，そのための法制度整備であった。同審議会は，外部有識者の意見も取り入れる形で進められ，2002年末に国会に新教育基本法案を提出した。その後，教育大臣諮問機関により，新教育基本法に沿った各種法律・規則改正準備と，円滑な地方分権化実施のための施策準備が進められた。

国家教育制度法1989年2号法の大幅な改定作業の主眼は，これまでの教育制度全体を見直し，より効率的・効果的な教育行政の運営，良質の教育サービスの実現，抜本的な教育改革の実現である。主要な改定点は次のとおりである（MOEC, 1991, Commission VI House of Representatives of RI, 2003, CEQM, 2003の全ページ）。

(1) 義務教育年限の表現変更（「9年間」から「7歳から15歳の者」，就学開始は6歳から）および親の義務の明記
(2) 9年基礎教育無償化
(3) 教育の機会均等促進
(4) 生涯学習の機会保障
(5) 地方分権化アプローチ
(6) 民主的アプローチ
(7) 宗教教育を通したモラル教育の推進
(8) 人権・環境教育の強化
(9) 文化の多様性の尊重
(10) 国際化社会への対応
(11) 教育人材の専門性の向上
(12) 教育委員会および学校委員会の設置
(13) 教育制度運営における透明性と説明責任の確保
(14) カリキュラム開発主体について（国がフレームワークを示し，学校レベルや関係の専門家が教育省，宗教省の指導のもとカリキュラム開発にあたることとする）

⒂　8領域の国家教育標準の規定
⒃　地域社会の教育運営への貢献
⒄　国・地方政府とも教育予算2割（給与を除く）の確保

　(3)．⒃に関連して，教育の計画，実施，モニタリング，評価，資源提供において地域社会参加が明記された。⑾については，教員は効果的で学びやすい教育環境を生徒に提供すること，教育の質向上に対して専門的コミットメントを示すこと，幼稚園から大学までの教員は大学卒業の資格を有すること，さらに教職員の福祉向上についても明記された。

　同教育制度法の冒頭には，国民教育の指針として，国民教育はパンチャシラおよび45年憲法を基礎とすること，国民教育は，個々の潜在能力の開発，人格形成，能力育成のために行われ，何事にも差別されず，全員が生涯にわたって教育を受ける権利が保障され，学習者にとっての各種の効果的な教育方法が用いられ，質向上に寄与することが期待されることが記されている。また，カリキュラムは，「与えられた到達目標を達成するための学習活動実施のための内容，教材，教授法を示す指導計画のまとまったもの」と規定されている。さらに，国家教育標準（SPN：Standar Pendidikan Nasional）を規定しており，内容，プロセス，卒業生の成果，教師，施設・教材，運営，財務，教育評価で構成され，システマティックかつ定期的に改善されるべきとしている。

●未曾有の経済危機対応

　ハビビ政権発足直後に，深刻な経済危機の影響に歯止めをかける対策を早急に講じることが求められた。教育分野においては，就学率の低下と現場レベルでの教育の質の低下の2点から大きな影響が出ることが懸念された。世界銀行は1996年〜2000年の間に貧困層が800万人から1,400万人に増えると試算し（WB, 1999：1-2），貧困層は自力では子どもを学校に通わせられず，公的支援が必須である（WB, 1999：10-11）と提言した。就学率低下については，全教育段階とも約20％強も就学率が落ち込み，中退者も多く出ることが予想された[26]。これに対し，インドネシア政府は，生徒の家庭の経済的負担を軽減するため，教育諸経費（制服，教材費，登録料，保護者会費等）を免除あるいは廃止

する等の措置のほか，1998年度からの5か年計画で，世界銀行，アジア開発銀行，UNICEF等の資金援助により，(1) 貧困家庭の生徒に対する奨学金の支給（私学等も含む，小学生180万人，中学生165万人，高校生50万人を対象），(2) 貧困地域の学校に対する運営維持補助金（ブロックグラント）の支給（小・中・高校の全体の60%にあたる約13万2,000校を対象），(3) テレビ／ラジオなどでのキャンペーンの展開，の3大プログラムからなる「学校へ行こうプログラム」（SGP/SSN/JPS）を展開した。これらの政策は一定の成果をあげたと評価され，結果的に就学率の低下は当初の政府予想ほど深刻な状況にはいたらなかった。

同プログラムは海外援助機関からの資金で2003年まで実施され，その後同じメカニズムで自主財源（石油補助金）による奨学金プログラムとして開始された。支援形態も緊急支援的形態から継続的貧困家庭支援へとシフトした。このSGPプログラムのメカニズムは，その後開始され，現在も実施されている学校補助金プログラム（BOS：Bantuan Operasional Sekolah）において踏襲されている。

同プログラムで特筆すべきは，全国規模の非常に有効な就学低落防止キャンペーンとして成果を上げたことにとどまらず，補助金や奨学金の配賦プロセスのモニタリングに保護者や地域住民，メディアなど市民社会が参加した最初の国家教育事業となったことである。サンプリング調査によると補助金・奨学金の約97%が適正に配賦されたことが確認されている。行政の汚職が蔓延しているとされた当時では，画期的なクリーンな事業として注目された。その後の各種教育補助金プログラムではこのSGPのメカニズムが適用されている。

●教育の地方分権化

他セクター同様，教育セクターでも2001年1月より地方分権化が本格的に施行された。2001年初頭を境に，教育行政における教育省および地方政府の役割・権限が大きく変わった。2000年までは，初中等レベルの教育行政は，普通学校は教育省初等中等教育総局が所管し，イスラム学校は宗教省のイスラム組織育成総局が所管するという2省庁体制の中央集権的行政が行われていた。一方，普通初等教育の行政については1970年代中頃より部分的分権化が行われ，校舎の維持管理および教員の任免は，内務省下の地方政府教育局の管轄と

なっていた[27]。これら中央の関係機関は，従来地方の各レベルにも出先機関を持っていたため，教育行政において複数の指揮命令系統が並存し，行政の非効率性の原因として指摘されていた。

　普通初中等教育の教育行政は，地方分権化施行当初，県／市政府教育局が，高校に関しては州政府教育局がほぼ一元的に担当し，その後，高校行政の所管も県／市に移された。このように，県／市政府教育局は，従来教育行政では初等教育の施設，備品，教員配置のみの所轄であったところ，地方分権化以降，カリキュラムも含む初等教育全般，前期・後期中等教育も一気に所轄することとなり，職員数も従来の倍以上の規模となった。一方，教育省の州，県および郡事務所は，地方分権化施行と同時に，職員が同レベルの地方政府教育局に吸収統合される形で廃止された（表7-5）。これにともない，教育省初中等教育総局の役割も，国全体の教育開発計画や指針の策定や，全体の調整等に限定されることになった。

　2000年までの教育行政は，極端に中央集権的であり，各種事業の立案，意思決定はすべて省レベルで行われていたが，実施では省の出先機関である州事務所がかなりの部分を担っていた。そのため，州事務所行政官は，教育政策や教育計画，行政運営などの研修を受ける機会も多く，地方教育行政の実務経験も豊富であり，地方教育行政の人材は州レベルに集中していた。一方，当時の同省県／市事務所の行政官は，学校統計や県／市レベルの調整程度しか任されていなかった。しかし，2001年を境に，その県／市レベルの教育行政官が初中等教育行政の，とくに立案，意思決定を突然担うことになったわけであり，それゆえ，移行期の最初の数年は地方教育行政に大きな混乱を来たした。教育統計が回収できない県／市が出たり，また学校の運営費も中央集権期を下回る額しか配賦されなくなったり，という状況が発生した。しかし，このような混乱は，分権化以降も引き続き実施されていた教育省の事業を通じて次第に収束されていった。

　他方，イスラム学校を所轄する宗教省については，2001年以降も旧体制のままであり，現在まで分権化は行われていない。しかし，中央で行われていたイスラム学校行政が，限定的ではあるが，州事務所，県／市事務所に意思決定や実施を委任されるようになってきている。2001年以降，宗教省は，マドラ

表7-5 地方分権化以降の初中等教育行政

国レベル	教育文化省* 初中等/基礎教育総局**	宗教省 イスラム教育総局	内務省 地域開発総局
州レベル	(同省州事務所は閉鎖 旧職員は州政府教育局に移管)	同省州事務所	州政府教育局
県/市レベル	(同省県事務所は閉鎖 旧職員は県/市政府教育局に移管)	同省県事務所	県/市政府教育局
郡レベル	(同省郡事務所は閉鎖 旧職員は県/市政府教育局支所に移管)	(同州郡事務所:教育行政の業務なし)	県/市政府教育局支所
権　限	初中等教育行政全般の指導，助言，監督，法制度整備，指針整備，カリキュラム開発など	イスラム学校（マドラサ）の所管	初等中等教育全般の実施・運営・監督，教職員の任免など

＊ 1998年より教育文化省から国民教育省へ，2012年より教育文化省に再度改称
＊＊省庁再編により，初中等教育総局，基礎教育運営総局，基礎教育総局に改称

サ（イスラム学校）政策として，イスラム教育に力点を置きつつも，教育省の示している標準カリキュラムの推進，科学教育の取り入れなどの施策を踏襲するべく，積極的に取り組んできている。

　私立学校の認定については，2002年6月に出された教育大臣通達により，国・州・県/市の各レベルに設立される学校認定機構（Badan Akreditasi Sekolah：BAS）によって行われている。BASの機能は，県/市BASでは幼稚園，普通小・中学校の認定，州BASでは普通高校および職業高校の認定，国レベルBASは全国の組織対象の啓蒙，指導，助言，評価をそれぞれ担っている。

●学校委員会，教育委員会の設置

　学校委員会（Komite Sekolah）および教育委員会（Dewan Pendidikan）は，地方分権化の一環として2002年44号教育大臣通達により，地域の教育施策やプログラム形成・円滑な教育行政運営，教育行政サービスの効率化，説明責任

性向上，運営における透明性確保における地域社会の積極的参加促進を目的として，全国的に県／市レベルおよび各学校で設立されることとなった。県／市教育委員会は，実際の地方教育行政を行っている県／市政府教育局とは別の独立機関として，既存の行政機関の権威に操作されないことを目指しており，インドネシアではまったく新しい地域社会による組織である。学校では，従来の保護者会（BP3：Badan Pembantu Penyelenggaraan Pendidikan[28]）が設置されていたが，学校委員会へと改編されることとなった。教育行政および学校経営の改善への市民参加促進を掲げた両委員会であるが，委員も公選制で選抜され，委員会に占める行政官の割合を約30％以下に抑えることが規定され，官による操作や影響を最低限にとどめることを狙っている。しかし，この通達も地方の意見を盛り込む間もなく，中央主導で草案から決定まで進められたため，各県／市で教育委員会が設立されたものの，機能より委員会設立そのものが優先され，委員選定も公選制を経ずに行われた県／市も少なくない。また，教育委員会では独自のプログラム実施や運営費などの自前予算を確保することとなっているが，そこまでできている委員会は現在でも少数派である。一方，逆に，この県／市レベルの教育委員会を州レベルに応用した州もいくつか出てきている。

● 革新的な2004年，2006年カリキュラム

　改定当時はそれなりに評価された1994年カリキュラムも，その10年後にはふたたび批判にさらされることになった。これは，学習指導要領，カリキュラムの宿命ともいえる万国共通の現象である。1994年のカリキュラム改定において教科教育の強化を図ったにもかかわらず，それが学校教育の質向上に直結してこなかったことが確認され，カリキュラムの見直しが迫られた。各種国際標準テストの結果においても，インドネシアの順位はアセアン諸国でも下位のままであった。インドネシアの基礎教育は，就学率では目覚しい成果を上げてきたが，質が伴ってこなかった，教育の質については教育制度全体を通じて不十分，と評価されており，経済危機以前からの深刻な課題であった（WB, 1999：10-11），との認識が政策担当者や国際援助関係者の間で定着していった。世界銀行の1998年のセクター研究でも，学校教育の質が伸び悩んでいる要因として，現行の1994年カリキュラムが知識偏重で内容の一貫性がないことが

指摘された。

　この状況に対応するため，2000年から着手されてきた教育改革の一環として，カリキュラムの指向性を従来の知識偏重/詰め込み型（Contents-based Curriculum）から能力開発指向型（Competence-based Curriculum = KBK：Kurrikulum Berbasis Kompetensi, 以下KBK）へと抜本的に転換することが教育省で決定された。この新たなカリキュラムKBKは，学習項目を各生徒の能力に合わせ，教師の判断で柔軟に編成することを可能にする，また，知識の伝達や記憶が授業の中心ではなく，興味や問題を認知し，主体的に学ぶ能力を育成することを目指すカリキュラムである。KBKでは，教師が教育現場での指導者から，生徒にとってのファシリテーターになることが求められる。KBKは，世界的に知られるInquiry-Based Learning（探究型学習）の影響を大きく受けたと見られる。また，地理的，文化的，社会的多様性を擁したインドネシアで，内容の統一を維持しつつ，各地域や個々の生徒に合わせた学習内容・方法を組み込むことが可能なカリキュラムとなることも期待された。

　KBKは各教科，各単元のゴールは国によって設定されているが，そのプロセスは生徒やクラスの状況に合わせて教師が学習プロセスを組み立てていく，というものである。これは，教師としてごく当然に求められる基本的資質を授業で発揮するという指向性なのであるが，インドネシアの学校では教科書の内容を伝達あるいは少し解説を加えるだけの講義形式の授業が長年行われてきているため，同カリキュラムに必要な資質の備わった教師は当時ごくわずかであったといえる。KBKの実施のためには，教師は従来の発想を180度切り替え，個々の生徒の能力が判断でき，各授業の準備ができる高い力量が必要とされた。教育現場では，1994年カリキュラムを教えることもままならない教師が多くいる状況で，高度で独創的なカリキュラム構成能力が求められる新カリキュラムへの対応が可能なのかという疑問がカリキュラム担当以外の政策担当者の間でも持たれていた。

　KBKは，とくに小学校低学年の段階で，各教科の境界線を緩和し，テーマ学習やブロックシステム[29]授業時間数についても学校裁量が認められる。高校レベルでは，専攻科の他に総合科も加えられ，学習者の興味やニーズに幅広く対応できるように柔軟性が持たされており，全段階を通じて課外授業や活動も積

極的に取り入れられるように配慮されている。この2004年カリキュラムでは，1994年カリキュラムの分量の3割ほどが軽減された（小中学校の場合）。

　この旧来型カリキュラムからまったくスタイルの異なるKBKへの転換では，現場の混乱は避けられなかった。全国的に2004年実施に向けた周知活動が展開されていた当時の学校の教師や地方行政官の間では「意図はおぼろげに理解できるが，教室で従来の指導方法を具体的にどのように変えればいいのか，見当もつかない」「新カリキュラムの掲げている理想と現実の乖離を教育省の人間はどれほど理解しているのか」「新たな研修なくして新カリキュラムには対応できない」「カリキュラムが新しくなっても，教師はそんな急に変われない」「標準試験のシステムが変わらなければ，カリキュラムだけ変わっても教育現場は変わらない。結局どの教師も，学校での授業とは，標準試験で自分の生徒が高得点を取るための試験対策だ，と思ってやっている」という新カリキュラム導入に対する批判的な意見が圧倒的であった。

　KBK導入研修も全国的に行われたが，カリキュラムの目的，内容を講義形式で解説するだけで，実践的ワークショップなどをまったくともなわない研修となっていた。研修講師も，各地域の教育大学教員がにわかに雇用され，KBKを具体的にどう実践するかもわからない，示せない研修講師であり，受講者は座学のみの研修の後，その理念を実践することを求められたが，それができる教師は皆無に近い状況であった。結局，当時の教科書を新カリキュラムに合わせて組み替えて教え，数年遅れて新カリキュラムに準拠した教科書が配布されると，そちらに合わせて授業を行うということが精一杯であった。このように，新カリキュラムの指向するところを実現するためには，教員研修の刷新，新カリキュラムに沿った教師用指導参考書の開発，新たな評価方法の開発などの施策が最低限必要であるが，それらにはまったく着手されずじまいであった。

　KBK導入のための研修が2002年から各地で実施され，その後KBK導入がパイロット的に開始した。この2002年以降の現職者研修を通じて，インドネシアの大半の教師が授業の指導案作りの入門を学ぶことになった。その後，KBK導入については，カリキュラムの目指す理念と実現可能性との乖離があまりにも大きく，運用面での具体性に欠ける部分が多いことが現場および政策

表 7-6 初中等教育 1994 年カリキュラム

段階	小学校						中学校			高校			
教科/学年	I	II	III	IV	V	VI	I	II	III	教科	I	II	III*
公民	2	2	2	2	2	2	2	2	2	公民	2	2	
宗教	2	2	2	2	2	2	2	2	2	宗教	2	2	
国語	10	10	10	8	8	8	6	6	6	国語・文学	5	5	
数学	10	10	10	8	8	8	6	6	6	歴史	2	2	
理科	-	-	3	6	6	6	6	6	6	英語	4	4	
社会	-	-	3	5	5	5	6	6	6	保健体育	2	2	
工芸・芸術	2	2	2	2	2	2	2	2	2	数学	6	6	
保健体育	2	2	2	2	2	2	2	2	2	(理科)物理	5	5	
英語	-	-	-	-	-	-	4	4	4	生物	4	4	
地域裁量	2	2	4	5	7	7	6	6	6	化学	3	3	
計	30	30	38	40	42	42	42	42	42	(社会)経済	3	3	
										社会学	-	2	
										地理	2	2	
										芸術教育	2	-	
										計	42	42	44

特記事項:各授業時間は,小学校1・2年生が30分,3〜6年生が40分,中学校1年生以上が45分であった。
*言語学系,社会科学系,自然科学系の専攻によって時間数が大きく異なる。

出所:DGPSE-MONE, 'Primary and Secondary Education in Brief', 2001

担当側でも指摘され,国民的議論に発展した。そうして,2004年カリキュラムの方向転換が決定され,KBKそのものは全国的本格導入の前に廃止となった。それに代わり,KBKの指向性をより運用に近づけ,授業計画を個々の教師のレベルから,各学校ごとに年間カリキュラムをとりまとめる2006年カリキュラム(KTSP:Kurrikulum Tingkat Satuan Pendidikan,教育ユニット・カリキュラム)へと再度改定された。

2006年カリキュラムの構成は表7-7に示すとおりである。学校ベースのカリキュラムには,各学校の教育目標(ヴィジョン,ミッション,目標)のほかに,年間授業計画,シラバス計画,授業計画(指導案)という構成で,国家教育スタンダードやミニマム・スタンダードなど各学校では教育省のガイドラインにそってKTSPカリキュラム編成がなされることが義務づけられるようになった。また,2004年カリキュラムでもすでに盛り込まれていたが,新たに中学校レベルの理科に入門的化学およびICT(Information & Communication

表7-7　初中等教育2006年カリキュラム

段階	小学校						中学校			高校			
教科/学年	I	II	III	IV	V	VI	I	II	III	教科	I	II	III*
公民				2	2	2	2	2	2	公民	2	2	
宗教				3	3	3	2	2	2	宗教	2	2	
国語				5	5	5	4	4	4	国語・文学	5	5	
数学				5	5	5	4	4	4	歴史	2	2	
理科				4	4	4	4	4	4	英語	4	4	
社会				3	3	3	4	4	4	保健体育	2	2	
工芸・芸術				4	4	4	2	2	2	数学	6	6	
保健体育				4	4	4	2	2	2	(理科)物理	5	5	
英語	-	-	-	-	-	-	4	4	4	生物	4	4	
ICT	-	-	-	-	-	-	2	2	2	化学	3	3	
地域裁量				2	2	2	2	2	2	(社会)経済	3	3	
自己啓発	-	-	-							社会学	-	2	
計	26	27	28	32	32	32	32	32	32	地理	2	2	
										芸術教育	2	-	
										計	42	42	42/44

特記事項 1）各授業時間は，小学校が35分，中学校が40分，高校が45分である。
　　　　 2）小学校1～3年生の授業は教科枠にとらわれないテーマ学習となっており，授業時間が学校裁量で決められた（そのため各教科の授業時間数が空欄となっている）。
　　　　 3）普通高校では，一般課程，特別課程が設置され，上表には一般課程の授業数を示した。
＊言語学系，社会科学系，自然科学系の専攻によって時間数が大きく異なる。
出所：UNESCO, 2011: 16-20をもとに筆者作成

Technology）授業が加わった。それまで中学校の理科教員は生物と物理のみ担当してきたため，化学の専門性がなく，新たに化学を勉強し直すこととなった。ICT授業の導入にあたっては，コンピューターが使えない教員に対する研修も全国的に行われるようになり[30]，生徒に対するICT指導では，校内の教員では対応できず，コンピューター専門の外部講師を雇用する学校が当時多かった。

4節　インドネシアの学校風景と新たな挑戦

●公教育の地域間格差と学校の序列化

　2節，3節での教育政策レビューのとおり，インドネシアでは1970年代中盤より近代的公教育制度の本格的整備が始まり，1980年代半ばには初等教育の総就学率100％を達成し，国内児童のほとんどが小学校に就学できている状況となった。一方，前期中等教育の総就学率100％達成については2009年までかかった（2009年総就学率98.11％，MOEC, 2012：1-2）。現在のインドネシアの各教育段階の学校数は表7-8のとおりであるが，初等教育では公立小学校が9割強と初等教育就学拡大における政府の役割が大きいことが確認できる。一方，前期中等教育では，公立中学校（普通学校）が約6割，私立中学校が約4割強と，就学拡大に私立も大きく貢献していることがわかる。また，ナショナルカリキュラムを実施しているイスラム学校が各教育段階にあり，全体数の約2割強の就学機会を提供している。このようにインドネシアでは，先進国が半世紀以上かけて取り組んできた初等教育制度の整備を，巨大な人口を擁した途

表7-8　インドネシア全国の学校数と割合（2012）

	普通学校						イスラム学校*			合　計
	公　立		私　立		合　計		普通・イスラム学校比	イスラム学校		普通・イスラム学校比	普通＋イスラム学校
	学校数	％	学校数	％	学校数	％	学校数	％	学校数
幼稚園	2,083	2.94	68,834	97.06	70,917	73.60	25,435	26.40	96,352
小学校	133,597	90.99	13,229	9.01	146,826	86.42	23,071	13.58	169,897
中学校	20,594	61.17	13,074	38.83	33,668	68.83	15,244	31.17	48,912
高校**	8,267	37.73	13,643	62.27	21,910	76.68	6,664	23.32	28,574

＊　イスラム学校数は公立・私立の合計である。
＊＊高校の学校数には職業高校も含まれる。職業高校の割合は，公立で32.62％，私立で55.41％，全体で46.81％となっている。
出所：MOEC, 2012：35-80, 117-118をもとに筆者作成

上国でありながら、10〜15年という短期間で成し遂げたことになる。

　しかしながら、学校制度の整備を急ピッチで進めたがゆえに、学校建設などのハード面や教員数の確保が先行され、学習環境や教育内容において不十分な点が多くあることが否めない状況であった。1980年代後半から2000年代にかけて、政府が教育開発を推進すればするほど、公教育の地域間格差がどんどん拡大するという皮肉な結果ともなった。その背景には、大国インドネシアで、全土にくまなく画一的に施設整備や教材教具の配布や教員配置を行うことは不可能であり、教育行政機関からアクセスのいい、インフラの整った都市部や、地方の場合は町中に位置する重点校が優先されたという事情があった。小学校では都市部や地方の中核校が、中学校では第1中学校、第2中学校など設立年が早い学校が、ハード面での投入や必要な教員数の配置が優先的に行われた。また、2000年まで教育文化省が教育事業の立案から実施、モニタリング・評価まで中央集権的に担っていたため、教育開発のハード面や教員配置の数などの数値目標を追うことが精一杯であった。そのため、学校で子どもたちがどのように過ごしているか、どのように授業が行われているか、という議論や教育内容強化の施策が不十分なまま、1990年代末のアジア経済危機、政治体制の大転換の時期を迎えたといえる。

　施設設備面の整備の地域間格差、学校間格差で象徴的なのが教科書配布である。インドネシアでは、現在まで[28]教科書は必要数を学校が管理し、1年間生徒に貸し出す制度となっている。農村部やジャワ・バリ島以外の地域では、学校での教科書所蔵数が慢性的に不足しており、最新のカリキュラムに準拠した教科書がなく、教員までが教科書を持っていない学校があるというひどいケースも報告されていた。一方、都市部／町場では、学校所蔵の教科書の数が足りない、保管状況が悪いという理由で、各家庭の負担で毎学年、全教科書を揃えるようにしている学校が多い。自分の教科書を持っている生徒と、学校の教科書を友だち2〜3人と共用している生徒とでは学習量の違いに差が出ることは免れない。

　生徒や保護者は、上述の中核校や重点校のように、教員が必要数配置され、設備のより整った学校への入学を希望し、人気校とそうでない学校との格差が生まれ、義務教育であるにもかかわらず、学校の序列化が顕著になっていった。

インドネシアでは学区の規制が運用上ほとんどなく，生徒は入学を希望する小中学校に登録し，校長に許可されればその学校に通い，定員超過等で入学を許可されなければ他の学校に登録し直す，というプロセスを経る。人気校には，もともと政府からの施設設備補助が受けられるほかに，入学希望者から施設設備費などの名目で経費を徴収することが慣例的に行われており，学校運営に必要な経費が回収しやすい状況となっている。一方，人気校でない学校や小規模校では，政府からの補助もなければ，保護者からも正規の経費以外は回収しにくい状況となっていた。一般的に全国統一卒業試験でも，平均点で人気校が他校を上回る傾向になっている。このように，どの地域でも施設設備面や教員配置における学校間格差，学校の序列化がある状況が現在まで続いている。

また，都市部，農村部の学校間格差のもう一つの特徴として，都市部では教員が必要数もしくは余剰配置されていることがあげられる。教員給与が低く抑えられており，生計には不十分であり，教員は副業を持たねばならず，その機会を得やすいのが都市部／町場であるということがその理由である。教育行政の人事担当が，各学校の教員の必要数より教員の意向を尊重してしまうため，このような偏った教員配置となってしまっている。また，現職者研修などの機会についても，最近まで都市部／町場の教員のほうが参加のチャンスに恵まれていた時代が長く続いた。

さらに，行政の地方分権化もまた，学校の地域間格差，序列化にマイナスの影響を与えた。国が推進する標準的学校を地方政府に示すため，全国各県／市で拠点校指定が実施されるようになった。国家標準校（SSN）から発展して，国際標準校指定（SBI）まで行われたが，国際標準校指定にいたっては，学校の差別化が問題となり，2013年に廃止となった。それら拠点対象校には多額の助成金が配賦され，基準にそって施設整備，研修などを行っている。政府の拠点校支援が，もともと存在する学校の序列化および格差に拍車をかけている。

● **インドネシアの学校文化・教員文化**

約30年続いたスハルト政権の開発独裁体制においては，公務員は忠実に上意下達を遂行することが求められており，一番大きい公務員集団である教員も，状況は他の公務員と同様であった。教員は全国一律に，教育文化省の打ち出す

施策に異を唱えることなく，忠実に実行し，学校で業務命令以外の独創的なことをやることは憚られた。社会全体で「民主主義」，「権利」などの言葉を公の場で発することはタブー視された時代であったが，学校の中も同じ空気が流れていた。こうした状況下で，校長も教員も与えられた職務の最低限しかこなさないことが文化となっていた。この傾向は，スハルト政権で始まったことではなく，長きにわたるオランダ植民地支配の時代からの行政官の文化であり，外国の植民地政府のために業務を遂行するのであり，法に触れ，罰則を受けることを恐れながらの消極的な業務態度の伝統があったと考えられる。

　上述のような歴史的経緯も関係してか，インドネシアでは全国的に教員の欠勤が多いことが指摘されている。1990年代の終わり頃，公立小中学校の教員の欠勤率が約30％と試算された。小学校の場合，標準的小学校の規模が，各学年1学級ずつ，全校で6学級であり，配置されている教員が学年担任6人，校長1人の計7人[32]である。したがって，担任が欠勤すると校長が教えるか，さらに校長も出張となると，誰も代替教員がいない学級が発生することになる。生徒は登校するものの，教員が欠勤すると，替わりの教員もおらず，何の自習課題も与えられず，その時間をただひたすら黙って過ごすことになる。教員の欠勤だけでなく，教員の遅刻も問題となっている。公的な会合も，交通機関が定時に運行されていないこともあり，予定の時間どおりに開始することは少ないのが通例である。学校や授業の開始時刻にいたっても，同様である。生徒が皆教室に入っているのに，教員のほうが遅れて入ってくるというケースがよく見受けられる。

　また，学校では授業より外部からの来賓訪問やイベントのほうが優先され，急に授業が取りやめになる場合もある。来賓訪問にいたっては，生徒がお茶出しや歓迎の式典等に借り出され，その間授業には出られなくなる。

　筆者は1997年よりインドネシアの教育開発国際協力プロジェクトに従事してきたが，事前に連絡せず学校訪問を行うと，教室に生徒はいるが教員がいない，生徒が何も課題を与えられず，監督の教員もいない教室にいくつも遭遇した経験がある。小学校の教室で，担任が欠勤のため，生徒が全員，黒板の方を向いて個々の席につき，机の上に何もない状況でじっとその時間を過ごしている様子を初めて目の当たりにした時には大きな衝撃を受けたことを今でも鮮明

に覚えている。

　中央政府は，生徒の学習の質を左右する教員の状況を改善するため，教員制度改革ともいえる教員に特化した政策を2005年頃より取り始め，教員のスタンダード規程，専門性開発や待遇改善などの法制度整備に取り組んできているが，教員の勤務態度については緩やかにしか改善されていない。

● **従来の授業スタイル**
　インドネシアの学校教育は，上述のように，歴史的な政治変革，国家的な教育大改革，教育行政の地方分権化，カリキュラムの抜本的改革，学校運営への住民参加など，数々のドラスティックな変化を経てきたわけであるが，授業スタイルは昔も今も変わっていない。驚くほど，頑固なまでにインドネシアの授業スタイルは変わってこなかったのである。
　インドネシアの多くの授業が一斉式で，教師が生徒に対して一方的に話す，もしくは教師主導型のIRE式で授業が進められている。2000年代前半頃までは，教科書が揃っておらず，教師が内容を板書し，それを生徒が書写することが授業の活動となっていたケースもあった。講義形式の授業スタイルをChalk and talkというが，まさしく教師が一方的に話して板書して（最近はホワイトボード使用となっているが）という授業スタイルが定番である。
　机の並びは，小学校では2人掛け，中学校では1人掛けで，それぞれ生徒全員が教師，黒板／白板に向かって座っている。1980年代中頃にUNESCOの協力案件でグループ学習を中心としたアクティブラーニングが導入されたが，パイロット校でも定着しないまま，全国的に普及されないまま，プロジェクトが終了すると，教室はまた従来の机の並びに戻ってしまった。その後は，行政の視察対応の公開授業が行われる際等に，たまにグループ学習が形だけで入れられる程度となった。
　3節でも述べたが，教師が授業の指導案を作成するようになったのは2002年頃開始したKBK導入のための教員研修の影響であり，それ以前は何の準備もなく，授業に臨み，教科書の内容を教えるだけの授業が一般的に行われていた。今でもこのような教師がまだいることが容易に推測できる。しかし，準備をして臨む授業であっても，その内容は，正しい解答を見つけること，公式を

覚えること，公式の使い方がわかること，などが中心となっていた。学習テーマや課題を考えるプロセスが重視された授業はまだ少ないのが実状である。

　理科実験室が整備されている学校であっても，活用されていないケースが多く，実験器具が棚にしまわれ，鍵がかけられ，多くの実験器具が準備室でほこりをかぶったまま使われずに1年以上も経過しているという学校がいくつもある。

　筆者は，2007年に南スラウェシ州のある市で，通常の授業を観察するため，3つのサンプル校訪問を行ったことがある。卒業統一試験のランキングで上位，中位，下位の中学校を，事前連絡をせず訪問し[33]，できるだけ通常に近い授業（いずれも数学）を観察させてもらった。訪問した3つの授業は，驚くほど，事前に打合せしたのではないかと思われるほど，授業スタイルが同じであった。いずれも，教師主導の一斉式，IRE式，教科書中心の授業であり，教師が教科書の内容説明の後，生徒が教科書にある練習問題に取り組み，答え合わせをして，練習問題の残りが宿題として出されるという流れであった。図形や公式，表を板書する以外には，教材・教具は用いられていなかった。このサンプル調査の結果，2007年当時，もしくは最近まで，多くのインドネシアの中学校で数学の授業は，日常的には上述に似たスタイルで行われているものと推測できる。

　インドネシアでは，どのような授業が行われても，生徒が学級崩壊を起こすにはまだいたっていない。文化的に教室の中の教師の権威が維持されており，一般的に生徒は教師に対してまだ従順であり，そのように振る舞うように小さい頃から躾けられている。

　授業スタイルについて，2000年代はじめ頃に，筆者が業務で交流していたUNESCOや世銀の教育案件で長年の経験のある国際コンサルタントがこぼしていた言葉をここで紹介したい。「インドネシアでこれまで教科書・教材配布，さまざまな教員研修など基礎教育分野に膨大な投入が行われてきたが，教室の中がまったく変わらないのはなぜだ」と彼は語った。この言葉は教員研修でどのような教授法や新しい教材が紹介されても，教師たちが研修で学んだことを普段の学校の授業に取り入れ，日常の実践での変化を起こすにはいたっていないことを示している。それほど，教師の授業スタイルは頑固なまでに変わらず，

授業で変化を起こすには，教員研修のアプローチを根本から見直す必要に迫られていた。

なお，インドネシアの授業の課題については，田中（2011）が著書の第1・2章で，従来の典型的一斉授業の流れ，教師による一方的教え込み，できる子を中心とした授業展開，同じ発表を繰り返す班学習，教科書丸写しのワークシート学習などの様子を詳述しているので，そちらを参照されたい。

●教育の質の問題

国民教育は，スハルト政権下では国家建設，経済発展に貢献する人的資源開発を目指すものであり，現在までもASEAN圏内の規制緩和など経済産業のグローバル化にともない，域内の労働市場におけるインドネシア人の競争力強化が目的であることが明確に打ち出されてきた。それは逆説的に，他のASEAN諸国の労働力がインドネシアの労働市場で優勢になることが警戒されているという背景があった。

そのような問題意識から，ASEAN域内の学力比較が1990年代から行われるようになった。多くの国際比較調査でインドネシアの児童の学力が低いこと，停滞していることが確認されている。表7-9の東アジア諸国小学校読解力テストはその一例である。

インドネシアはPISAに2000年より参加しているが，2012年までの5回の試験で読解，数学的リテラシー，科学的リテラシーとも，順位では最下位から3〜11位の間にとどまっている（表7-10参照）。数学・科学リテラシーでは

表7-9 東アジア諸国小学校読解力テスト結果比較
（9歳対象　1992年実施）

国　名	平均得点（％）
香　港	75.5
シンガポール	74.0
タ　イ	65.1
フィリピン	52.6
インドネシア	51.7

出所：WB, 1999：24

表 7-10　インドネシアの PISA 結果順位（2000～2012 年実施）

	読　解	数学的リテラシー	科学的リテラシー
2000 年	40 位 /41 か国中	39 位 /41 か国中	38 位 /41 か国中
2003 年	38 位 /40 か国中	38 位 /40 か国中	39 位 /40 か国中
2006 年	48 位 /56 か国中	50 位 /57 か国中	50 位 /57 か国中
2009 年	62 位 /74 か国中	68 位 /74 か国中	66 位 /74 か国中
2012 年	60 位 /65 か国中	64 位 /65 か国中	64 位 /65 か国中

出所：PISA ホームページ，2013　http://www.oecd.org/pisa/keyfindings/

2003 年に若干順位を上げている。とくに数学リテラシーの解答状況で問題なのが，得点率が最下層のレベル 1 に約 4 割が集中していることである。

　また国内のインドネシアの小学生の算数習得状況にフォーカスした調査もサセックス大学サマセット教授によって行われ，1994 年にその結果が取りまとめられている（WB, 1999：28-35）。この調査結果は，インドネシアの学校教育の現状を浮き彫りにした。同調査は 4 州における 12 の小学校で 5・6 年生の生徒および教員，教育実習生を対象として行われた。調査では，数値の認識，加減算，応用問題などが出題された。出題中に「0.55，0.8，0.14」を小さい数から順に並べる問題があったが，この問題の生徒の正解率は 12％ にとどまった。同じ問題で，教員，教育実習生の間でも全体の 7～12％ が誤った回答をした。また，基本的な加減算では，生徒の正解率が平均 44％ であった。正解率の高い 5 校の結果は，53～89％，低い 5 校では 9～26％ とかなり開きがあった。正解率の高い学校では，単純な計算間違いが多く見られた一方，正解率の低い学校では，全体の 4 分の 1 程度が加減算の基本知識がないことが確認された。教育実習生の同じ問題の回答でも 9～14％ の誤答があった。生徒は，出題中応用問題で一番苦戦し，平均正解率は 32％（最低 10％，最高 47％）であった。普段授業で，教師が生徒に計算のやり方そのものの指導に集中し，何のための計算か，その考え方の指導は手薄で，問題の指示そのものが理解できない生徒が多く観察された。応用問題の教員の正解率は 82％，教育実習生は 65％ に留まった。図形問題では，教育実習生のほうが生徒より正解率が低かった。この調査結果の背景については，生徒は全国統一卒業試験などの多肢択一問題

に慣れており，教師も生徒の共通の誤りや個々の誤答の傾向が把握できていないため，と分析された。この調査の後，生徒の誤答の傾向に関して教員に対しフィードバックを行い，さらに教員がそれをもとに生徒に再指導を行った。その後でもう一度調査を実施したところ，生徒の得点が飛躍的に伸びたことも報告されている。この調査結果から，教員養成について，小学校教員資格（当時D2[34]）取得プログラムでは，より高度な知識を教授するのではなく，基本的概念や効果的な教授法を強化すべきであるとの提言がなされた。

さらにインドネシアの研究者によっても学力の変化に関する調査が行われた。1976年に初等教育段階の理科，算数，国語の学力調査を実施した（WB, 1999：23-45）。その後1989年に別の研究者が同様の調査を行い，前者との比較を試みた。国語，理科に関しては，正解率が若干上昇しているが，算数の正解率は逆に落ち込んでいる。この2調査の比較結果は，インドネシアの基礎教育が1980年代の終わりからさらにさかのぼった過去20年余りにわたり改善されていないことを示唆するものである。また，いずれの年の調査結果も，全般的に正解率が低くとどまっており，教育の質に関する不安材料を提示する結果となっている。

このような背景で，インドネシアでは1990年代はじめより教育内容の見直しによる質向上，さらに1990年代終わり頃から教育アプローチの抜本的見直しによる質向上が本格的に議論されるにいたり，現在までその状況が続いている。

●インドネシアの学校改革の挑戦

インドネシアでは，上述のように課題山積の授業の状況であるが，2004年頃から授業そのものを改革し，学校を改革するという本格的取り組みが開始された。独立行政法人国際協力機構（JICA：Japan International Cooperation Agency）が1990年代後半より学校運営改善・教育行政強化，理数科教育拡充などの基礎教育協力を行ってきたが，2004年にインドネシア国初等中等理数科教育拡充計画プロジェクト（IMSTEP：Indonesia Mathematics and Science Teacher Education Project）のフォローアップ業務で赴任されたJICA専門家チーム[35]が，インドネシアで初めて協同的学び，学びの共同体型の授業研究の導入に，インドネシ

第7章　インドネシアの教育政策の変遷と学校改革の新たな波

アの教育大学支援を通じて，取り組んだ。授業を改革する，学校を改革する支援を行うということは，長年の伝統で培われた学校文化，教員文化をリセットし，教師のマインドセットを転換し，慢性的に改善されない教育の質に切り込むことであり，非常に大きな挑戦である。

　IMSTEP フォローアップでは，国内に 12 ある国立教育大学の中核大学の 3 大学（インドネシア教育大学：UPI，ジョグジャカルタ国立大学：UNY，マラン国立大学：UM）に対して理数科教育学部の拡充支援とともに，理数科の授業を改善することを目的としたパイロット校（中学校，高校）でのより効果的な活動への支援が重点的に行われた。その後，IMSTEP フォローアップにおいて各パイロット校で導入された協同的学び，学びの共同体型授業研究がインドネシアでより広く普及されることとなり，教員研修システムプロジェクトであるインドネシア国前期中等理数科教員研修強化プロジェクト（SISTTEMS：Strengthening In-Service Teacher Training of Mathematics and Science）として規模拡張され，2006 年からジャワ島内 3 州 3 県を対象に支援活動を開始した。インドネシアでは当時実施されていた教員研修は，通常国や州レベルにある教員研修センターで行われるカスケード式の大規模なものであり，SISTTEMS は直接学校で教員研修を行うというオンサイト式，アウトリーチ式の教員研修のパイロットとして注目された案件でもあった。

　IMSTEP フォローアップ，SISTTEMS の研修を受け，自己変容を果たし，授業改革，学校改革に自主的に取り組むようになった教師 T 先生（現在は校長先生）の事例をここで紹介したい。T 先生は，西ジャワ州スメダン県の女性数学教師（中学校）で，現在教師歴 25 年である。スメダン県の中心街までは，ジャカルタから西ジャワ州の州都バンドンを経由して車で約 3 時間半行ったところである。

　T 先生が学びの共同体との出会ったのは，SISTTEMS の開始直後の 2006 年にさかのぼる。学びの共同体型授業研究研修の最初の授業研究ファシリテーターの 1 人に選ばれたことが深く関わるきっかけとなった。SISTTEMS では約 30 校を 1 クラスターとして，MGMP[36] という教科教員研究会を組織し，各 MGMP を通じて学校での授業研究を導入することが目指されていた。授業研究ファシリテーターには MGMP での活動をリードする役割が期待されていた。

各県で理科16人，数学16人が授業研究ファシリテーターに選ばれ，まずはファシリテーター養成研修に定期的に参加した。

当時T先生はトモ第一中学校の教員で，(優秀教員任命制度による)数学の指導員教員であり，とてもプライドが高かった。その当時，自分は完璧だという自信があり，自分が教師として変わらなければならない，などと考えたことはなかった。ファシリテーター研修の最初の頃には，授業研究の真髄が理解できず，他に参加していた指導主事と一緒に反発していたこともあった。当時，自分の授業に自信があったので，ファシリテーター研修の公開授業の第一号の授業者にも自ら進んでなったが，それでもまだ自分のいたらなさ，授業の大切な視点に気づいていなかった。

そういうT先生に転機が訪れたのは，SISTTEMS支援で行われた日本での研修に参加し，学びの共同体の実践校である富士市の岳陽中学校，茅ヶ崎市の浜之郷小学校で授業を見た時だった。いずれの学校でも教師の生徒に対する配慮，子どもたちの仲間同士の思いやりが素晴らしく，T先生はショックなほど感動した。浜之郷小学校では，図工の授業で教師が多動性の子を自分の膝に乗せて授業を進め，利き腕を怪我した友だちを思いやって，周囲の生徒たちが利き腕の反対の手で絵を描いていた姿を見ていたら胸が熱くなり，あまりの感動に涙が出た。T先生はこれまで自分が生徒には高圧的な態度で接し，岳陽中学校の教師たちのように生徒に思いやりを持って接してこなかったことを心底反省するにいたった。

そして，帰国後，学校に戻り，まず最初にしたことが，自分がそれまで教えてきた生徒たちに今までの自分の態度，姿勢を謝ることだった。泣きながら謝った。その後，トモ第一中学校では，授業で可能な限りのことにとにかく懸命に取り組んだ。その後，校長となってトモ第二中学校へ異動が決まった時には，逆に生徒たちが泣きながら，T先生にトモ第一中学校で教え続けてほしいと懇願するほどになった。T先生は異動後も(異動先が近かったこともあり)しばらく空き時間にトモ第一中学校でも教えに行っていた。

T先生の前任校のトモ第一中学校は，SISTTEMSの後半に全校型授業研究(LSBS：Lesson Study Berbasis Sekolah)実践校[37]に指定され，JICA専門家の指導も受けられるようになり，T先生は前任校で全校型授業研究にどのように

第7章　インドネシアの教育政策の変遷と学校改革の新たな波

着手するかのノウハウを教員の立場で習得した。T先生は2008年に校長としてトモ第二中学校に異動となったが，前任校での経験を生かし，トモ第二中学校で初めて自主的な全校型授業研究の取り組みを始めた。トモ第二中学校は，正規教員12人，非正規教員7人[38]，9学級で全校生徒が280人という中規模校だった。教師は当時，ほとんどが若手で，T校長先生の全校型授業研究に取り組むという提案に対しても反応がよく，校長としてはリードしやすかった。校内の教師間でさまざまな勉強会も行った。T校長先生が参加していた数学MGMPからの情報を提供し，日本からのビデオも含め，さまざまな写真やビデオを使ってビデオカンファレンスも行った。3日間の特別なIn-house trainingも実施し，教員同士で勉強した。教師の参加については，困難な点はとくになかった。まず理数科教師から公開授業を始めていった。校内研修の公開授業の授業者第1号はR先生で数学MGMPに参加していた若手の数学教師であった。T校長先生自身が進んでモデレーターとなり，週1回ペースで校内研修を行っていたが，思ったほど負担にはならなかった。実践を始めた当初，リフレクションの質等，まだまだの点があったが，JICA専門家チームからよく声をかけてもらい，応援してもらい，それが精神的支えにもなった。自分たちのイメージとしては，日本の岳陽中学校を目指して，頑張っていた。

　校内研究会には校内の教師だけでなく，理数科のMGMP，教職員組合研究会，指導主事など県教育局からも参加してもらい，質的なインプットをもらうようにしていた。教育局からの研究会への参加は，自主的な校内研修であっても，教育局が公式に奨励していることを内外にアピールし，校内の教師たちの励みにもしたかった。その意図が非常に効果的に働いた。

　トモ第二中学校での授業研究の実践が軌道に乗り始めた頃の2010年，T校長先生は，今度はウジュンジャヤ第一中学校への異動を命じられた。ここからT校長先生の新たな挑戦が始まった。ウジュンジャヤ第一中学校は前任校トモ第二中学校の2倍強の中〜大規模校で，全校18学級，生徒数600人，正規教員38人，非正規教員および事務員12人であった。ウジュンジャヤ第一中学校は県中心部から車で1時間半〜2時間かかり，県の境界線の農村部に位置する。同校は校舎の状況や教師の勤務態度など多くの問題を抱え，学校としての機能を失いかけており，指導主事も学校運営指導に訪れたことがない，行政か

らも見放されたのでは，と思われるほどひどい状況であった。校舎は何かの製造工場のように汚れ，教室からゴミの臭いがし，教師たちの規律が守られておらず，遅刻は普通であり，そういう教師はきちんと授業を行っていなかった。それどころか，年に2回しか学校に来ない教師もいたほどである。そのため，生徒の欠席も多く，学力も低く，保護者も学校にまったく期待していなかった。そのような状況になるまで何の対策を講じてこなかった行政にも，T校長先生は憤りを感じた。同校では，学校文化が崩壊しており，校長として涙が出たという。

ウジュンジャヤ第一中学校では，T校長先生は3か月ぐらい教師たちの様子を見つつ，授業研究導入への準備を少しずつ進めた。最初に試みたのが，保護者と問題共有をし，サポートを求めることであったが，保護者たちは教育のことを真面目に考えてくれる校長が着任したことを喜び，学校改革を始めることを歓迎した。

T校長先生は着任直後，教師たちに対して全校型授業研究を導入する方針を初めて表明した時，教師たちの反応は3つに分かれた。1つのグループはT校長先生の方針を支持し，ついて行きたいという意思表示をした。ほかの1つのグループはどちらでもいい，という反応で，残りの1つのグループは，授業研究をやることに「効果は確認できているのか」「じゃあ，校長は素晴らしい実践ができるのか」などと猛烈に反発した。校内にこのような反対派がいても，T校長先生は笑顔でやり過ごし，とにかく授業研究を導入することを表明し，活動を開始した。その後，3か月，6か月と経過した頃から教員たちが変化してきた。最初の授業者になることを希望したのは若手の体育の教師だったが，その教師はT校長先生の指導を強く希望した。開始後1年目は毎週公開授業をやった。さらに1年経過した時点では授業研究に反発する教師はいなくなり，みな活動に参加するようになった。2012年現在でも1人だけ公開授業の授業者になることを拒む教師がいるが，これまで活動を妨害することはなかった。遠隔地に位置するウジュンジャヤ第一中学校であるが，教育局から元ファシリテーターで現在指導主事になったN先生や県で授業研究の推進役であるT課長が頻繁に参加してくれている。

このように，T校長先生の着任後1年間，毎週ペースで校内研修を行ううち

に，教師たちの勤務態度も劇的に向上し，授業を大切にし，授業の準備も行うようになった。教師たちの生徒を観察する姿勢も生まれ，個々の生徒に目がいくようになり，教師の間で生徒についてよく話し合うようになった。教師たちは自分自身でも変化を実感している様子だった。最初の道のりは決して平坦ではなかったが，T校長先生自身，生徒の抱えている困難も，教師たちの困難も理解できるようになっていて，学校改革の自分なりの哲学と希望を強く持って臨んでいたので，くじけることはなかった。

　今T校長先生はこれまでの取り組みを振り返って「学びの共同体は，頑固ななかなか変わらない教師のマインドセットを見事に覆した。自らそれを体験した。その時の体験が今の原動力になっている」[39]と語る。ウジュンジャヤ第一中学校の現在の課題は，ほとんどの教師が公開授業を行っているが，まだ普段の授業と公開授業との乖離が大きいことである。それを反省し，公開授業をイベント的にせず「普段の授業を開く」という考えを徹底させるため，時間割も調整し，活動の軌道修正を行った。授業研究を普通の授業からかけ離れた別のイベントにしてはいけないということをT校長先生は現在実感しており，もっと質の高い授業を追求して行きたい，と抱負を述べている。教師規則が変わり，校長も週6時間授業を担当することになっているが，T校長先生はそれをかえって楽しく感じていて，校長になってからも数学や理科のMGMPに積極的に参加している。

　筆者も2013年2月にウジュンジャヤ第一中学校を訪問したが，T校長先生の着任当時のようなひどい状況だった面影はまったくなく，清掃が行き届き，生徒たちは仲がよく，生徒と教師間の関係も距離感がなく，教師たちもチームワークがいい雰囲気が容易に伝わってきた。校内研修に参加したが，公開授業でも懸命に教師が授業で挑戦をしており，リフレクションでは時間切れになるほどコメントが出て議論に発展し，観察の共有も熱心かつ楽しそうに行っていた。リフレクションの場では，教育局からも参加があったが，権威主義的な態度の人がおらず，お互い遠慮なく，尊重し合いながら個々の観察の結果を共有していたのが印象に強く残っている。T校長先生は，2013年後半にさらに別の学校に異動になり，現在また新たな学校改革に挑戦しているところである。

●インドネシアにおける今後の学校改革の展望

　インドネシアでは1990年代終盤より，就学機会拡大だけでなく，生徒の学習環境を整え，学習の質が向上するように，また学校がそれらを促進する機能を果たすように政策レベルの改革を推進してきた。教育内容の充実のために度重なるカリキュラム改定が行われ，教員の専門性開発のために2003年の国家教育制度法の改定，2005年の国家教育スタンダード法制定，同年の教員法制定，2007年の教員，校長，指導主事などのコンピテンシー規程が策定され，さらに，より効果的で開かれた学校運営のために2002年の学校委員会・教育委員会規程，2005年に開始した学校補助金プログラムなどが実施されてきた。しかしそれでも，学校文化，教員文化や授業スタイルは2000年代に入っても旧態然としており，生徒の学力の低さは国際学力試験の結果がこれまで改善の兆しがないまま推移してきたことを示している。慢性的に問題を抱えた学校文化，教員文化は，長年続いた開発独裁体制下の公務員気質・文化とも共通するものであり，そのルーツは数世紀にわたったオランダ植民地支配にまでさかのぼると考えられる。

　こうした根強い文化のしみついた学校を，効果的学習の場へとリセットするには，授業に直接介入し，支援を行うこと，教師の自覚による内発的でボトムアップ的な活動を行うこと，校長がリーダーシップを発揮できることが必要不可欠である。これらを実現する画期的支援である協同的学び，学びの共同体型授業研修の導入が日本政府の国際協力案件を通じて行われた。この協力を通じて，自己変革を体験する教師，校長，教育行政官，教育大学教員らがおり，彼らは現在，授業改革，学校改革の実践者となり，また強力な推進役となっている。自分たちで問題意識を持ち，目標を設定し，それぞれの挑戦を続けている。T校長先生の事例は，その好事例であるが，T校長先生を突き動かしたのは，日本の実践校を訪問したことであり，その素晴らしさに衝撃を受け，自分の弱い点と向き合い，自己変革を起こした。根強い文化を転換する，断ち切るためには，心底揺すぶられるような素晴らしい実践にじかに触れること，自らそれを実践してみることが効果的であることも，T校長先生の事例は示している。今後，インドネシアでも浜之郷小学校，岳陽中学校のような真摯な学校改革の実践校が増え，学校改革の実践経験を共有できるようになっていくことが望ま

しい。

　インドネシア政府は，日本の教育協力の成果を受け，2010年の新任教員研修規程に授業研究を組み込み，全国の新任教員が授業研究を1・2年の間に習得することを義務づけるという非常に野心的な施策を開始しているところである。2013年のカリキュラム改定では，学習プロセスおよび学習科学重視のテーマ・統合型カリキュラム（Thematic-integrative based curriculum）が策定され，同カリキュラムの具体的実践アプローチとして授業研究が採用されつつある。現在，授業改革，学校改革の制度的環境は整っているといえる。しかし，それを実行できる教師，校長，改革をサポートする人材はまだ限定的で，全国一斉に取り組みが起こるものでもないこと，施策として実施することで表面的な実践となり形骸化する危険をはらんでいることを政策担当者は認識する必要がある。T校長先生のような真摯な実践，地道な挑戦，実践にかかわっている人たちの学校を越えた交流，支え合いがインドネシアでの学校改革の輪を広げることにつながっていくと思われ，それが切に期待される。

[注]
1　じゃかるた新聞：http://www.jakartashimbun.com/free/wpage/Basic/
2　唯一神への信仰，人道主義，インドネシアの統一，民主主義，インドネシア全国民への社会正義という建国の五原則（パンチャシラ）を示すスローガンである（木村，1989：15-25）。
3　スカルノの思想はナサコム（NASAKOM）にみられるように，「右も左も集まれ」ということであった。アジア・アフリカ会議は，反共の日本，パキスタン，トルコも共産中国も集まれという会議で，結果的に協議がまとまらず，第2回（1965年）は開催にいたらなかった。それに代わって出てきたのが非同盟諸国会議で，西側と軍事同盟を持つ国とソ連と軍事同盟を持つ国（中国など）をともに排除して発足した。
4　ナサコム（NASAKOM）体制とは，ナショナリズム（Nasionalisme），イスラム教主義（Agama），共産主義（Komunisme）を合わせた略語。
5　ゴルカルは職能集団（Golkar：Golongan Karya）を意味した（木村，1989：85-88）。
6　ゴルカルは63％の得票率で圧勝し，スハルト体制の完成を意味した（木村，1989：87-88）。
7　世界銀行，IMF，アメリカの経済専門家の交渉窓口役を果たしたのが「バークレー・マフィア」後の「経済テクノクラート」と総称されたエコノミストであった。彼らはアメリカで近代経済博士号を取得した後，バペナス（BAPPENAS：国家開発企画庁）やインドネシア大学経済学部に所属していた（佐藤編，1999：10-16）。その後は，全省庁の若手幹部

が留学した。
8 Transparency International ホームページ：http://archive.transparency.org/policy_research/surveys_indices/cpi/previous_cpi/1998
　インドネシアの汚職指数は，1999年は対象99か国中96位，2000年は対象90か国中85位であった。しかし，昨年2012年には対象174か国中118位と，最下位からはかなり順位を上げている（順位が低いほど，汚職度が高い，ことを示している）。
9 IDE-JETRO ホームページ（川村，2009）「インドネシア大統領選・ユドヨノ政権2期目の行方」：www.ide.go.jp/Japanese/Research/Asia/Radar/20090820.html
10 この2年間の準備期間は，従来の予算年度の4月から3月が，2001年より1月から12月に改まったことから，実質は1999年5月から2000年12月までの約1年半であった。
11 アチェ特別州とパプア州の2州は，強力に独立運動が展開されてきた経緯から，より広範な自治権が承認されたので，地方分権化の形態が他の州と異なる。
12 カンウィル，カンデップ，カンチャム（Kantor Wilayah, Kantor Departemen Kabupaten, Kantor Departemen Kecamatan の略称）などと称された各省庁の地方事務所を指す。
13 貧しいイスラム教徒の子弟対象。
14 「生徒の庭」という意味。
15 DPK, 1996：535-536
16 テクノクラートと呼ばれた国家開発のブレーンたち。
17 1955年の初等教育の就学率は，総就学率50.05%，純就学率42.54%（DPK, 1996：535）であったが，統計によってはもっと低くなっている。
18 教育省では1969年に教育開発委員会（BPP：Badan Pengumbangan Pendidikan）を設立し，将来の教育開発のための各種研究の実施，研究成果の周知，具体的施策形成のためのセミナーやワークショップの開催に当たった。このBPPは現在の教育省教育研究開発センター（Balitbang：Badan Penelitian dan Pengumbangan）の前身である（Shaeffer 1990：20-21）。
19 1989年の教育制度改革以降，職業中学校は普通中学校に統一された。
20 現職教員で師範高校（SPG）出身者がまだ在職している。
21 職業高校の名称が一本化されても，各職業専攻科はそのまま継続された。
22 途上国では就学児童の正確な年齢の把握が困難であるため，総就学率が純就学率とともに用いられる。総就学率の分子は年齢を問わず学校に在籍している生徒数であるため，総就学率は100%を超えることがある。
23 小学校校舎建設のほかに，学校補助金もこれに含まれる。
24 Boediono and Dhanani 1996：5
25 Official Development Assistance（政府開発援助）の略。
26 当時の教育省による試算。
27 初等教育では1970年代中頃に小学校教育義務化政策を貧困層や地方にも強力に普及させるべく，初等教育の権限を州・県／市政府に移譲し，地方分権化がすでに行われていた（WB, 1999：8-10）。
28 インドネシア語の直訳は「教育実施支援団体」となる。

29　ブロックシステムとは，科目によっては，毎週1-2時間の授業を行うのではなく，生徒がより内容に集中して学習できるようにまとまった時間その科目に充てるシステムのことである。たとえば，1学期目のある時期に毎日2時間ずつ1週間を通して授業を行う，という方法である。
30　正確なデータはないが，当時農村部にある小中学校の教員の多くがコンピュータを日常的には使っていなかったと見られる。
31　2013年カリキュラム導入から，生徒一人ひとりに無償で教科書を供与するということが議論され始めている。
32　教育統計によると，近年でも小学校1校あたり，公務員教員が全国平均で7.19人の配置となっている（MOEC, 2011：45-59）。
33　このサンプル調査は，事前に所轄の教育局の許可を得て行われたものである。
34　日本の短期大学に相当する。
35　IMSTEPフォローアップ業務には，齊藤英介氏，佐藤雅彰氏，西谷泉氏，久保木勇氏などが日本人専門家として派遣され，協同的学び，学びの共同体型授業研究の導入に尽力された。
36　Musyawarah Guru Mata Pelajaran の略。
37　1～2週間間隔で定期的に全員参加の校内研修として学びの共同体型授業研究を実践する学校のこと。
38　正規教員は政府雇用のフルタイム教員，非正規教員は学校の直接雇用のフルタイム，パートタイム教員をそれぞれ意味する。非正規教員は，給与は正規教員よりかなり抑えられており，不安定な雇用となっているのが現状である。
39　2012年9月15・19日にスカイプ経由でヒアリング，2013年2月11日スメダン県ウジュンジャヤ第一中学校にて直接ヒアリングした結果による。

東アジアの未来をひらく学校改革

第8章
ドイモイを謳歌する教師の群像
―ベトナムにおける教育の社会化・標準化・新教育運動―

津久井　純

1節　教師の声から改革をひもとく

　20世紀のベトナムを考えるうえで，2つの数字を出したい。34年と，32年である。はじめの34年（1945〜1979年）は，抗仏・抗米戦争を中心として，戦争を行っていた時間である。1世紀の約3分の1を戦争に費やしたことになる。次の32年（1954〜1986年）とは，ベトナムが計画経済に着手してから，それが破綻するまでの時間である。こちらも1世紀の3分の1の時間である（Phan, 2005=2008）。

　この時間は，戦争に勝つための，そして計画経済に適合するための教育を行っていた時間に等しい。長い間，戦争と計画経済の社会がベトナムにとっては普通であり，日常であった。この時代から見れば，現在の教育は，普通ではない，日常ではないものである。まず，ベトナムの現代の教育とは，戦争ではない社会，計画経済ではない社会に人々が適合する過程とともにあることを確認したい。

　社会主義国家で一党独裁のベトナムでは，党が人々を「指導」することになっている。ベトナム共産党政権は，教育を通じて共産党の望む社会をつくろうとする。一方，戦争と計画経済が終わって平和と（相対的）自由を得た人々は，共産党の指導にとらわれずに，自分に必要な教育を行おうとする。ベトナムにおいて教育改革は，共産党の指導と人々の要望のせめぎ合いの構図を避けては描写できない。

この教育改革の大きな文脈のなかで，本稿では改革を実際に担う教師たちの生の声，実際の活動を紹介したい。学校教育の日々の出来事の中に，教師と子どもたちの教育経験の変容，変化のスピード感，達成感／頓挫感を見つけてみたいと思う。

　本論の中心は，2000年の初等・中等教育のカリキュラム改訂だ。ベトナムの教育史においてこの改革は，政府による初の教育の質改善の取り組みとして位置づけられる。2000年に，教育改革の焦点は量的拡大から質的向上に変わり，国家が教師に託す夢が大きくふくらんだのだ。しかし一方で，この改革は多くの教師に混乱と困惑をもたらしてきた。今もそれは続いている。教職がより複雑で困難になるベトナムの学校において，教師たちはどのように日々の教育実践に取り組んでいるのだろうか。

　筆者は1996年から，通算して8年ほどハノイに滞在してきた。本稿で紹介するエピソードの多くは，2005年から2007年まで参加した国際協力機構（JICA）の教育改革プロジェクト参加時代のものである。筆者はベトナム語話者であり，プロジェクトでは学校関係者へのインタビューと研修のフォローアップを担当した。今まで光があたらなかった声なき教師たちの仕事ぶりから，ベトナムの教育改革を書いてみよう。

2節　教育のドイモイ（刷新）とは？

● 「教育の社会化」政策

　ドイモイ（刷新）と呼ばれる改革は，1986年に始まったベトナム国家全体の改革である。それまでの改革よりも大規模で根源的なものであるとされ，「改革」ではなく，「ドイモイ（刷新）」という言葉が当てられた（古田，2009）。1986年以前にベトナム政府は教育改革を3回行っているが，本稿でもこのドイモイ期における教育改革を扱っていこう。

　教育のドイモイ（刷新）は，2つの潮流に分けられる。第一は，1987年から始まった学校や教育施設の量的拡大である。「教育の社会化」と呼ばれる政策

を通じて校舎建設，就学率の改善などが達成された（Nguyễn, 2009）。第二の潮流は，2000年のカリキュラム改革から始まる，教育の質の向上への取り組みである。ベトナム政府は，教育改革において一貫してこの2つを同時に追い求めるとしていきたが（Trần, 1995），実際には片方ずつ，段階を踏んで実施している。

　まず，「教育の社会化」政策であるが，日本ならばこれを「教育の市場化」と呼ぶであろう。「社会化」とは，教育の費用負担の一部を国家から社会（民間）へ引き渡すことを意味している。計画経済では国がすべての教育活動を決め，教育資金を提供していたが，ドイモイ後は教育を受ける人が相応の自己負担をすることになった。注意が必要なのは，教育の社会化は教育費用の自己負担制を指し，市場化や自由化のように，市場原理や民間の創意創発に基づいた教育活動の自由を意味しないことだ。「社会化」とは奇妙に聞こえるが，この事実をうまく表した言葉である。

　国がすべての教育活動を決めていた，とはたとえばこのようなことだ。まず日本でもおなじみのように，学校数，校舎の建築様式，教育設備の種類と数などのハード面，学校教育のカリキュラム，教員養成や現職教育の内容や方法などソフト面を計画した。さらに，一つしかない国定教科書に沿って全国どこでも同じ内容が教えられた。シラバスも整えられ，ある週のある日に教えられる内容が決められた。全国のすべての学校である日に行われる授業はまったく同じ，ということだ。これ以外に，印刷される教科書の数，文房具の数，生徒用制服の数など，ありとあらゆるモノの数が詳細に決められ，生産，配給されていた（Đặng, 2013）。

　教育に限らず，工場で生産されるモノの数，人々に配給されるモノの数が決まっていた。同時に，人がいつどこでどんな仕事をするかも決められていた。学校を出た後に人々は就職するが，計画経済では職業分配制度に基づいて，国が卒業生の就職先を決めた（伊藤，2014）。

　ところが，当然なことに，人々は国の計画通りには生きられない。教育活動も計画通り運営されない。図8-1はドイモイ前後の小学校における児童と教師数の推移である。児童数を見ると，1980年から1988年にかけては増減を繰り返しており，全体的には増えていない。戦後のベビーブームで小学生となる年

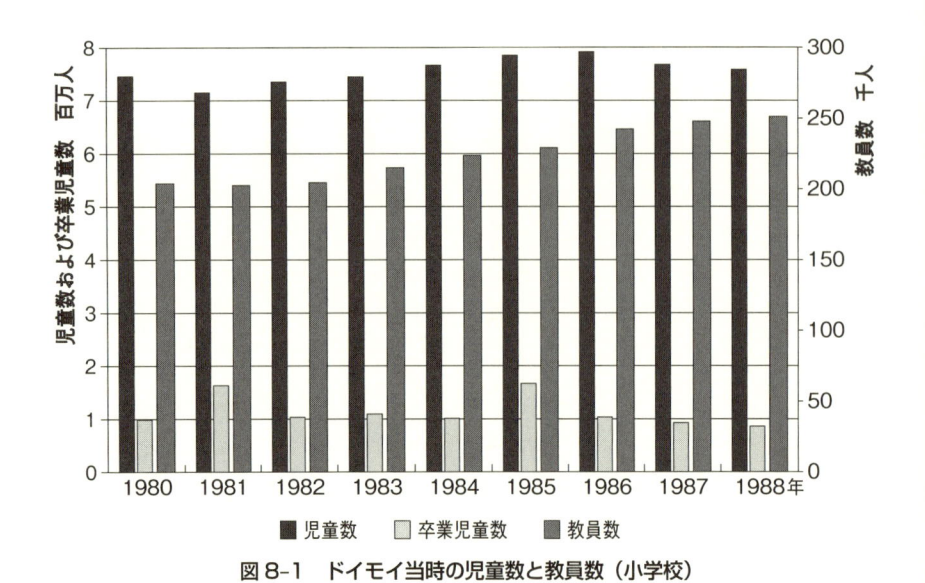

図8-1　ドイモイ当時の児童数と教員数（小学校）

齢層は急激な勢いで増えていたが，現実の初等教育普及は計画通りに拡大しなかったことがわかる。卒業児童数は毎年ほぼ100万人で推移しているが，5年制のベトナム小学校において卒業児童は150万人以上いなければならない。相当数の退学，留年児童がいたことになる。1990年のデータによれば，小学校一学年あたりの退学率が15～17％で，千人の小学校入学者のうち卒業したのは448人のみであったという。つまり当時は半数以上が卒業できなかったのである。退学率が高い理由には，家庭が貧しく家のために働かなければならなかったこと，留年制度，教育言語（少数民族出身の児童）の問題があった。とくに，貧しくて親からも教師からも面倒を見てもらえない子どもたちは留年し，そのまま退学につながっていったという（Phạm, 1994 ; Dương & Hà, 2001）。

　教師数については80年代を通じて漸増しているが，教師の生活はきわめて厳しく，生活の糧を求めて棄職，退職する教員も後を絶たなかった。教員給与（配給による現物支給含む）では生活を維持できないのみならず，地方によっては1～2か月の給与遅配が常態化し，ボーナスや各種手当が支払われないこともあった。1990年の調査によれば，小中高合わせて教師の1－2割程度が棄職していたという（Dương & Hà, 2001）。教師が日銭を求めてさまようがゆ

え，学校教育の質は落ち，さらなる子どもたちの留年，退学を導いた。ドイモイ前の第三次教育改革（1979年）は，学校建設，教員の質の改善等を行ったと記録されているが（Trần, 1995），実質はまったく機能していなかったのだ。計画経済制度は，1976年の南北統一後に全国で展開されたが，同盟国からの援助もついえ，国家財政が立ち行かなくなった（Đặng, 2013）。

1986年にドイモイ政策が採用されると，教育省は1987年から3年の実験期間を経て，教育政策のドイモイを始めた（Trần, 1995）。一番はじめに取り組んだのは，教育財政の立て直し，すなわち教育の社会化であった。学校建設・設備費の地域住民負担，大学での学生による授業料負担を皮切りに，教育費用の自己負担制が浸透していった（Nguyễn, 2009）。

次に「教育の社会化」原理を用いて初等教育の普及を行った。1990年時点で，成人識字率は88％，初等教育粗就学率は101％に達していたが（ベトナム統計総局），退学者の増加，僻地や少数民族居住地域での教育普及の遅れが課題であった。1991年に初等教育普及法が制定され，小学校教育と併せ，少数民族地域での識字教育が活発に行われた。ベトナムは，Education For Allに取り組む各国のなかでも優等生と言われ，2000年時点で初等教育純就学率が95％に達した（Thủ tướng chính phủ, 2001）。

90年代，ベトナムは教育制度の整備に成功した。少数民族や特別支援を受けるべき生徒へのケア等課題は残るものの，相当なスピードで学校教育の普及を達成したのだ（潮木, 2008）。戦時中からこの時代にかけては「貧しさを分かち合う社会主義」（古田, 1995）と言われるように，教育の社会化政策において，国家と人々とが貧しい教育財政のために協力し合ったといえる。その意味で，ドイモイ初期の教育の社会化政策は教育事業に大きな安定をもたらした。

●教育の質の向上をめざした2000年カリキュラム

次に，教育改革の第二の潮流である教育の質の向上を見てみよう。前述のように，中心となるのは2000年のカリキュラム改革である。新カリキュラムでは，生徒の活動を中心とした学びが前面に出る。教え込みの教育を基本としていた学校は，授業の方法の180度の転換を求められた（Chính phủ Việt Nam, 2000）。

表8-1　2000年カリキュラム（小学校）の特徴

- 2002年小学校および中学校入学生徒に合わせて1年ごとに教科書を変えていく。2004年から高校に導入。2006年には小中高でカリキュラムの入れ替えが完了。
- 1981年教科書からの抜本的改訂，全国統一教科書を使用する。
- 先進国・途上国を広範に参照した教科構成：1，2，3年生は6教科（ベトナム語，算数，道徳，理科，社会，芸術，体育)，4，5年生は9教科（ベトナム語，算数，道徳，科学，地理・歴史，音楽，美術，家庭経済)。
- 授業時間数を規定。可能な地域から全日制へ移行する。
- 最新の科学的知識を盛り込む。
- 教授法を改革する。詰め込み教育を克服する。とくに，教材を通じて，生徒が興味を持って，自分（たち）で学ぶことを求める。生徒には学び方を教えることとする。
- 評価：小学校卒業要件において，卒業試験の結果に偏重しない。
- 評価：点数で評価するのはベトナム語，算数，科学のみ。その他の教科は簡易な記述式評価。＊2004学年度に国会が卒業試験を廃止。
- 少数民族児童，障害児，優秀な児童には特別の規定を設ける。

出所：Chính phủ Việt Nam, 2000

　それまでのカリキュラムと比べた大きな変化を3つあげてみよう（表8-1)。まず，学校での教師と生徒の活動が大幅に増えた。生徒はより多くの知識を得なければならなくなり，教師は教え込みを克服するためにさまざまな指導技術を駆使しなければならなくなった。授業時間数，それにともなう授業準備や評価のための時間も増加した。次に，学習者中心の教育が掲げられた。ベトナムの授業は典型的なIRE構造である（Saito et al., 2008）。IRE構造においては，生徒の活動は教師の意図と評価の下に制限される（Mehan, 1979）。このスタイルは，生徒が自分で問題をとらえ，解決方法を作り出していく学習者中心の教育とは矛盾する。2000年を境に，ベトナムの教師は，IRE構造の授業とはちがう，新しい授業コミュニケーションを実践しなければならなくなった。第三に，教育機会の均等な保障を目指した。ベトナム全土の児童が統一的な学校教育を受けるようにし，僻地や少数民族地域の児童の学習機会もできるだけ保障するように努めることとされた。

●国際水準を視野に入れて

　筆者は，このカリキュラム改革以降に，ベトナムの教育政策が2つの方向性を持つようになったと考えている。国際化と，標準化である。

　まず国際化であるが，教育政策において世界各国の教育状況が明確に意識されるようになった。2000年以降，政府や教育研究者が教育問題を語る際，ASEAN各国や先進国の教育状況と比較しながら，ベトナムの教育を判断するようになった。

　冒頭に「共産党の指導と人々の要望のせめぎ合い」と表現したように，独裁政権にとってドイモイ後の教育デザインは死活問題である。政府・共産党は，1986年のドイモイ開始後，実に14年というきわめて長い時間をかけて，新時代の教育デザインを練り，カリキュラム改革において学習者中心の教育を打ち出した。この間，憲法や教育法や共産党重要決議は，教育については目的を掲げるのみで，具体的な教育の方針・内容を明らかにしてこなかった。「教育を国の政策の第一とする」(1992年憲法)，2020年にベトナムが先進工業国入りするために「教育政策は人々の知性と能力を高め，(工業国たるベトナムの) 人材育成を行う」(1993年共産党中央執行委員会決議4号)，教育の目標は「道徳，知性，職能など全面的な人格」を持つベトナム人を育てること (1998年教育法)，などである。当時共産党・政府の幹部たちは頻繁に「教育の発想 (tư duy) の刷新」という言葉を使っていたが，抽象的・思想的な改革を現場にどのように落とし込むのかは論じられてこなかった。

　この答えとして，新カリキュラムが「学習者中心の教育」を打ち立てたが，その根拠を諸外国の教育政策の詳細な比較研究に置いていることが重要だ。外交のドイモイによって東側諸国外交から全方位外交へ転換したベトナムは，教育政策でもグローバル化の道を選んだ。2009年のWTO加盟に象徴的に示されるように，国際的に通用する人材の育成が急務であると考えている。この流れは昨今の大学改革 (2012年大学教育法成立) の大きな根拠となっている。ベトナムが自らドアを開け，世界の教育とつながろうとしている。

　少々大げさであるが，この2000年カリキュラム改革までの教育目標には，過去の社会主義的語り口へ執着が見えていた。工業国入りするための「全面的人格の発達」，「科学技術の開発」等，1960年代の教育目標とあまり変わって

いなかった (Pham, 1996)。ドイモイ後も計画経済時代の理想が使い回されていたのだ。新しい自分が見えないために過去の自分探しをしているかのようだ。3分の1世紀かけてつくられた言説を変えるには，やはり3分の1世紀かかるということかもしれない。

● 「標準化」によって教育の平等を保障する

　もう一つの方向性は，教育の質の向上に取り組んだことである。その際，ベトナム政府は，教育活動に関わるハード，ソフト面の達成指標を設定し，教育現場を指標達成に駆らせた。この標準化の取り組みは2000年以降のベトナムの教育にもっとも大きな影響を与えた政策である。

　それまでのカリキュラム改訂時は，統一国定教科書はあったが，各地域で教育施設・設備，教員数などがまちまちで，就学状況も，教育活動の内容も地域間でばらついていた。経済発展と教育の社会化政策のおかげで，ほぼすべての生徒が学校に通えるようになると，教育政策の関心は教育機会の平等に移った。全国どこに居ても，同じ質の教育が受けられる——ベトナム政府は世界銀行の支援を得ながら，カリキュラムの遵守，教師の標準化，教育環境（学校）等の標準化政策を進めていく。ここでは標準化政策のなかで教員に関するものを3つの図表から見てみよう。

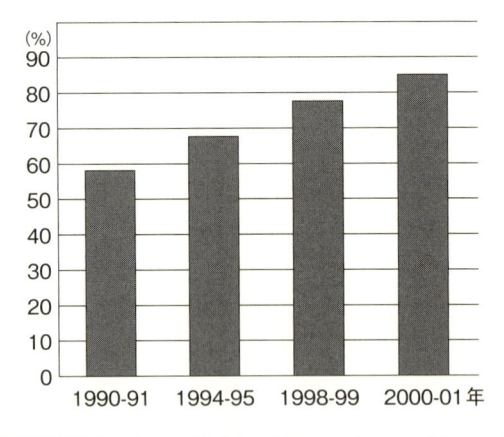

出所：ベトナム教育訓練省ホームページ（http://en.moet.gov.vn/?page=6.7&view=4401）

図8-2　教員資格取得割合（中級以上）

図8-2は，国が定める教員資格を持つ教師の割合である。教育のドイモイ開始当初（1990年〜1991年）は6割弱だったが，カリキュラム改革時（2000年〜2001年）には，9割程度の取得率に改善されている。そこでカリキュラム改革において政府は，教師が保有している教員資格をアップグレードすることを目指した。

ベトナムの教員の学歴には主に中級専業学校卒，短期大学卒，大学卒の三つがあり，それぞれ「中級師範」，「短期大学師範」，「大学師範」の免許に対応している。中級専業学校とは，実業・職業教育を担う学校であり，各種の技能者，専門家を養成している。中卒レベルの生徒・成人に対し，即戦力として社会に出るための専門教育を行う学校である。

図8-3は，1997年時点の現役教師の学歴と教員養成課程種別割合を示している。中級師範免許の割合がもっとも多く，4分の3程度を占めている。政府は，標準化政策として，中級師範免許の教師を短期大学師範免許以上にアップグレードするよう現職教育プログラムを行った。全国で，教師たちは週末や夏休みを使って短大資格を得られる研修に参加した。2010年代までにこの4分の3を占めていた教師の相当数が短期大学以上の免許を取得した。

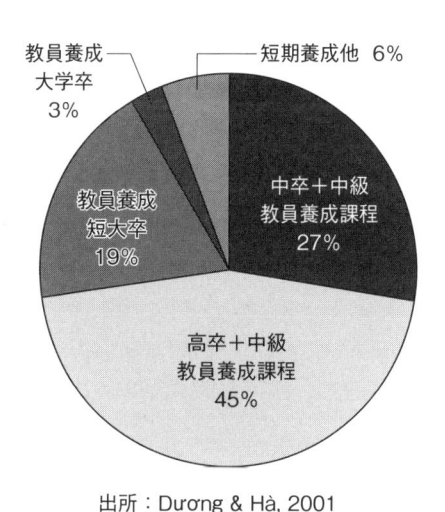

出所：Dương & Hà, 2001

図8-3　教員の学歴

しかし，教員免許のアップグレードでは解決できない難問がある。教師たちは，自分自身が受けたことがない，やったことがない学習者中心の教育を実践しなければならない。しかし，教師自身は子どもの頃から教師中心の教育を受けてきたし，教員養成大学も教師中心の教育で運営されている。教師たちは真似するべきモデルを見たり体験したことがないのだ。「学習者中心の教育はこうあるべきだ」と頭では理解できても，具体的に言葉や身体を使ってどのように転換すればよいのか。教師の仕事を「教える」から「学びをつくる」にどのように変えるのだろうか。つまりこのドイモイは，「教育経験の断絶」をあつかう，外科手術的な改革なのだ。短大卒，大卒の教師も，再教育研修を行う大学教員も，教育関係者すべてが同じ難問に取り組んでいる。

　表8-2は世銀と政府が開発した授業評価指標である。標準化政策は，その名のとおり，教育条件を細かく指標化して整備を進める。全国で教育の平等を保障するためにつくられた指標であるが，ベトナムではこれが教育の画一化を進めることにもなった。政府が教師の質を高めようとすればするほど，教師の教育活動が硬直化したのだ。

　現場では，多くの公開授業が行われ，この指標によって教師が評価された。評価の回数が増えるにつれ，教師は，生徒が学ぶために授業を行うというより，指標一つひとつを満たすために授業を行うようになった。たとえば表に「適切な教授法の選択，生徒の積極的な参加の促進」とある。これに対して教師はたとえば，授業の途中でペアワークを入れ，教科書に書いてあるフレーズを2人組に音読させる。当時ペアワーク，グループワークは「新教授法」であるとされ，2人組がお互いに言い合っていればそれは生徒が授業に「参加」したと評価されるからだ。これで教師は指標をクリアしたと思い，ペアワークのなかで生徒が何をどのように学ぶかを見たり考えたりせずに，次の指標達成に集中する。このようにして「指標を満たす活動を入れさえすればよい」という形式的な授業が普及していく。

　教師の技術だけでなく，教える知識の画一化も進んだ。ベトナムで初めて編纂・配布された教員用指導書によってだ。政府は教員用指導書と新教科書によって，新しい教育がよりスムーズに教室で行われることを狙っていた。しかし，教員用指導書は中央の教育省も予期せぬ影響力を持った。現場の教師や指導主

表 8-2　授業評価指標

視　点	指　標	満点	得点
教授技能 30点	1.1　教材と授業（理論，実演，練習）の特徴が際立っている。 1.2　適切な教授法の選択，生徒の積極的な参加の促進	10点	
	1.3　新しい教授法を志向する方法がはっきりと適用されている 1.4　状況に適切に対応する。それが効果的に働き，生徒が自ら学ぶ意欲を高めている	10点	
	1.5　はっきりとした声，明快な表現，情感的な表現 1.6　正しくきれいで，合理的な板書 1.7　教具，機器の効率的な使用 1.8　合理的な時間配分，定められた授業内容を行う時間が確保されている	10点	
知　識 20点	2.1　生徒の心理に沿った系統的，正確な知識の保障 2.2　基礎的な指示，技能，授業の中心となる知識の保障 2.3　実用性を持った，生徒の実際の生活に即した知識の獲得	10点	
	2.4　態度，感受性，美的情感の教育 2.5　生徒への個別対応（優秀な生徒，学力の弱い生徒，困難を抱える生徒など）	10点	
教育的態度 10点	3.1　適時的な，生徒への親密で献身的な態度がとられている。 3.2　すべての生徒に公平に接し，関心を払っている	10点	
効率性 40点	4.1　真剣かつ，リラックスした生徒の学び。強制やオウム返しのない学び	10点	
	4.2　生徒が基礎的な指示，技能，中心となる知識を把握している	10点	
	4.3　生徒が実習，練習で知識をうまく活用している	10点	
	4.4　生徒に沿った評価	10点	
合　計			

出所：Ministry of Education and Training & Primary Teacher Development Project, 2005

事たちが，教員用指導書の指導案を絶対に正しいとみなし，そこから逸脱してはいけないというルールをつくってしまった。もちろん，その理由は上記の授業評価制度にある。2007年に教育訓練省初等教育局長はこの事態を憂いていたが，一度できてしまったルールはなかなか崩せない。筆者は2007年に南部のダックノン省で授業を見ることがあったが，北部のバックザン省とまったく同じ教材がまったく同じ授業展開で教えられていた。

3節　個人の能力が社会にさらされる時代

● 「重いカリキュラム」と「成績病」

　学校や教師にとって，教育改革の時代とは，社会からの期待と批判にさらされる時代でもある。学校は保護者やメディアにはどのような存在に映ったのだろうか。

　2005年，国会では教育法の改正が大きな議論を呼んでいた。少数民族地域の教育問題，ノンフォーマル教育制度など多くの問題の制度化が問われたが，なかでも注目を集めたのが知識偏重の教育の見直しであった。人々は2000年カリキュラムを「重いカリキュラム」と揶揄していた。議論を整理するとこうだ（Hoàng, 2005）。

- 教科書の内容が増えた，難しい，全日制導入と相まって，子どもたちは勉強ばかりしている，かわいそうだ
- 教師たちは教室で生徒におうむ返しをさせている。相変わらず教え込み授業だ。
- 教師たちが放課後に補習授業を行い，自分のクラスの生徒たちにさらなる勉強をさせている
- 大学入試，高校入試に不具合が多い。カンニングが横行している。
- 就学した実績がないのに発行される偽の卒業資格が横行している。

　補習授業とは，日本のように塾に通うのではなく，半日で終わる公立学校の教師が放課後に行う学習指導のことである。午前の学校の授業はもちろん無償だが補習授業では親から授業料を取る。これが，教育の機会の保障を損ねる（お金がある子どもだけが勉強できる），子どもの生活時間を奪う（生活・遊びの時間がなくなる）として，社会問題化した。

　教育訓練省大臣は国会議員からの非難の弁解に追われた。教育訓練省は教師が放課後に補習授業を行うことを禁止する通達を出し，メディアに登場してテ

スト偏重の教育を改めたいと国民に説明した。

　筆者は当時，ベトナム人住宅街に住んでおり，この事態を目の当たりにした。自由奔放に敷地内を駆け回り，いたずらばかりしていた幼稚園年長のLong君が，小学校1年生になるとともに敷地内や隣近所から消えてしまった。半年ほどしてからLong君のおばあさんに話を聴くと，朝7時から夜の6時まで学校と補習授業なのだそうだ。「重いカリキュラム」…まさに重い荷物を1日，引きずって歩く生活を子どもたちは送ることになっていた。Long君の試練にいたたまれないおばあさんの表情が，社会の心配を象徴していた。

　批判は教育訓練省だけでなく，教育現場である学校にも及んだ。教師たちが自分の給料を上げるために子どもたちを補習授業に追いやっている，というものだ。ハノイのある有名教師は，当時，正規の給与が100万ドン程度（約1万3千円）で，これに加えて，放課後に教師の自宅で行う補習授業による月収が6百万ドン（約9万円）だった。外資系会社の中間管理職クラスの賃金が2百万から3百万ドン（約2万6千円から4万円）程度だったので，それよりもはるかに多い。日本でいえば，有名塾講師と同じであろう。都市部の親たちは，この先生の下で学べば進学は安全であるとしてお金をつぎ込んでいた。

　2012年になると，後述する共産党中央執行委員による教育改革論をきっかけに，メディアにおける教育問題は「重いカリキュラム」から「成績病」に発展していった。「成績病」とは，生徒（受験者），試験監督官，試験を管理する地方行政が何らかの工作をし，嘘の成績をでっちあげる社会問題である。

　新カリキュラムで学んだ高校生が卒業する2007年，高校卒業試験の合格率が一気に下がった（図8-4）。ところが合格率は早いペースで回復し，2010年には前カリキュラムの2006年時点と同じになり，2012年では100％に近くまで達した。教育改革による教師たちの力量の向上，すなわち教育の質の向上であるとみなす論調があったが，2010年の衝撃的なニュースで，この教育の質向上説は消える。2010年の大学入試試験において，受験者数千人の歴史科の答案が零点だったのだ。高校卒業試験も大学入試試験も，同じ新カリキュラムに基づいて出題される。高校卒業試験に合格した生徒が零点を取るはずがないのである。しかもその数は数千人に及んだとされ，人々は驚いた。この事件を

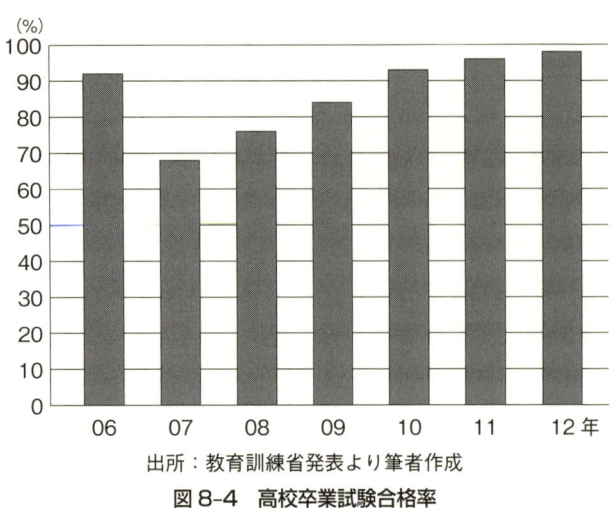

出所：教育訓練省発表より筆者作成
図8-4　高校卒業試験合格率

きっかけに，ベトナムの教育界では「成績病」という言葉が頻発するようになった。「成績病」告発が，メディアの格好のネタとなった。

●親と教師の関心の接点

　メディアの報道はいささか紋切り型で，メリトクラシーが進行・激化する社会では必ず見られるものであろう。しかし，ここで見るべきは，メリトクラシー社会のなかで，社会が教師個人の能力を注視するようになったことではないだろうか。教育といえば，これまでは学校についての議論であったが，教師個人が議論されるようになり，教師の誰が優秀であり，誰がそうでないかを社会が選別，評定する時代が訪れたのである。上述の月収600万ドンの「優秀な」教師の出現は，頼りがいのない「ダメな」教師がいると多くの親が評価していることの裏返しである。

　以下の事例から，この教師個人の能力の選別について説明したい。首都ハノイから約1時間ほど離れた農村地帯の学校でのエピソードである。

　ベトナムの新学期は9月から始まる。8月にはクラス編制が行われる。その頃に筆者はプロジェクトの実験校の副校長さん宅にお茶に呼ばれたことがあった。時刻は夕方19時頃だ。筆者たちがお邪魔して間もなく，副校長さんはお

第8章　ドイモイを謳歌する教師の群像

茶を淹れることもままならないまま電話口にいた。受け答えの様子から，保護者からの電話だ。しかし聞こえてくる話はほとんど要領を得ず，あちらこちらに飛んでいる。5分ほどもしてから，副校長先生の声が小さくなり，少しのやり取りの後電話が切れた。来学年，自分の子どもをA組に入れてほしいとの要望だ。筆者がその声の小さい部分を尋ねようとするとまた電話が鳴った。同じようなやり取りが5分続く。副校長さんが「また来たわよ。この時期は毎年大変なの」。そう言っているとまた電話が鳴る。今度は同校の教員からだった。ある親から来学年の編成について要望があったとのことで，副校長に相談していた。

　親が子どもをA組に入れたい理由はこうだ。学校ではたとえば8A，8B，8Cと学級番号が振られるが（8は8年生の意味で，日本の中学2年に相当），A組に一番優秀な生徒と一番優秀な教師が入る。これは教師と生徒のステータスに大きく関わる。「私は8Aにいます」と語るのは，「私は優秀です」と言っているのと同じだ。親たちにとってクラス編制は，子どもの進学に関わる重大問題だ。実際，有名校への進学はA組からが多くなる。

　A組の担任がもっとも優秀であるとされることは，ドイモイ以前からも同じである。しかし，A組担任の意味は変容してきている。以前はA組の担任は半ば固定化していた。小学校では教師の学年間の異動がない（1年生担任は教師人生において1年生の担任でありつづける），雑多な学歴・教員資格が併存していた，家庭事情によって教師業に集中する環境にない人が多かった，などのため，A組の先生はいつも同じ先生であった。しかし，今や教師の生計もそれなりに安定し，全日制も導入され，教員資格向上プログラムも制度化されると，教師たちが同じ条件で仕事をできるようになった。やはりA組の担任になるのは気持ちがいいし，B組，C組の担任になるのは忸怩たる思いだ。ここにおいて，A組の担任になる競争が実質的にスタートした。後述のコンテストや教員評価において優秀教員と認められることが大事になる。

　ベトナムではこのような形で，メリトクラシー，すなわち個人能力の可視化と序列化が意味を帯びるが，ここでは親（そして生徒）と教師の関心が一致している。両者とも，A組に入るため，優秀者への憧れのため，個人間競争に

駆られていく。エピソードの中の副校長は，クラス編制担当役として親と子と教師の中の「憧れ」をうまく調整しなければならない。副校長によれば，このような陳情を年度の切れ目だけでなく一年を通して聞くことになるという。10年ほど前は，子どもたちを学校に通わせることが親と学校の関心だった。教育の普及とベトナム型メリトクラシーは，都市部だけでなく，農村部や山岳地域へと及んでいく。

●優勝劣敗

教師個人の能力評定は，教育の標準化政策，とくに政府・世銀の教員評価プロジェクトによって制度化された。

2005年に，筆者が携わっていたプロジェクト事務所に一枚のFAXが教育訓練省から送られてきた。それはベトナム政府・世銀がつくった授業観察における授業評価指標であった。2001年より，教育訓練省と世銀は教師の専門性規準（professional standards）を開発するプロジェクトを始めていた。このプロジェクト専門家の中心的役割を担ったらグリフィンら（Griffin, 2006）によれば，ベトナムの教師の専門性規準は，形式はイギリス，方法はアメリカのデンバースクールを参考にしてつくられたという。なぜイギリスとアメリカの基準が参考にされたのかは定かではないが，この教育省・世銀がつくった指標は，ベトナム全土の教室に影響を与えた。この影響を端的にいえば，授業評価指標が，教師の優劣を判定する方向にのみ作用し，教員の能力を高める方向に作用しなかった，ということだ。筆者が携わったバックザン省ではこの指標は絶対的権威をふるった。加えて，地方の指導主事たちは，当時新教科書とともに全国に配布された教員用指導書に載っている授業案に絶対に従うべきであると考えており，世銀の指標とともに，授業を画一化，形式化することを助長した。

日本で行われている授業研究はベトナムにもあり，小学校では，教師たちは2週間に一度公開授業を行い，お互いの指導技術を高め合うことになっている。そこでは，教師たちは同僚の授業を観察し，授業後の検討会で意見を交わす。日本とちがうのは，授業研究が，直接教員評価に使用されることである。校長は教師たちが公開授業についてのコメントを書き込んだノートを集め，公開授業者およびその授業観察者の評価に使用する。

ここに表8-2に示される政府・世銀の授業評価指標が持ち込まれた。この表は，授業1時限における教師の能力を点数化し，100点を満点とするものだった。たとえば「はっきりした声，明快な表現，情感的な表現」，「正しくきれいで合理的な板書」という評価指標，「生徒の心理に沿った系統的，正確な知識の保障」，「適時的な，生徒への親密で献身的な態度がとられている」という評価指標などがある。指標に沿って授業を点数化することで，観察者はきわめて簡単に授業が評価できるようになった。

　しかし，この指標は，学校の中の人間関係の分断を生み出していった。第一に，教師と生徒の関係が分断された。点数が高ければいい授業となるため，教師たちは点を取るための授業を行おうとする。授業全体で生徒たち一人ひとりの学びを保障するというより，目下の指標一つひとつをクリアしようという心性が働く。公開授業によって教師と子どもの関係が疎遠になっていく。第二に，点数による序列化によって教師の同僚関係が分断された。指標は本来，授業全体の教師と生徒の学びを振り返るための道具として使われるべきだが，学校現場では指標が一人歩きし，その指標が満たされているから授業者は優れている，いないから劣っている，という評価が下されることとなった。また，教師の中にお互いに監視し合う関係が生まれた。授業観察者として一方的な評定を下すことは，自分が授業者になった際に同じような一方的な評定を下されることを意味する。序列化し，お互いを監視するような教師集団においては，支え合う関係が働かなくなっていく。授業の評価は本来，その後の授業をよりよくするために行うはずであるが，この授業評価の下では，教師間の建設的なコミュニケーションが成立しえなくなってしまった。同僚の考えを聴き合うことができなくなってしまったのだ（Saito et al., 2008）。

　第二点目の分断について，ベトナム固有の状況をつけ加えたい。優秀教員コンテスト制度である。

　ベトナムには教育行政が毎年主催する優秀教員コンテストがあり，原則的にすべての教師がこれに参加している。ふだんの授業で高い評価を受ける教員は，校内の優秀教員に認定される。校内レベル優秀教員は，郡レベルの優秀教員コンテストに出場し，そこで高い評価を受けると，省レベル，全国レベルのコンテストに出場していく。勝ち進む（？）ことで「郡優秀教員」，「省優秀教員」

の称号が与えられる。政府・世銀の指標は，この優秀教員コンテストでの評価を体系的に可視化（数値化）する絶好のツールとして機能した。

　結果的に，標準的な学校では，3割程度の教員が郡レベル優秀教員（その内，若干名が省レベル優秀教員）に，6割程度の教員が校内レベル優秀教員に認定されているようである。残り1割の教員は優秀教員に認定されていない。

　実はこのようなコンテスト制度は，戦争時代から培われたベトナムの表彰制度に乗って行われているもので，正確には評価を目的にはしていない。ホーチミンの有名な言葉に「よく学び，よく教えるために競い合おう」がある。戦争時代，「貧しさを分かち合う社会主義」（古田）に向かって，厳しい生活環境にあってもお互いに学び合おうという精神を謳ったスローガンである。競争と表彰による人々の序列化は，お互いが励まし合う協同的競争を奨励するものであり，けっして仲間同士が蹴落とし合う排他的競争を狙ったわけではない。教員コンテストは，あくまでも，競争を通じて仲間から学んでいくための制度だったのである。

　現実には，教育政策のドイモイにおける標準化政策，教員評価政策は，ホーチミンの意図とは裏腹に，排他的競争を学校に持ち込んでしまった，と言ってよいだろう。個人の能力ではっきりと色分けされた教師同士では，専門性において協力したり，励まし合う関係はきわめて生まれにくい。

● ドナーによる新教授法旋風

　「重いカリキュラム」は，生徒にとって重いだけでなく，教師にとっても重かった。一部の教師にとっては，自分が知らない，できないことも教えなければならなくなったのである。

　　新カリキュラムの前は，教師業はもっと簡単でした。教科書があって，一人ずつ指して，答えを言わせて，それを黒板に書いて終わり。答えられる子どもを指していけばいい。今はそうはいかない。グループ活動を入れ，アクティブティーチングを入れ，教具を入れ，プロジェクターで教材を映し出し，子どもが発言した直後にその発言を採点し。……

　　　　　　　　　（バックザン省の中学校校長への筆者インタビュー）

子どもたちが学校に行くことが課題だった時代と，高い質の学びを保障することが課題となる時代では，教師の仕事は大きく変わる。教育行政からの指示は増え，親たちの期待も大きくなる。カリキュラム改訂時に教師たちに課される試練は大きい。しかし，ベトナムの場合，教師の試練は，ベトナム政府や保護者といった「内からの要請」に加えて，「外からの要請」が持ち込まれる。具体的には，世銀をはじめとする援助国・機関とNGOからの支援である。ドナーはアクティブティーチングやフレンドリースクールなど諸外国の教育概念や方法を教室に持ち込もうとする。

　日本であれば，諸外国の教育制度・方法は日本国内の研究者のフィルターを経たうえで現場に応用されるだろう。ベトナムの場合は，ドナーのプロジェクトによって，外国人から学校へ直に，導入される。筆者が関わった授業研究の導入もその一つである（田中，2008）。そう，教師に関係し，協力し，期待するのは，郡・市，中央行政だけでなく，ドナー（外国人）も含まれる。これはベトナムの，そして開発途上国の教育の特徴である。

　筆者が参観した授業でこんなことが起きた。5年生の理科の実験で，燃焼を取り扱う授業があった。カリキュラムは国が開発したが，授業に使用する器材，教具などはドナーの支援を受けている。先生は子どもたちの前でデモンストレーションを行った。慣れない先生は，一人で操作をしているうちに，机の上の紙を着火させてしまい，またたく間に大きな炎が上がった。子どもたちは事態が飲み込めず，大声で笑う。先生は何とか火をもみ消したが，先生の衣服が焦げてしまった。

　先生にしてみれば，このような実験をやったことがない。先生自身が小学生のときに燃焼の実験をしたことがないし，教職課程を学ぶときに経験していない。新カリキュラムの研修でも具体的に燃焼実験までは扱われない。テキストの復唱が教室の主たるコミュニケーションであった従来の教育では，教材研究において先生はテキスト（文字上の知識）の確認しかしたことがない。教師本人が事前に実験を行うという習慣を持っていない。

　つまり，事前に実験をしながら授業を構想することそのものが，新カリキュラムで新しく導入された教育技術なのである。

　この事例の底には，教師による「圧縮された近代」（佐藤，2000）の経験があ

る。端的にいえば，教師たちは，ベトナムで800年続いた科挙試験合格をめざす暗唱と沈思の漢学学校のスタイルから，実験，グループワーク，スポーツ，楽器による演奏など多様な活動を含む近代学校のスタイルへ，2000年を境に変わらなければならなくなったのだ。教師たちにとって，この移行を準備する時間はほとんどなかった。上の燃焼実験は，教師が丸腰でこの近代学校スタイルへ適応する象徴的事例に思われる。ベトナムの先生方の新しい挑戦は，政府によるカリキュラムの国際化と，ドナーによる新しい教室環境の提供という上からの期待を背負うなかで行われている。きわめて「重い」。

ドナーが導入する教育技術は多岐にわたっている。筆者がバックザン省でJICAプロジェクトに関わっていた当時，JICA以外にも，世銀，BTC（ベルギーの援助機関），UNICEF，セーブザチルドレンが初等教育への援助を行っていた。世銀は教師評価・学校評価を，ベルギーは小学校教員養成を，UNICEFはフレンドリースクール運動（権威的な教師から生徒に寄り添う教師への変容を促す運動）を，セーブザチルドレンは教材の提供を，JICAは現職教員研修を支援していた。

このきれいな棲み分けもまた，国際政治の影響を受けている。支援を受けるベトナム教師や学校は，当人が知らないところで国際政治に関わっているのだ。折しも，国連や援助国の間では，「ドナー協調」という運動が大流行していた。90年代は，ドナー機関，援助国が，それぞれの国益，都合に合わせて，いわば好き勝手にベトナムに援助をしていた。それはよくないので，援助側が連携して，効率・効果的な援助をすべきだ，としてドナー協調運動が起こった（これは現在にも続いている）。ベトナムは数ある開発途上国のなかでこの運動のモデル国として当時注目されていた。

教育訓練省は頻繁にドナー機関が合同で持つ会議に出席し，来る政策の準備を進めていた。新カリキュラムを皮切りに，教授法，教員養成，学校管理のドイモイが，ドナーの支援によって行われた。あわせて全国の教育統計の整備が進められた。

ドナー協調運動によって，ドナー個々の国益は薄められ，ベトナムに本当に必要な援助が生まれたのであろうか——少々疑問が残る。ある地域には，新教科書に沿った教具が配布され，試用される。ある地域にはフレンドリースクー

ルの要綱が配られ，試用される。ある地域には新しい授業研究が導入され，試用される。ドナー支援が来るたびに，ドナー案件を評価するための新しい統計データを学校は提出しなければいけなくなる。

確実にいえることは，政府が新しい政策を現場に課すのと同じように，ドナー案件によって教師と学校の仕事が増えることだ。教師たちは国内外の改革実験に協力する時間と労力を捻出しなければならない。こうした改革実験が，政府やドナーの都合と呼ばれてしまうのか，それとも本当に必要な改革となるのかは，学校と教師がよく知っているだろう。それは，新しいプロジェクトの意義が現場の教師たちに認められ，そのプロジェクトの活動が日々の実践に残るかどうかにかかっている。

4節　渇望する教師

メディアから批判され，授業観察指標に沿って同僚に手厳しく評価され，政府・ドナーから期待と指示を受ける教師たち。教師個人の能力がライトアップされる様は，教師の孤独と八方ふさがりの状況の印象を与える。しかし，現場教師は，悲観的に仕事をしているわけでは決してない。

ベトナム語で学ぶという言葉にあたる Đi học（ディー・ホック）には，素敵な，楽しいことができる，という語感がある。ベトナム語では普通，学ぶ（học）という言葉を単体では用いず，Đi（行く）という言葉をつなげて使う。直訳すると，「私は学ぶ」ではなく，「私は学びに行く」となる。Đi học（学びにいく）には，どこかで新しい知見に触れる悦び，困難を越えて得られる達成感がある。農村で子どもたちが「僕 Đi học するんだ！」と言うときは，遊びに行くときと同じ目の色をしている。都会では大人たちが，外国語やITを習うときに，やっぱり表情を崩して「私 Đi

写真8-1　教科書を見せる農村の6年生

học するの！」と楽しげだ。もっとも，近年都市部に見られる「勉強漬け」の子どもたちにはその語感は当てはまらないようである。

ベトナムの教師たちも，Đi học が大好きだ。この語感が示すような，素敵な学びをしている教師たちの事例を紹介したい。

●求む！実践知

「何でもっと早くこれを教えてくれなかったんだ！」

バックザン省教育局初等教育課のコイ先生はうれしそうに言った。筆者たちが日本の授業研究の経験を紹介し，ある授業について子どもの学びを中心に振り返りを行った後であった。2006 年のことである。生徒の学びをよく観察すること，この一点が，彼の授業観，教育観を変えてしまったという。生徒の学びを観察し，生徒の学びの様子から授業を判断することは，日本の教師にとっては常識であり習慣化された行為だろう。この常識がベトナムの教師に特別な意味を持った事例を紹介したい。

コイ先生は，貧困が深刻な時代の 1992 年に，人口約 3,000 人の村で小学校教員になった。昼は教鞭をとるかたわら，早朝から出勤時間までは農産物を卸市場まで運ぶことで生計を立てていた。その後経済は上向き始め，職業を変えればもっと楽に生計を立てることも可能であった。前節で述べたように教師を辞めた人も多かったという。彼の妻も教師を辞めたそうだ。しかし彼は志を棄てなかった。

> 私は，自分で言うのもなんだが，教職に向いていると思う。自分の持っている教師としての能力を伸ばしたいと思っている。アルバイトはするけれど，私には私の本職が必要で，それは教師だ。給料は生きていくのにはまったく足りないけれど。　　　（筆者インタビュー）

写真 8-2　バックザン省新カリキュラム普及特別チームのコイ先生（2007 年）

授業が大好きな教師だった。弁が立ち，わ

かりやすい説明をさせたら，彼の右に出るものはいなかった。力量が買われ，優秀教員コンテストに出場したり，郡や省の行事の手伝いに引っ張りだされた。父親が教育大学で教鞭をとっていたため，教育に関する見識も人より多く吸収する環境にあった。

　2002年にバックザン省の新カリキュラム普及特別チームがつくられ，彼はチームに配属された。16万人の小学生，8千人の小学校教師の面倒を見る省の教育行政幹部となった。ハノイで新カリキュラムについての研修を受け，地元の教師たちに伝えて歩いた。そして2004年，彼は筆者たちプロジェクトの日本人チームと出会った。日本人チームは，日本の大学の「教育原理」で扱われている知識や，指導案の作り方，学級運営の考え方と方法，校長の学校経営等，日本の知見を紹介した。コイ先生は，そのどれにも熱心に学んでいたが，授業研究を通じた研修はまったくちがう効果をもたらしたという。授業研究との出会いについて，彼はプロジェクトの回想ノートで次のように語っている。

　　プロジェクトではモデル指導案を開発することになった。日本人チームが素案をつくり，それをベトナム人チームで練り，授業で試し，修正し，そして省内の教員に配り，自分の授業で試してもらう，という構想だ。教材は小学校3年生の理科の「骨の機能」だった。日本人チームは，粘度と串を使って疑似身体を操作する実験を組み入れていた。そんな実験は見たことのない，まったく新しいものだった。授業の目標は，教科書が設定しているものより高かった。

　　私がその指導案「骨の機能」を使って授業を行うことになった。指導案をよく読んだ。指導案どおりに進めようとした。子どもたちがリラックスし，楽しく，興味を持って取り組むようシュミレーションした。

　　……私は非常に緊張した。日本人チームの前で，そしてビデオ撮影のなかで行うのだ。私は精一杯取り組み，授業をやり切った。授業後，普及チームの同僚はみなうまくいったとほめてくれた。子どもたちは楽しく骨の機能を学んだとのまとめだった。私はうれしかったし，ほっとした。

　　ところがその2か月後，ある別の日本人専門家が，その授業をもう一度チームで振り返ろうと言う。ある同僚が私に言った。「コイ先生の授業はとっ

てもよかったのに，日本人専門家が，あの授業は問題があると言っている」。私は急に心配になった。

　その日，専門家はビデオを見ながら私たちに尋ねた。「みなさん，もう一度見てください。ここで子どもたちは学んでいますか。どうして学んでいると思いますか。またどうして学んでいないと思いますか」。まったく意味のわからない質問に聞こえた。私だけでなく同僚の普及チームの面々もみなびっくりしていた。変な質問だ。私たちは，それぞれが2か月前の授業直後のコメントと同じ内容を語った。授業はうまくいったという評価だ。2か月前の評価と変わりはない。私は思った。だいたい，この指導案は日本人専門家がつくったものじゃないか，いい授業に決まってるじゃないか。

　最後にその専門家が話し始めた。「子どもたちの態度，様子，表情を見ました。私には子どもたちが学んでいるとは見えません。そうは言いたくないけどそう見えるんです」。言い終わると，ビデオを流しては止め，子ども一人ひとりの状況を示し始めた。ある子どもは教師の発話を聞いていない，いや聞こえていない，この子どもはこちらの子どもの話を聞いてない。……この生徒はグループメンバーが話し合っているときにそっぽを向いて笑っている，この生徒は実験の状況を見ているのではなく，先生を見ている……この瞬間から，こちらの子どもは実験教具で遊び始めてしまう，たとえばこの子はビデオカメラに注意が向いてしまう。

　普及チームの同僚はみな押し黙った。私も黙って聴いた。だんだん，わかってきた。どうもこの授業は問題があった，そんな気がしてきた。もっとも，私がもっとこの授業を理解できたのは，そのビデオを何度も見た後であったが。もし生徒がこの授業で「本当の学び」をしたとするなら，もっと実験をよく観察しただろうし，実験の結果に驚いただろうし，その結果を何らかの言葉で表現したであろうし，友だちの言葉を聴いたはずだろう。私はこのとき初めて「学びの観察」を知った。……「生徒は学んでいたのだろうか」，この問いに特別な重要性を見いだしたのである。考えてみれば，そのときまで，私たちは誰一人として，このことを教えてもらったことはなかったのだ。授業のなかで生徒に何が起きているかなんていう問いは今まではありえなかったのだ。

（Nguyễn, 2012）

少々長く引用したのは，彼とベトナムの教師たちの認識を紹介したかったからである。ビデオに映る子どもの姿を見ながら「ここで子どもたちは学んでいますか」と問われ，彼はその時，「まったく意味の分からない質問」として聞いた。「変な質問だ」と思った。しかし，専門家が生徒の具体的な様子を語りだすと「だんだんわかってきた」。「どうもこの授業は問題があった，そんな気がしてきた」と認識が変わり，子どもたちは本当には学んでいないことに気づいた。その気づきは痛快であった。子どもの学びを観察することで，授業がまったく新しく見えてしまった，と言ったらいいかもしれない。

　「何でもっと早く教えてくれなかったんだ」――彼が本当に求めていたものは，講義で得られる静的な知識ではなく，教室での実践知だったのだ。彼は日本人専門家の指摘を受けて後，何度も自分の授業ビデオを観た。観るたびに彼は生徒の学びについて新しい発見をしたという。教師がすべきこと，考えるべきことを教えてくれるのは，授業の中の生徒なのだ。生徒が教師にメッセージを発してくれているのだ。これまで自分はそのメッセージやサインを見逃していただけだ。彼は見れば見るほど，学びの実践知が蓄えられること，それがとても面白いことを実感していった。

　　そこでわかったのは……指導案を変え，教え方を変えればいいというものではなかったのだ。……教育訓練省や内外の専門家が教えてくれたたくさんのこと，教育観，教育的アプローチ，教授法。これらはすべて理屈，理論でしかない。この理論のかたまりは，教師の中の具体的な能力にも，子どもたちが教室で獲得する能力にもなっていない。　　　　　　（Nguyễn, 2012）

　彼は火が点いたように「学びの観察」を実践し始めた。頻繁に彼とともに各地の授業を観察していた筆者は，この頃の彼が急激に変化していったことを覚えている。
　彼が興味を持った点は，20世紀初頭の新教育運動の実践に重なる。子どもの学びを見取ることから指導者の仕事，役割を検討する，という考え方である。彼の変容は，ベトナムにおける新教育の誕生と位置づけられるように思う。「学びの観察」という新しい実践は，頭（知識）と身体（実践）のギャップを

うまく埋めてくれるものとして彼に吸収されていった。

「生徒はこうなるはずだ」と仮定することから「生徒はこうしている」,「生徒はこうしていた」と事実を確認する実践へ。彼のこの変容は,アジアの教育改革を考えるうえで少なくない意味を持つだろう。

2007年に日本人チームが帰国した後も,コイ先生は「学びの観察」を続けていた。ところが,2008年に新カリキュラム普及チームが解散すると,彼は人事異動で省レベル指導主事から郡の指導主事と格下げになり,さらに2009年には教師に戻ることとなった。指導主事時代は,「学びの観察」を広めることが可能であったが,教師の立場でこれを広めるのには大きな困難を伴った。校長にも,同僚にも理解されず,空回りする日々が続いた。大きな挫折を味わうことになった。

●校長の決断——教師が信じ合うために

近年の評価制度による排他的競争によって,教師同士の関係が分断されている。これを組み換える挑戦を行っているのがシイ校長である。

コイ先生が挫折を味わっている頃,新カリキュラム普及チームのメンバーのシイ先生は省幹部から校長となり,「学びの観察」を校内に浸透させようとしていた。2人は親友であり,「学びの観察」を広める「同志(Đồng chí:ドンチー)」であった。ベトナムではよく冗談で親友をドンチーと呼ぶことがある。フランスとアメリカとの戦争時代に,共産党幹部や兵士たちが同胞を呼ぶときに使った言葉だ。独立という「正義」を共有した人々の間で使われた言葉であり,現代の生活で使うと少し大げさで笑いを誘う言葉である。シイ先生は,コイ先生に言う。

「おい同志,君は校長をやらずに指導主事に残った。校長をやったほうがよかったんじゃないか。校長が引っ張らないと学校は変わらないし,変われないだろう」

シイ先生に言われるとコイ先生は何も言わずに苦笑いだ。コイ先生は人事異

第8章　ドイモイを謳歌する教師の群像

動で挫折を味わい，直接学校の改革に関わることができずに悶々とした日々を送っていた。シイ先生は，彼の悩みを知りつつ，冗談を交えながら彼を励ますのだった。

　シイ先生は，「学びの観察」を進めるうえで，校長の役割が鍵になることを知っていた。彼は学校長として大きな実績を収めていくことなる。2007年，彼は出身地のイエンズン郡のラオホ小学校に校長として赴任。ラオホ小は施設が古く，貧しい世帯の児童が通う学校だった。郡内での成績（生徒の試験の点数）は，2006年度では25校中25位の最下位。シイ校長は赴任するとすぐに授業研究を学校改革の核にすえ，公開授業と授業検討会を毎週欠かさず実施した。「学びの観察」を自校の教師に紹介した。児童の成績は劇的に改善した。2007年度で20位，2008年度では6位，2009年度では8位となった。3年でトップ10入りを果たしてしまったのである（Saito et al., 2012）。郡の教育行政はこの実績を高く評価し，2010年度，彼を郡内の別の学習困難校であるタンアン小の校長に任じた。シイ校長は，タンアン小でも，ラオホ小と同じように「学びの観察」を導入し，辛抱強く教師たちの成長を見守っていた。

写真8-3　バックザン省ラオホ小学校シイ校長（2011年）

　学校改革で実績を残した，それも授業研究を核として実績を上げたと一口ではいえるものの，具体的にシイ校長は何をしたのだろうか。以下，この問いを考える手がかりとなる記録を紹介したい。

　筆者は，2011年にタンアン小を訪問した際にシイ校長とトゥー副校長が授業研究の運営をめぐって口論している場面にたまたま居合わせた。この日の前日，タンアン小は日本人専門家とともに公開授業と授業検討会を行ったが，その公開授業の子どもたちはうまく学ぶことができなかった。副校長の関心は指導案に向かった。あるべき授業とは何かをはっきりさせたいと強く思った。しかし，シイ校長は着任以来，授業の欠点や「こうしたほうがいい」というアドバイスを指摘することを禁止していた。副校長は，シイ校長に自分の主張をもう一度ぶつけた。口論にも近い会話においてシイ校長が何度も強調したのは，教師間の信頼関係づくりだった。

233

トゥー：（筆者に向かって）公開授業後の授業検討会では授業の展開については言ってはいけないってシイさんは言っています。シイさんがそうしてほしくないとのことで，私は授業後に個人的に公開授業者と話すようにしています。

シイ：授業研究を導入するときはね，子どもの問題を引き出すことをしないとだめ。

トゥー：（間髪入れず語気が強くなりながら）でもね，たとえば昨日の（公開授業者の）A先生の時はね，いいですか，授業の方向が全然はっきりしていませんでした。昨日日本の先生もおっしゃっていました。「A先生は途中で，ご自分がどういう方向に持っていくかわからなくなってしまったかもしれませんね。先生がそうなら，子どもたちも何をすればいいかわからなくなります」と。このケースでは，私たちは授業展開についてもコメントしなければいけないでしょ。ちがいますか。

シイ：昨日の場合は，日本の先生は教授です。その人に対してはベトナム教師は反発しない。しかし，教師同士だったら必ず反論が出て，検討会は緊張する。緊張してしまえば，昔の授業研究に戻る。だから，教師たちがだんだん変われるようにするのを助けるんだ。公開授業で検討すべき問題すべてを一気に扱ってはいけない。僕は経験したんだ。

トゥー：私が言いたいのは，授業展開がある程度しっかりしている場合はいいんです。でもそうじゃなければ言うでしょ。ちがいますか？

シイ：言うって言っても言い方がある。たとえば……

トゥー：（話をさえぎって）わかっています。いやな言い方をしない，っていうことでしょ。

シイ：検討会の最終的な目標は，昨日の日本の専門家が語ったような授業のデザインを扱いたい。でも今すぐそれをここでやると，きっと成功しない。言い合いが始まると，その後聴き合うことはできなくなる。たとえば，僕の前任校では，授業研究の後，H先生とT先生は同じ集落に住んでいていつもいっしょにオートバイで登校するんだが……

トゥー：いっしょだけど，喧嘩しながら登校した。

シイ：そう，登校した。険悪な顔をしながら。授業研究ではそうなる。H先生がある問題を指摘すると，Tさんはよく聴かずにすぐに反論する。それを見たHさんはもう何も言わなくなる……そういうことだ。これは起こることだ。だから検討会っていうのは，段階を経ること。はじめは，尊重することから始める。検討会の参加者が尊重し合うこと。次に，（授業の）事実を見つけること。そうしたら，2・3年後に，授業の問題点を改善する議論し始める。でもわが校はどうか。われわれ教師は，授業の事実を見つけていない。子どもの学びはどうなのかについて。もう何回やった？　授業研究？　10回はやったよね。でもどう？　だから，事実を知らないうえで改善案について何を言ったって主観的な，事実と違うものになる。
　みんな実力は同じレベル。その前提で，ある先生が授業の改善方法を出すと，別の先生はそれを良いとは思わない。そうしたら反発が生まれる。

トゥー：私は，問題点を指摘したいと言っているんじゃないんです。授業展開を協議したいんです。話し合いたいんです。

シイ：（強い語調で）わかってる！

トゥー：授業者を交えて，どう授業をやるべきかという話し合いがしたいんです。
　　　　　　　　　　　　　　　　　　　　　　　　（筆者インタビュー）

　結局，議論は平行線をたどった。トゥー副校長が思うことは教師たちも感じているが，シイ校長はその度に同じことを繰り返し語った。これがシイ校長の経営方針であり，信念である。

　公開授業後の検討会の発言は自由でいいのではないか，「授業展開」の話をしてよいのではないか，副校長の言うことにも一理あるのではないか，とも思われる。「反発が生まれる」ことはいいことであり，反発をめぐる議論こそ教師の力量を向上させるきっかけとなるという考え方もある。しかし，シイ校長はその点を考慮し，かつ前任校で試したうえで，ベトナムの教師集団文化の組み換えを決断したのである。「言い合いが始まると，その後聴き合うことができなくなる」。普段から検討会では批判合戦が繰り広げられる。それを変えるのだ。「聴き合う」関係をつくることで，教師集団が変わり，生徒が変わる，それがシイ校長の戦略であった。

● 研修が教師の毎日の幸せにつながるには

　コイ先生やシイ先生が進めている「学びの観察」は，教師にはどのように映っているだろうか。以下，シイ先生が赴任したタンアン小の教師がどのように「学びの観察」を受け取ったかを考えてみよう。

　　専門性を学ぶって幸せよ。幸せなのはね，「子どもたちの表情はこうだだよ」，「あの子が不思議がっていた，理由はこうじゃないか」，「じゃあどうしていこうか」。ここが幸せ。学べるんだから幸せ。そうでしょ？……みんなそうです。私のクラスの全部の子どもが，自分で，知識を獲得するということ。それが一番幸せ，楽しい，闊達，授業が終わったら笑える。それだけです……。

（筆者インタビュー）

　チエン先生は目尻に笑みを浮かべて，独特のねばりっこく人懐っこい声で「幸せ」を語ってくれた。長い髪を中央で分けて後ろで束ねる，古風なベトナム女性スタイルの先生だ。教師生活28年のベテラン教師チエン先生が語る「幸せ」に筆者は強く興味づけられた。

　彼女は，第三次教育改革が始まった直後の1983年に教職についた。政府が計画経済に邁進した時代とドイモイによる教育改革の時代の両方を経験した。生徒がよく学んでくれることが教師の幸せだが，28年の教師キャリアにおいてそれは達成しにくかったという。教育行政や校長によって，授業のやり方がはじめから終わりまですべて決められていたが，そのとおりやっても，生徒たちがしっかり学んだという実感は持てなかった。授業後は，決められた手続きを踏んでいなかったとして，校長や同僚に責められる。できるだけ人の前で授業はしたくなくなる。それが，教育改革の前も後も続く，学校の現実だった。しかし，シイ校長に紹介された「学びの観察」を実践してみると，この状況がひっくり返った。教師

写真8-4　バックザン省タンアン小学校チエン先生（2011年）

の「幸せ」は，自分や同僚の努力でたぐり寄せられるもの，切り開けるものとして実感できるようになった。

　生徒たちは伸び伸びできるので正しく話すことができますよ。もし生徒が間違っても，それはその子の認識がそうだということでしょ。でもそこから，先生が言って，友だちが言って，その子が気づく。「こうしたらいいんだな」って。そっちのほうがいいでしょ。もう昔は（校長・副校長からの）圧力強かったわよ！　はい授業はじめ，最初はこうしなければだめ，次にa,b,cと順番に言わせなさい，と。今はそうしない。そんな必要ない。昔は教科書を順番どおり教え切らなければだめだった。今はどの課題から手をつけてもいい，とにかく教えればいい，と。
　私がいいと思っているのはそこです。この学校では，このやり方は今年から始めました。校内研修が終わった後，みんな笑って終われるんです。教訓を得るのはそこです……教える人に圧力がかからない，そこが幸せ。

(筆者インタビュー)

　チエン先生は，授業を行う自由を手に入れた。冒頭の言葉には，教師も生徒も夢中で授業を行うことが幸せだとあるが，それには授業を行う自由が必要だった。チエン先生が語る「みんな笑って終われる」状況には，教師が，既存の手続きから解放され，授業の自由を手に入れる必要があったのだ。先生が生徒の状況に合わせるようになれば，生徒の活動にも学びの自由が生まれるだろう。

　今の私の課題は，子どもたちの学びをよく見ること。……今は，新しく習ったんだけど……子どもの見方，評価の仕方を知って，古い方法を破った。そうやって，子どもが見られるようになってきた。自分の教え方を調整できるように。そう，それは効果的なんです。はい。今はそれに習っているところです。見方を知るということ，私が教えていることを知る段階です。
　……これで初めて実習できるんです。シイ先生がもたらしたもので。以前は理論を聞くだけでした。曰く，子どもに集中しなさい，それだけでした。教えるときに，子どもに集中したいけどどうやって観察するのかなんてなか

った。ね。なかったのよ。今は，今こそ，実習しているのよ。まだやり始めたばかりだけど。

(筆者インタビュー)

彼女は「実習」に可能性を見いだしたし，また実習をこれからも続けたいと思った。子どもを観察する力をしっかり身につければ，教師の幸せをもっとしっかりたぐり寄せられるのだから。

実は，ベトナム政府が現職教師に求め続けて来たものも，「実習」だった。数ある研修において，教師が毎日の教育活動に新しい教育の考え方を適用・実習するよう促してきた。しかし，実に惜しいことに，多くの教師がチエン先生のようには実習に価値，意味を見いだしてくれない (Saito & Tsukui, 2008)。先生たちにとって，政府の研修が求める「実習」と毎日の幸せはつながらなかったのだ。その結果，前節のメディアの主張で見たように，授業と学校は詰め込み教育から変わることができないままであった。つまるところ，教師が研修で期待したこと——Đi học（ディーホック：学びにいく）に期待したこと——が，公の研修では得られなかったということだ。

「今は，今こそ，実習しているのよ」と語るチエン先生。改革の恩恵を謳歌している先生だ。

5節　改革の展望

●学校改革の課題

以上の3つの事例から，学校改革の課題を考えてみよう。まず，教師の再教育プログラムのデザインは，コイ先生の気づきのプロセスを参考にする必要があるだろう。ベトナムで行われている教員研修は依然として，マスを対象にし，概念や知識を伝達する講義型のものが多い。しかし講義型の研修・教育の必要性は薄まっている。ドイモイ後25年以上立ち，新しい教育概念はすでに，多くの教師，教師希望の学生に共有されているからだ。この状況では，コイ先生やチエン先生が気づきを生んだような臨床的な研修経験が必要になってくる。

ベトナム政府や，諸外国の援助ドナープロジェクトが行う研修に，どのように臨床的な実践経験を埋め込むことができるのかが重要になっている。チエン先生が語っている，従来の講義型研修では学べない，という事実を受け止めなければならない。

　第二に，気になるのは，チエン先生が得た「授業を行う自由」についてだ。以前は教師の行動が決められていたが，今は自由に授業をつくれるようになった。それはいいことだ。しかし，自由になるほど，教師には実力が必要となり，責任が生じる。教材を解釈し，授業を組み立てる力が必要であり，また自由な組み立てのなかで，すべての子どもに教材を学ばせる責任が伴うこととなる。「学びの観察」によって教師が学べない子ども，学べないクラス状況が見えるようになったとしたら，その状況をどう解決するか。自由を謳歌するだけの力をどのように身につけるか。観察以外にも，教師の専門性を高める努力は引き続き必要である。

　第三に，シイ校長の事例が示す課題は，教師コミュニティにある優勝劣敗，分断，孤立の文化をどのように組み換えるか，である。シイ校長の学校にも，現実的には，新しいカリキュラムの知識にほとんどついていけないシニアの教師，学級王国を他者に開けず孤立している教師は少なからずいる。その教師の下に多くの生徒がおり，その生徒たちの知識や人間関係も開かれていかない。すべての教師と生徒の学びをいかにつくっていくか。シイ校長のリーダーシップは特徴的であるが，それ以外の学校でどのようにリーダーシップを確立するか。ベトナムの小学校は1万5千校以上あり，その数だけ校長がいるが，教師の学びの場をつくれる校長群をどのように育成するのか，課題は大きい。

● 次なる「教育のドイモイ」

　2012年，共産党中央執行委員会の教育改革をめぐる議論は，「成績病」が大きな話題であった。同委員会が教育改革について決議を出すのは1996年の「工業化・現代化のための教育開発戦略についての決議」以来であり，実に16年ぶりだと世論は注目していた。結果的には，共産党は教育改革の決議を見送り，「結論」という曖昧な宣言を採択した。理由は，教育改革をめぐる国民の議論が十分に整理されていないとのことだった。

次なる教育改革は「教育の根本的，全面的ドイモイ」であるとされるが，根本的，全面的ドイモイとは何かをめぐって中央委員会は考えあぐねていた。その中身は判然としておらず，普通教育と職業教育の統合，2015年の新カリキュラム導入など，課題は山積しているが，今なぜ新しい教育改革をすべきかが固まっていない。おそらく，政権はふたたび，教育目的をめぐって，過去の社会主義的教育目的をどのように現状に接合すればよいのかと逡巡しており，新しい言葉を生み出せなかったのだろう。

　共産党のこの迷いと同時期にメディアが報じたのは，教職希望者激減のニュースだった。調査によれば，小学校教員の6割，そして中学校教員の4割が，もし今仕事を選べるとしたら教員になりますかとの質問に対して「No」を宣言した。世論は憂えた。「教師が職を愛していなければ，どうやって子どもをよく教えることができるのか」。教職を希望しない理由は，長時間労働（国の規定では週40時間だが，教師の実質労働時間は60～70時間），低報酬（民間の半分程度）などであり，メディアは教員の待遇改善を訴えた。共産党が決議を見送ったのは，「全面的」や「根本的」など「発想のドイモイ」を繰り返しても，現実の教育問題に対処できないと気づいたからでないだろうか。教員，生徒，教室に本当に届く改革が模索されている。

　元国家副主席のグエン・ティ・ビン女史は現在，政府の顧問として教育改革プログラムを進めている。ビン女史とは，抗米戦争終結のパリ会議に，並み居る列強の強者たちの中へ，ベトナム代表として乗り込んだ当時外務大臣のあの彼女である。彼女は外務大臣を退いたあとに教育大臣も歴任しており，教育問題に深く関わってきた。今回ビンさんが始めた教育改革プログラムは，端的に教師のドイモイだ。教師の待遇改善，力量形成（養成と現職教育），教師の評価を扱っている。すでに引退をした大物政治家が，自らの使命に沿って行うプログラム。現在進行中だが，「発想のドイモイ」を打ち破る，具体的な言葉，活動が生まれるものと期待したい。とくに，教員評価については，世銀による標準化システムではなく，ホーチミンが語ったような，ベトナム固有の協同性原理を用いた制度化が期待される。

第8章　ドイモイを謳歌する教師の群像

● ベトナムの新教育運動

　次に民間の動きについて簡単に見ておこう。まずコイ先生とシイ先生のその後である。コイ先生は挫折を乗り越えて，現在は市の指導主事となって「学びの観察」を実践している。彼が挫折のなかで経験したのは，学校の内側から教育実践を変えることの難しさだ。この教訓を糧に，市内の校長，教師とともに改革を進めている。シイ先生は，タンアン小学校で1年ほど勤めた後，郡の教育事務所の副所長となり，今は郡下のすべての学校で「学びの観察」を指揮している。

　こうした人材に目をつけたのがNGOだ。セーブザチルドレンおよびプランという二つの世界規模のNGOが，授業研究をプロジェクトの軸に据えて，コイ先生，シイ先生ほかバックザン省の「学びの観察」のリーダーたちをプロジェクト地域に招待し，各地方の教育幹部，教師たちとつないでいる。本稿で述べた3つの事例は，広いベトナムにおけるミクロの事例だが，NGOの実践によってそれが広まっている。3つの星は，星座または星雲となる可能性を秘めている。

　新教育運動の特徴は，子どもたちの声を聴き，その声をよく考えて次の教育活動を考えるところにある（細谷，1990）。子どもを大事にし，かつプラグマティックに，効果が上がったものから学んでいく（市村，2000）。この考え方は，まさにその原理でドイモイを始めたベトナム共産党の気質に合っているように筆者には思われる。一方で，新教育運動は，歴史的には社会，政治を変える勢力を担う社会改造主義にも結びついた（佐藤，1996，田中，2009）。一党独裁のベトナムの教育界で，新教育運動がどのように広まっていくのだろうか。かなり面白くなってきた。

引用参考文献

■第1章

安倍晋三（2006）『美しい国へ』文藝春秋
天野一哉（2013）『中国はなぜ「学力世界一」になれたのか——格差社会の超エリート教育事情』中央公論新社
尾木直樹（2012）『「学び」という希望——震災後の教育を考える』岩波書店
苅谷剛彦，山口二郎（2008）『格差社会と教育改革』岩波書店
教育再生会議（2008）「社会総がかりで教育再生を（最終報告）〜教育再生の実効性の担保のために〜」（教育再生会議最終報告書）
黄慶（2013）「現代中国における高等教育機関入試制度の平等性に関する研究—地域格差に注目して—」2012年度大東文化大学大学院文学研究科教育学専攻修士論文
厚生労働省（2009）「平成21年国民生活基礎調査の概況」（2009年10月20日報道発表資料）
国立教育政策研究所（2002）『生きるための知識と技能——OECD生徒の学習到達度調査（PISA）2000年調査国際結果報告書』ぎょうせい
国立教育政策研究所（2004）『生きるための知識と技能（2）——OECD生徒の学習到達度調査（PISA）2003年調査国際結果報告書』ぎょうせい
国立教育政策研究所（2007）『生きるための知識と技能（3）——OECD生徒の学習到達度調査（PISA）2006年調査国際結果報告書』ぎょうせい
国立教育政策研究所（2010）『生きるための知識と技能（4）——OECD生徒の学習到達度調査（PISA）2009年調査国際結果報告書』ぎょうせい
国立教育政策研究所（2013）『生きるための知識と技能（5）——OECD生徒の学習到達度調査（PISA）2012年調査国際結果報告書』ぎょうせい
志水宏吉（2012）『検証　大阪の教育改革——いま，何が起こっているのか』岩波書店
徐濛（2012）「日本のゆとり教育と中国の素質教育・課程改革の比較的考察」『教育学研究紀要』第3号
申智媛（2013）「韓国の『革新学校』を拠点とする教育改革に関する研究」『人文科学』第18号
孫孔懿（2001）『素質教育概論』人民教育出版社
中央教育審議会（2005）「我が国の高等教育の将来像」（中央教育審議会答申，2005年1月28日）
中央教育審議会（2008）「幼稚園，小学校，中学校，高等学校及び特別支援学校の学習指導要領等の改善について」（中央教育審議会答申，2008年1月17日）
張建（2014）「中国における学校教育改革の動向と課題」和井田清司，張建，牛志奎，申智媛，林明煌『東アジアの学校教育』三恵社
張珏（2011）「先駆けて，バランス良く，科学的に発展——上海のPISA2009調査での結果を見て」『Science Portal China』第56号
臨時教育審議会（1985-1987）「教育改革に関する第一次答申〜第四次答申」（臨時教育審議会答申）
MBS（2012）「米国流教育改革の"落とし穴"」『VOICE』（2012年2月16日）
Rychen, Dominique Simone, Salganik, Laura Hersh（2003）*Key Competencies for a*

Successful Life and a Well-functioning Society, Hogrefe & Huber.（立田慶裕監訳『キー・コンピテンシー——国際標準の学力をめざして』明石書店，2006年）

■第2章
秋田喜代美（2009）「教師教育から教師の学習過程研究への転回——ミクロ教育実践研究への変貌」矢野智司，今井康雄，秋田喜代美，佐藤学，広田照幸編『変貌する教育学』世織書房，pp.45-75
国立教育政策研究所（2011）『教員の質の向上に関する調査研究報告書』国立教育政策研究所
佐藤学（2003）「活動の装置としての学校——改革のデザインから実践の科学へ」三脇康生，岡田敬司，佐藤学編『学校教育を変える制度論——教育の現場と精神医療が真に出会うために』万葉舎，pp.146-190
佐藤学（2012）『学校改革の哲学』東京大学出版会
中央教育審議会（2012）「教職生活の全体を通じた教師の資質能力の総合的な向上方策について」（中央教育審議会答申，2012年8月28日）
日本教育方法学会（2009）『日本の授業研究—Lesson Study in Japan—授業研究の歴史と教師教育〈上巻〉』学文社
OECD（2010）*Mathematics Teaching and Learning Strategies in PISA*, OECD Publishing.
Shulman, Lee S.（1987）"Knowledge and Teaching: Foundation of the New Reform", *Harvard Educational Review* 57（1），pp.1-22.
Shulman, Lee S. & Shulman, Judith H.（2004）"How and What Teachers Learn: A Shifting Perspective", *Journal of Curriculum Studies* 36（2），pp.257-271.
Stigler, James W. & Hiebert, James（1999）*The Teaching Gap: Best Ideas from the World's Teachers for Improving Education in the Classroom*, Free Press.（湊三郎訳『日本の算数・数学教育に学べ——米国が注目する jugyou kenkyuu』教育出版，2002年）

■第3章
【日本語文献】
金相坤（2013）「大韓民国の学校革新のための長い挑戦」2013年11月16日学習院大学文学部教育学科創設記念国際シンポジウム配布資料
佐伯胖，藤田英典，佐藤学編著（1996）『シリーズ学びと文化（6）「学び合う共同体」』東京大学出版会
佐藤学（1999）『学びの快楽——ダイアローグへ』世織書房
佐藤学（2007）「学校再生の哲学——『学びの共同体』のヴィジョンと原理と活動システム」『現代思想』第35巻第5号，青土社
佐藤学（2012）『学校見聞録——学びの共同体の実践』小学館
ショーン，D（2001）『専門家の知恵——反省的実践家は行為しながら考える』佐藤学，秋田喜代美訳，ゆみる出版
趙韓恵浄（2005）「韓国と東アジアの教育改革——韓国の代案学校運動を中心に（1995-2005）」2005年12月14日東京大学教育研究創発機構公開講演会配布資料
松本智恵子（2011）「『相互学習』による統計授業方法の考察——MiC, IMPを参考にして」2011年3月4日-3月5日日本統計学会第7回統計教育の方法論ワークショップ配布資料

引用参考文献

【韓国語文献】
イ・ダルゴン（2004）「参与政府一年の批判的評価と課題——政治改革と国政運営を中心に」国家経営戦略研究院，2004年2月18日政策懇談会
『国民報』2013年3月27日「京畿革新学校，満足度上がり，低学力率下がる」
韓国教育開発院（2012）『私教育費推移と規模の予測』
韓国方定煥財団と延世大学校社会発展研究所（2011）『2011韓国子ども，青少年幸福指数国際比較調査』
江原道教育庁『2011年江原幸福プラス学校推進計画』
金ハクハン（2010）『公教育とSKYの未来』ハヌルアカデミー
金ヒョナ（2008）「数学を通してみる世の中」共に開く教育研究所『共に開く教育』，pp.64-71
ソ・ジョンファ（2009）「李明博政府の教育改革推進の診断及び示唆」『教育行政学研究』vol. 27, No.2, pp.481-499
『京郷新聞』2013年1月1日「新年企画——共にする人々」(1) 革新学校龍仁フンドク高校『ビリたちの希望の歌』」
孫于正（2012）『学びの共同体——孫于正教授が伝える希望の教室革命』ヘネム
『ハンギョレ新聞』2013年6月2日「勉強を諦めていた子どもたち，『夢』を学ぶ」

【英語文献】
Manabu Sato (2006) *Vision, Strategies and Philosophy for School Innovation in Japan；Designing School as Learning Community*, Korean Presidential Committee on Educational Innovation, Future, and Educational Strategies.

■第4章
王興周（1995）『西方社会学理論的分化与総合』人民代表大会資料，第2期
呉康寧（1986）『教育研究』第1期
小島麗逸，鄭新培編著（2001）『中国教育の発展と矛盾』御茶の水書房
朱開軒（1997）「全面貫徹教育方針，積極推進素質教育」『人民教育』第11期
朱慕菊（2002）『走進新課程——与課程実施者対話』北京師範大学出版社
中国共産党中央委員会・国務院（1993）「関於中国教育的改革和発展的綱要」『人民教育』第4期
丁静，周峰（2003）『広東省小中学校素質教育現状的調査』現代教育論叢，第5期
卞松泉，胡恵閔編著（2009）『為学生開設這様的課程——上海市打虎山路第一小学校課程発展研究（課程実施与学校革新叢書）』華東師範大学出版社
李嵐清（1997）「面向21世紀，開創基礎教育的新局面」『人民教育』第11期
劉達中（1993）「関於素質教育的思考」『人民教育』第10期
柳斌（1995）「関於素質教育問題的思考」『人民教育』第8期

■第5章
欧用生（1988）「教科書政策自由化的途径」『中国論壇』312
教育部中教司（2006）『台湾地区国中教師在職進修学習需求調査—課程與教学部分』http://www4.inservice.edu.tw/Download/30_all.pdf
教育部中教司（2006）『台湾地区高中教師在職進修学習需求調査—課程與教学部分』http://www4.inservice.edu.tw/Download/10_all.pdf

教育部「九年一貫課程綱要総綱」http://teach.eje.edu.tw/9CC2/9cc_97.php
教育部（2012）「国民教育十二年　適性学習展笑顔」
教育部十二年国民基本教育実施計画　http://12basic.edu.tw/Detail.php?LevelNo=229
教育部（2012）「十二年国民基本教育」http://140.111.34.179/files/brochure1.pdf
http://140.111.34.179/files/12edu%20DM.pdf
教育部（2013）「中華民国教育統計」https://stats.moe.gov.tw/files/ebook/Education_Statistics/102/102edu.pdf
佐藤学（2000）『「学び」から逃走する子どもたち』岩波書店
佐藤学（2012）「学び合う教室・育ち合う学校」『総合教育技術』
佐藤学（2012）『学習的革命』親子天下
周祝瑛（2003a）「台湾教改之研究」民辦教育研討会　上海華東師範大学
周祝瑛（2003b）『誰捉弄了台湾教改』心理出版社
周淑卿（2003c）「今是昨非，抑或昨是今非？教科書一綱多本争議之分析」
陳雅慧（2012）「学習共同体　斉歩走」『親子天下』http://topic.parenting.com.tw/issue/learning3/taiwan/article04-1.aspx
徐明珠（2003）「教科書民編與統編本問題探討」http://old.npf.org.tw/PUBLICATION/EC/092/EC-B-092-002.htm
陳雅慧「改革，従桌子転90度開始」親子天下
陳雅慧（2011）「十二年国教会考，基測四大不同」親子天下　http://edu-2.org/edu2/modules/article/sel.php?aid=7
向剣幗，陳鍵興（2002）「教師大遊行震動台湾」http://big5.huaxia.com/2003627/00018739.html
文部科学省「『九年一貫課程綱要』の概要」ttp://www.mext.go.jp/b_menu/shingi/chukyo/chukyo3/015/siryo/05120501/008/002.htm
山崎直也（2000）「一九九〇年代台湾の国民教育段階における教科書制度改革―教育における民主化・自由化の一事例として―」『アジア文化研究』No.7
山崎直也（2011）「台湾における教科書検定制度の定着をめぐる諸問題―2000年代の揺り戻しの動きに注目して」『比較教育学研究』第42号
李坤崇「国民中小学課程銜接理念」http://teach.eje.edu.tw/9CC/fields/link/basic.php
林初梅（2009）『「郷土」としての台湾』東信堂

■第6章
池田充裕（2007）「シンガポール："官製シティズンシップ"の背景と実態」（嶺井明子（編）『世界のシティズンシップ教育』東信堂，pp.68-81）
岩崎育夫（2005）『シンガポール国家の研究』風響社
岩崎育夫（1996）「シンガポールの官僚制」（岩崎育夫，萩原宜之（編）『ASEAN諸国の官僚制』アジア経済研究所，pp.121-161）
大原始子（2002）『シンガポールの言葉と社会：多言語社会における言語政策』三元社
甲斐信好（2009）「シンガポール　都市国家の開発体制」（渡辺利夫（編）『アジア経済読本』東洋経済新報社，pp.81-98）
河野麻沙美（2010）「算数教科書の比較研究：学習過程に関するメタディスコースに着目して」（教科書フォーラム，No.7，pp.16-31）
齊藤英介（2012）「シンガポールにおける教科教育研究社が有する研究関心の動向」（『日本

教科教育学会誌』35（3），pp.81-86）
斎藤里美，上條忠雄（2002）『シンガポールの教育と教科書』明石書店
財務省（2012）「平成24年度予算のポイント」（http://www.mof.go.jp/budget/budger_workflow/budget/fy2012/seifuan24/index.htm（accessed on 27th Oct 2012））
佐藤雅彰，佐藤学（2003）『公立中学校の挑戦』ぎょうせい
佐藤学（2012）『学校改革の哲学』東京大学出版会
佐藤学（2005）『学校の挑戦』小学館
田村慶子（2000）『シンガポールの国家建設』明石書店
久末亮一（2012）「シンガポール」（『アジア動向年報 2012』IDE-JETROアジア経済研究所，pp.347-370）
尹秀一（1985）「シンガポールにおける言語教育政策転換の諸要因」（『日本比較教育学会紀要』No.11, pp.78-83）
Adler, S. A., & Sim B-Y., J. (2008) Secondary social studies in Singapore. In Grossman, D. L. and Lo, J T-Y. *Social Education in Asia.*, Information Age Publishing Inc., pp.163-182
Ainscow, M., Barrs, D., & Martin, J. (1998) Taking school improvement into the classroom. *Improving Schools*, 1 (3), pp.43-48.
Baildon, M. C., & Sim J. B-Y. (2009) Notions of criticality: Singaporean teachers' perspectives of critical thinking in social studies. *Cambridge Journal of Education*, 39 (4), pp.407-422.
Bourdieu, P. (1984) Distinction. Cambridge: Harvard University Press.
Chen A. Y. & Koay, S. L. (Eds) (2011) *Transforming Teaching, Inspiring Learning.* Singapore, National Institute of Education.
Chew, C. (2010) Prevalence of cyber bulling in Singapore. In: Ng, E. and Rigby, K. (Eds). Breaking the Silence: Bullying in Singapore. Singapore: Armour, pp.65-83.
Choy, W. (2011) Globalisation and the dyanmic education environment. In: Choy, W., and Tan, C. (Eds). *Education Reform in Singapore.* Singapore: Prentice Hall, pp. 3-12.
Chua, B-H. (1995) *Communitarian Ideology and Democracy in Singapore*, Oxon, Routeledge.
Chueng, P. (2012) Income growth and redistribution in Singapore: issues and challenges. In: Kang, S. H. and Leong, C-H. (Eds). *Singapore Perspectives 2012.* Singapore: World Scientific, pp.7-22.
Connelly, F. M. & Clandinin, D. J. (1990) Stories of experience and narrative inquiry. *Educational Researcher*, 19 (5), pp.2-14.
Darling-Hammond, L. (2008) Introduction: Teaching and Learning for Understanding. In: Darling-Hammond, L. (Eds). *Powerful Learning.* San Francisco, Jossey-Bass, pp.1-9.
Deng, Z. (2012) Teach less, learn more: reclaiming a curricular idea. In: Tan, J. (Eds). *Education in Singapore: Taking Stock, Looking Forward.* Singapore: Pearson Education South Asia Pte Ltd., pp.17-31.
Department of Statistics Singapore (2012) Time Series on Population (Mid-Year Estimates). http://www.singstat.gov.sg/stats/themes/people/hist/popn.html

(accessed on 27th Oct 2012).

Gopinathan, S., & Deng, Z. (2006) Fostering school-based curriculum development in the context of new educational initiatives in Singapore. *Planning and Changing*, 37 (1/2), pp.93-110.

Gopinathan, S. & Hung, D. (2011) Research in the National Institute of Education since 1991. In Chen, A. Y., & Koay, S. L. (Eds). *Transforming Teaching Inspiring Learning: 60 Years of Teacher Education in Singapore*. Singapore: the National Institute of Education, pp.179-190.

Gopinathan, S. (2012) Fourth way in action? the evolution of Singapore's education system. *Educational Research Policy and Practice*, 11 (1), pp.65-70.

Gopinathan, S. (2006) Challenging the paradigm. *Improving Schools*, 9 (3), pp.261-272.

Gopinathan, S. (2001) Globalisation, the state and education policy in Singapore. In: Tan, J., Gopinathan, S., and Ho W. K. (Eds). *Challenges Facing the Singapore Education System Today*. Singapore: Prentice Hall, pp.3-17.

Gopinathan, S. (1991) Education. In Chew E. C. T. & Lee, E. (Eds). *A History of Singapore*, Singapore, Oxford University Press, pp.268-287.

Hairon, S. (2011) Professional learning communities in Singapore schools: potentialities and issues. In: Choy, W., and Tan, C. (Eds). *Education Reform in Singapore*, Singapore: Pearson, pp.149-164.

Hairon, S. (2006) Action research in Singapore education: constraints and sustainability. *Educational Action Research*, 14 (4), pp.513-523.

Hairon, S & Dimmock, C. (2013) Singapore schools and professional learning communities: teacher professional development and school leadership in an Asian hierarchical system. *Educational Review*, 64 (4), pp.405-424.

Hargreaves, A. (1994) *Changing Teachers, Changing Times*. New York: Teachers College Press.

Heng, M. A. & Marsh, C. (2009) Understanding middle leaders: a closer look at middle leadership in primary schools in Singapore. *Educational Studies*, 35 (5), pp.525-536.

Hung, D. & Gopinathan, S. (2011) Research in National Institute of Education since 1991. In: Chen A. Y. & Koay, S. L. (Eds). Transforming Teaching, Inspiring Learning. Singapore, National Institute of Education, pp.179-190.

Kang, T. (2005) *Creating Educational Dreams*. Singapore, Marshall Cavendish.

Lee, T. (2008) The Singaporean creative suburb of Perth: Rethinking cultural globalisation. In: Chong, T., (Eds). *Globalization and Its Counter-Forces in Southeast Asia*. ISEAS Publishing, Singapore, pp.359-379.

Lewis, C. (2002) *Lesson Study: a Handbook of Teacher-Led Instructional Change*. Philadelphia: Research for Better Schools.

Lim, C., Lee, C., Saito, E., & Sharifa S. H. (2011) Taking stock of Lesson Study as a platform for teacher development in Singapore, *Asia-Pacific Journal of Teacher Education*, 39 (4), pp.353-365.

Lim, L. (2012) Elitism, egalitarianism and meritocracy: the PERI and SERI reports. In: Tan, J. (Eds). *Education in Singapore: Taking Stock, Looking Forward*. Singapore: Prentice Hall, pp.33-50.

Lim, L. H. (2005) *Leadership Mentoring in Education.* Singapore, Marshall Cavendish.

Mahbubani, K. (2004) Can Asians Think? Singapore, Marshall Cavendish.

Ministry of Education and Culture (1997-2012) *Indonesia Educational Statistics in Brief,* Ministry of Education and Culture.

Ng, P. T. (2008) Educational reform in Singapore: from quantity to quality, *Educational Research for Policy and Practice,* 7 (5), pp.5-15.

Ng, P. T. (2005) Introduction. In: Tan, J. and Ng P. T. (Eds). *Shaping Singapore's Future: Thinking Schools, Learning Nation.* Singapore, Pearson Prentice Hall, pp.1-4.

Rahim, L. Z. (1998) *The Singapore Dilemma.* Selangor Daarul Ehsan, Oxford University Press.

Saito, E. (2012) Key issues of lesson study in Japan and the US: A literature review. *Professional Development in Education,* 38 (5), pp.777-789.

Saito, E., Alviar-Martin, T., & Khong T. D. H. (In-press). How Can We Teach the Old Foe's Wounds? Analysis of Descriptions of the Japanese Occupation and the Atomic Bombs in Vietnamese and Singaporean Textbooks. In Baildon, M., Loh, K.S., Lim, I. M., İnanç, G., & Jaffar, J. (Eds). *Controversial History Education: History Textbook Controversies and Teaching Historical Controversy in Asian Contexts* (pp. NA). Singapore: Routledge.

Saito, E., & Sato, M. (2012) Lesson study as an instrument for school reform: A case of Japanese practices. *Management in Education,* 26 (4), pp.181-186.

Saito, E., Sumar, H., Harun, I., Ibrohim, Kuboki, I., and Tachibana, H. (2006) Development of school-based in-service training under an Indonesian mathematics and science teacher education project. *Improving Schools,* 9 (1), pp.47-59.

Saw, S-H. (2012) *The Population of Singapore* (3rd Edition). Singapore: Institute of Southeast Asian Studies.

Sharpe, L. & Gopinathan, S. (2010) After effectiveness: new directions in the Singapore school system? *Journal of Education Policy,* 17 (2), pp.151-66.

Singapore Teachers Union. (1980) Perception and Practice in Education. Singapore; STU.

Tan, E. K. B. (2012) Singapore: transitioning to a "new normal" in a post-Lee Kuan Yew era. In: Singh, D., and Thambipillai, P. (Eds). *Southeast Asian Affairs 2012.* Singapore: Institute of Southeast Asian Studies, pp.265-282.

Tan, C. (2007) Narrowing the gap: the educational achievements of the Malay community in Singapore. *Intercultural Educaiton,* 18 (1), pp.53-64.

Tan, C. (2005) Driven by pragmatism: issues and challenges in an ability-driven education. In: Tan, J. and Ng P. T. (Eds). *Shaping Singapore's Future: Thinking Schools, Learning Nation.* Singapore, Pearson Prentice Hall, pp.5-21.

Tan, E. S. (2004) *Does Class Matter?* Social Stratification and Orientations in Singapore. Singapore: World Scientific.

Trocki, C. A. (2006) Singapore: *Wealth, Power and the Culture of Control.* Oxon, Routledge.

Vaish, V. (2008) Interactional patterns in Singapore's English classrooms. *Linguistics and Education,* 19 (4), pp.366-377.

Velayutham, S. (2007) *Responding to Globalization.* Singapore, Institute of South East

Asian Studies.
Wang-Iverson, P. and Yoshida, M.（2005）*Building our Understanding of Lesson Study*. Philadelphia: Research for Better Schools.

■第7章
上野正道（2013）『民主主義への教育　学びのシニシズムを超えて』東京大学出版会
江原裕美編（2001）『開発と教育　国際協力と子どもたちの未来』新評論
岡本正明他（2001）『地方行政と地方分権』国際協力事業団国際協力総合研修所
柏木恭典，上野正道，藤井佳世，村山拓（2011）『学校という対話空間　その過去・現在・未来』北大路書房
木村宏恒（1989）『インドネシア現代政治の構造』三一書房
木村宏恒（2003）『インドネシアの地方分権と社会的環境管理能力形成をめぐる諸問題』広島大学国際協力研究科 COE「社会的環境管理能力形成」研究会発表原稿（2003年11月21日）
佐久間潤（2001）「2-1 教育セクターの概要」「2-2 初等中等教育」『「インドネシア共和国セクター・イシュー別基礎資料 2001年度版第1巻」国際協力事業団インドネシア事務所
佐藤百合編（1999）『緊急レポート　インドネシア・ワヒド新政権の誕生と課題』アジア経済研究所
佐藤百合（2011）『経済大国インドネシア　21世紀の成長条件』中公新書
白石隆（2002）「第1章　メガワティ政権の現状と展望」『インドネシア・メガワティ政権下の政権運営』（財務省委託調査）（財）国際金融情報センター
田中義隆（2011）『インドネシアの教育　レッスン・スタディは授業の質向上を可能にしたのか』明石書店
谷口五郎（1966）『スカルノ　嵐の中を行く』朝日新聞社
永積昭（1980）『インドネシア民族意識の形成』東京大学出版会
ハリリ・ハディ，三平則夫編（1989）『インドネシアの経済開発政策の展開』アジア経済研究所
Bjork, Christopher（2005）*Indonesian Education Teachers, Schools, and Central Bureaucracy*, Routledge.
Boediono and Dhanani, Shafiq（1998）*Impact of Economic Crisis on School Enrollment*, Ministry of Education and Culture, Jakarta.
CEQM：Center for Education Quality Management（2003）*Comparison Between Education Laws- No.2 Year 1989 and Proposed New Education Law*.
Commission VI House of Representatives of The Republic of Indonesia（2002），*Bill of The Republic of Indonesia on National Education System*, Jakarta.
DPK：Departemen Pendidikan dan Kebudayaan（1996）*Lima Puluh Tahun Perkembangan Pendidikan Indonesia*, Departemen Pendidikan dan Kebudayaan.
Kementerian Pendidikan dan Kebudayaan（2012）*Peraturan Menteri Pendidikan dan Kebudayaan Republik Indonesia Nomor 76 Tahun 2012 Petunjuk Teknis Penggunaan dan Pertanggunjawaban Keuangan Dana Bantuan Operasional Sekolah Tahun 2013*, Kementerian Pendidikan dan Kebudayaan.
MOEC：Ministry of Education and Culture/ Ministry of National Education（1997-2011）*Indonesia Education Statistics in Brief 1997-2011*, Ministry of Education and Culture/ Ministry of National Education.

MOEC：Ministry of Education and Culture（1991）*Law of The Republic of Indonesia Number 2, 1989 on The National Education System and Its Explanatory Notes.*
MONE, NDPA. WB: Ministry of National Education & National Development Planning Agency-The Republic of Indonesia and The World Bank（May 2001）*Education Reform in The Context of Regional Autonomy: The Case of Indonesia*, The Republic of Indonesia and The World Bank.
Republic of Indonesia（2003）*Act of the Republic of Indonesia on National Education System*（English version）.
Saito, Eisuke et al.（2007）*A Study of the Partnership between Schools and Universities to Improve Science and Mathematics Education in Indonesia, International Journal of Educational Development*, Vol. 27 No. 2, Elsevier.
Saito, Eisuke et al.（2008）*Initiating Education Reform through Lesson Study at an University in Indonesia, Education Action Research Vol. 16 No. 3*, Routledge.
Shaeffer, Sheldon（1990）*Educational Change in Indonesia –A Case Study of Three Innovations*, IDRC.
Shaeffer, Sheldon（1994）*Partnership and participation in basic education –A training course for educational planners and managers*, International Institute for Educational Planning, UNESCO.
UNESCO（2010/2011）*World Data on Education 7th edition -Indonesia-*, UNESCO.
WB：World Bank（1999）*Education in Indonesia – From Crisis to Recovery-*, World Bank.

【参考資料】
IDE-JETRO ホームページ（川村晃一 2009）「インドネシア大統領選・ユドヨノ政権２期目の行方」：http://www.ide.go.jp/Japanese/Research/Region/Asia/Radar/pdf/20090820.pdf
Struktur Kurikulum 2013（教育文化省ホームページ）：http://www.kemdiknas.go.id/kemdikbud/uji-publik-kurikulum-2013-4
PISA ホームページ（2013）：http://www.oecd.org/pisa/keyfindings/

■第８章
市村尚久（2000）「未完の進歩主義教育の現代的意義：「子どもからの教育理論」再考（新教育運動の現代的意義）」教育學研究 第 67 巻（1），pp.34-37
伊藤未帆（2014）「なぜ若者たちは「大卒」に憧れるのか？――ベトナムにおける大卒労働市場の変容と雇用慣行」『子ども社会研究』20 号，pp.89-113
潮木守一（2008）『ベトナムにおける初等教育の普遍化政策』明石書店
佐藤学（1996）『カリキュラムの批評』世織書房
佐藤学（2000）『「学び」から逃走する子どもたち』岩波ブックレット
田中智志（2009）『社会性概念の構築―アメリカ進歩主義教育の概念史』東信堂
田中義隆（2008）『ベトナムの教育改革』明石書店
古田元夫（1995）『ベトナムの世界史』東京大学出版会
古田元夫（2009）『ドイモイの誕生』青木書店
ベトナム教育訓練省ホームページ（http://en.moet.gov.vn/）
細谷俊夫ほか編（1990）『新教育学大事典』第一法規出版

Ban chấp hành trung ương Đảng (1993) *Nghị quyết Hội nghị lần thứ tư Ban Chấp hành Trung ương Đảng (khoá VII) Về tiếp tục đổi mới sự nghiệp giáo dục và đào tạo* (ベトナム共産党「中央執行委員会 4 号決議」)

Chính phủ Việt Nam (2000) *Báo cáo về chủ trương đổi mới chương trình và sách giáo khoa của giáo dục phổ thông* (ベトナム政府「普通教育カリキュラムと教科書のドイモイ方針についての国会報告」)

Đặng P. (2013) *Tư duy kinh tế Việt Nam 1975-1989 Nhật ký thời bao vấp*. Nhà xuất bản Trí thức. (『ベトナムの経済思想 1975-1989 国家丸抱え経済の日記』)

Dương, X. N. & Hà, S. H. (2001) *55 năm ngành học sư phạm Việt Nam*. Hội khuyến học Việt Nam. (『ベトナム教員養成事業の 55 年』)

Griffin, P. et al. (2006) *An empirical analysis of primary teacher standards in Vietnam*. Planning and Changing, 37 (1), pp.71-92

Hoàng, T. (2005) *Cải cách & chấn hưng giáo dục*. Nhà xuất bản tổng hợp TP. Hồ Chí Minh (『教育改革の道のり』)

Mehan, H. (1979) *Learning Lessons: Social Organization in the Classroom*. Harvard University Press.

Ministry of Education and Training & Primary Teacher Education Project (2005) Sheet on Evaluating A Teaching Period in Primary Schools (For National Contest for Excellent Teachers)

Nguyễn, Đ, H (2009) *Việt Nam hướng tới nền giáo dục hiện đại*. Nhà xuất bản Giáo dục. (『教育の現代化を進めるベトナム』)

Nguyễn, V. K. (2012) *Câu truyền về Sinh hoạt chuyên môn mới*. (実践回想ノート「新授業研究の物語」)

Phạm, H. T. (1996) *Hoạt động Lao động-hướng nghiệp của học sinh phổ thông Việt Nam*, Trường cán bộ quản lý giáo dục và đào tạo. (『ベトナム普通教育生徒への労働・職業教育活動』)

Phạm, M. H. (1994) Kết quả nghiên cứu về giáo dục và đào tạo (1991-1992). Bộ Giáo dục và Đào tạo: Dự án quốc gia nghiên cứu tổng thể về giáo dục-đào tạo và phân tích nguồn nhân lực (VIE89/022)

Phạm, M. H. (1996) *Mười năm đổi mới giáo dục*. Nhà xuất bản Giáo dục (『教育事業刷新の 10 年』)

Phan, N. L., Trương, H. Q., Định N. B. & Nguyễn, S. Q. (2005) Lịch sử 6 (Tái bản lần thứ ba), Nhà xuất bản Giáo dục. (今井昭夫監訳『ベトナムの歴史　ベトナム中学校歴史教科書』明石書店，2008 年)

Quốc hội Việt Nam (1992) *Hiến pháp nước cộng hoà xã hội chủ nghĩa Việt Nam* (1992 年憲法)

Quốc hội Việt Nam (1998/2005) *Luật Giáo dục Việt Nam* (1998 年および 2005 年ベトナム教育法)

Saito, E. & Tsukui, A. (2008) *Challenging common sense: cases of school reform for learning community under an international cooperation project in Bac Giang Province, Vietnam*. International Journal of Educational Development, 28 (5), pp.571-584.

Saito, E., Tsukui, A., & Tanaka, Y. (2008) *Problems on primary school-based in- service*

training in Vietnam: A case study of Bac Giang province. International Journal of Educational Development, 28（1），pp.89-103.
Saito, E., Khong, T. D. H., & Tsukui, A.（2012）*Why is school reform sustained even after a project? A case study of Bac Giang Province, Vietnam.* Journal of Educational Change, 13（2），pp.259-287.
Thủ tướng chính phủ（2001）*Chiến lược phát triển giáo dục 2001-2010（201/2001/QĐ-ttg）*（ベトナム政府「2001-2010 年教育開発戦略」）
Trần, H. Q.（1995）*50 năm phát triển giáo dục và đào tạo（1945-1995）*（『教育訓練の開発 50 年（1945-1995）』）

■人名索引■

●あ
秋田喜代美　53
安倍晋三　8, 14, 15
●い
李明博　62
岩崎育夫　142, 144
●お
欧用生　113
大原始子　148
尾木直樹　9
オバマ, B.　12
小渕恵三　8
●か
苅谷剛彦　9
●き
金相坤　69-71
金大中　60-62
金泳三　59, 60
●く
グエン・ティ・ビン　240
グリフィン, P.　222
クリントン, B.　12
●こ
小泉純一郎　8
ゴー・ケンスイ　149
ゴー・チョクトン　149
小島麗逸　90
●さ
佐伯胖　66
サッチャー, M.　10, 11, 14, 15
佐藤学　28, 51, 66, 126, 131, 132, 134, 155
サマセット　195
●し
周祝瑛　122
周峰　99, 100, 117
朱開軒　92
蔣偉寧　135
ショーマン, L. S.　52, 53

●す
スカルノ　160, 161, 167, 203
スティグラー, J. W.　30, 31, 50
スハルト　161-165, 168, 170, 171, 177, 194
●そ
孫于正　133
孫喜亭　93
孫孔毅　20
●た
田中義隆　194
田村慶子　143
タルマン・シャガラトナム　150
タン, C.　151
タン, E. S.　152
●ち
チェン, P.　152
陳永明　25
陳佩英　132
●て
鄭新培　90
丁静　99, 100
●と
陶西平　94
●な
中曽根康弘　4
●の
盧武鉉　61, 62, 68
●は
朴槿恵　63, 64
橋下徹　15
ハビビ　164, 165, 179
●ふ
藤田英典　66
ブッシュ, G. H. W.　11
ブッシュ, G. W.　12
ブレア, T.　11
フロイデンタール, H.　74
●め
メガワティ　164

●も
森喜朗　8
●や
山崎直也　116
●ゆ
ユドヨノ　164
●ら
ラーマン　142
ラッフルズ,T. S.　141
ラヒム,L. Z.　151

●り
リー・クワンユー　139, 148
リー・シェンロン　150
劉達中　92
柳斌　89, 93
李嵐清　92
●れ
レーガン,R. W.　11
●わ
ワヒド　164, 178

■事項索引■

●あ
愛国心　8
新しい学力観　6
●い
生きる力　3, 5-10, 17, 18
イスラム学校　180, 181
一綱一本　113, 115, 116
一綱多本　113, 116
●お
応試教育　19, 23, 87, 88, 91, 92, 94, 95, 100
●か
会考　128
学習意欲　2, 9, 17, 27, 102, 108
学習指導要領　3, 17, 31
学習する国家　150
革新学校　21, 25, 68-71, 80, 81, 83, 84, 258
学力　ⅰ, 2, 9-11, 14, 18, 26
課綱　118-120, 122, 123, 125
学校改革　ⅱ, 1, 3, 21, 27, 51, 58, 66, 68, 71, 81, 83, 84, 111, 112, 115, 117, 125, 126, 132, 134, 136, 140, 196, 201, 233, 238, 256, 258, 259
学校課程　103
学校文化　28, 31, 58, 70, 78, 81-84, 190, 197, 202
学校へ行こうプログラム　180
学校補助金プログラム　180
活用力　18, 21
課程標準　112, 113, 117
カリキュラム　1-3, 6-8, 10, 16, 18, 19, 21, 23, 26, 31, 52, 95-97, 104, 111, 112, 118, 120, 123-125, 149, 173, 176, 177, 179, 183-186, 209, 211-215, 218, 219, 225, 239, 257
●き
キー・コンピテンシー　17, 18, 21, 22, 257
基礎教育課程改革要綱（試行）　19, 96
基測　121, 128, 129

九年一貫課程綱要　111, 117, 118
九年一貫国民教育　126, 127
9年義務教育政策　177
九年国民教育　117, 119
教育基本法　1, 8
教育制度法　176
教育の社会化　208, 211
教学大綱　95
教師の専門性　3, 52, 116, 222, 239, 257, 258
教師の同僚性　23
協同学習　75, 81
協同的（な）学び　25, 28-31, 41-43, 47-49, 51, 55, 197, 202
●く
グループ学習　33, 34, 48, 49, 52
グローバリゼーション　111, 117, 120, 136
グローバル化　ⅰ, ⅱ, 24, 25, 87, 90, 107, 257
グローバル社会　1, 6, 16, 18, 256
●け
ケア　23, 26
KBK　184, 185, 192
●こ
公共性　67, 258
高校平準化　63
校内授業研究会　31, 32, 52
国中教育会考　128
国家課程　103, 104
国家教育スタンダード法　202
国家教育制度法　176, 178, 202
国家教育標準　179
5・31教育改革案　59, 60
子どもの貧困率　8
コミュニケーション　1, 2, 6, 19-22, 25, 26, 88, 107, 119, 256
コミュニティ　2, 3, 23, 24, 60, 72, 258
●し
幸せ　236, 237

256

事項索引

思考する学校　149
実践知　228
指導される民主主義　161
十二年国民教育　112, 126, 128-132, 134, 135
授業研究　25, 30, 50, 52, 80, 132, 154, 155, 196, 222, 258
受験　4, 5, 8, 10, 13, 15, 19, 20, 57, 72, 73, 78, 80-82, 87-89, 91, 95, 97, 98, 100, 108, 111, 112, 114-117, 121, 122, 125-130, 134
新学力観　10, 13, 17
新教育運動　231, 241
新教授法　216, 224
Thinking schools, Learning Nation（TSLN）149
新自由主義　2-11, 13-15
新保守主義　2, 4, 6, 8-11, 14, 15

●せ
成績病　218-220, 239
全国統一卒業試験　175, 190, 195

●そ
総合実践　104
総合実践活動　20, 23
総合的な学習の時間　3, 7, 20, 23
創造性志向型の教育　156
素質教育　19, 20, 23, 87-89, 92-103, 107

●た
代案学校　65, 72
代案教育運動　65
対話　21, 22, 24, 54, 80
多元入学方案　121, 122, 125, 130, 131
多様性の中の統一　160

●ち
知識基盤社会　i, 1, 2, 16-18, 22, 27, 256, 257
地方分権化　165, 167, 180, 182
中学校基本学力テスト　121
中国教育の改革と発展に関する綱要　19, 89, 94, 98

●て
Teach Less, Learn More（TLLM）　150
TIMSS　13
テーマ・統合型カリキュラム　203

●と
ドイモイ（刷新）　208, 209, 211, 213, 216, 221, 224, 236, 239, 240, 258
トップへの競走レース　12
どの子も落ちこぼれさせない法　12, 14, 15

●な
ナショナル・カリキュラム　11, 13, 14
ナショナル・テスト　11, 14

●の
能力開発指向型　184
能力志向型の教育　150
能力主義社会　143, 151, 152, 157

●は
反省的実践家　67

●ひ
PLC　151, 154
PISA　2, 3, 16-19, 22, 24, 29, 57, 87, 88, 107, 108, 256-258
一人っ子政策　91, 101
標準化政策　214, 224

●ふ
Professional Learning Community（PLC）150, 151

●へ
平準化政策　21, 61, 63

●ま
学びの観察　230, 231, 233, 236
学びの共同体　66-68, 129, 132-136, 155, 158, 196, 197, 202

●み
民主化　58, 65, 68, 72, 84, 111-115, 117, 120, 164, 165, 177, 258
民主主義　i, 3, 61, 66, 67, 70, 71, 79, 142, 178, 191, 258

●も
問題解決　1, 6, 16, 97, 107, 256

●ゆ
ゆとり　3, 6-10, 12, 13, 17, 20

●れ
聯考　114, 116, 121, 125
聯合招生考試　114

257

あとがき

　本書は，今日のグローバル時代において，東アジア地域の学校改革をどのように構想し展開するのかについて探究したものである。とくに，日本，韓国，中国，台湾，シンガポール，インドネシア，ベトナムの学校改革に焦点をあて，東アジア地域の教育の未来を展望し，新たな学校のヴィジョンを描くことを意図している。

　21世紀は，「アジアの世紀」と言われている。アジア開発銀行（Asian Development Bank）は，2011年の「アジア2050——アジアの世紀は実現するか」の報告書で，2050年にはアジアのGDPが世界の51％を占め，148兆ドルに達し，1人当たりのGDPも6倍となり，現在のヨーロッパに並ぶと予測している。そして，それを牽引する国として，日本，韓国，中国，インド，インドネシア，マレーシア，タイの7か国をあげている。実際，金融危機以後，先進諸国の経済的低迷が長期にわたって続くなかでも，アジア域内の経済は比較的高い成長率を維持してきた経緯がある。他方で，東アジア地域は，政治，経済，社会，文化，歴史などをめぐって，さまざまな分裂や困難を突きつけられてもいる。政治的，社会的なファクターが大きく変容し，新規な問題が浮上するのを前に，これからの東アジアの新時代をひらく学校のあり方を探ることが求められている。

　1990年代以降，東アジア地域の教育は，めざましい変貌を遂げてきた。グローバル社会，知識基盤社会，高度情報社会，環境循環型社会，多文化共生社会など，現代の社会変化は，東アジアの学校教育に対しても多大な影響を及ぼしている。知識と思考がますます高度化し専門化する状況で，子どもたちの探究力，創造性，協同性，批判的思考，社会参加，問題解決，コミュニケーション，実践的なコミットメントが重視される傾向にある。そのようななかで，これからの学校教育のヴィジョンをどのように構想するのか，対話的で協同的な学びや社会実践的な問題解決を授業にどのように取り入れるのか，PISA型の活用的な学力をどのように育むのか，受験競争や試験に偏重した教育をどのよ

うに再構成するのか，横断的で越境的なカリキュラムをどのように準備するのか，学習意欲や関心の向上にどのように向き合うのか，真正な学びと授業をどのように展開するのか，教師の専門性をどのように確立するのか，能力主義的な教育の格差や不平等にどのように対処するのか，学校，家庭，地域，行政のネットワークをどのように形成するのか，子どもたちの学びを取り巻く家庭環境をどのように支援するのか，学校の公共性をどのように構築するのか。これらの課題は，東アジアの多くの国々で議論されてきたテーマである。

しかし，この問いに答えるのは容易なことではない。東アジアは，政治的，社会的，文化的な交流が活発に行われてきたとはいえ，それぞれの地域の多様性が維持され尊重されてきたというのも事実である。学校を取り巻く環境も，必ずしも一様ではない。にもかかわらず，グローバル化がますます進展する現代において，東アジアの学校は，多くの共通した課題に直面している。政治，経済，社会といった側面で，相互関係や相互依存が強化されるなかで，教育に期待される事柄は，きわめて大きくなっている。21世紀の社会に相応した新たな学習や学力の刷新が求められ，探究的な活用力や対話的なコミュニケーションが重視される一方で，教育格差や貧困が拡大し，それらを是正することが喫緊の課題として浮かび上がっている。

OECDのPISAや「キー・コンピテンシー」をはじめとする新たな学力モデルは，東アジア諸国において大きな影響力を誇示している。2012年のPISAでは，上海，香港，シンガポール，日本，韓国，台湾といった東アジア地域が上位を独占する状況となった。なかでも，上海，香港，シンガポールで，「読解力」，「数学的リテラシー」，「科学的リテラシー」の3分野すべてにおいて，上位3位までを独占したことで，東アジアの教育が大きな脚光を浴びるようになった。日本の生徒たちもまた，「読解力」で第4位，「数学的リテラシー」で第7位，「科学的リテラシー」で第4位，「問題解決能力」で第3位と，上昇傾向にある。

だが，教育界で湧き上がる，新たなアジア旋風は，果たして本物なのだろうか。今日，東アジア地域の学力の高さに世界の注目が集まる一方で，子どもたちの学びへの意味や意欲の低迷は，看過できない深刻な問題として立ち現われている。実際，知識基盤社会の進行と言われるなかで，活用的な学力が問われ，

発展的な学びが要請されているのとは裏腹に，学力の上位層と下位層の二極化が進むとともに，学ぶことへの意味の喪失や自信の喪失が顕著になっている。

たとえば，2012年のPISAの質問紙調査によれば，「数学を学ぶことに興味がある」と答えた日本の生徒は38％で，OECD平均の53％より低く，65か国・地域中下から4番目であった。さらに，日本の生徒は，「数学についての本を読むのが好き」という質問に，「まったくそのとおり」，「そのとおり」と答えた生徒が17％であり，シンガポールの68％，上海の50％，香港の44％を大きく下回り，OECD平均の30％よりも低い値にとどまっている。また，「数学の授業が楽しみである」の項目が34％，「数学を勉強しているのは楽しいからである」が31％であり，OECD平均よりもそれぞれ2ポイント，7ポイント低く，このうち「数学で学ぶ内容に興味がある」については，17か国中でもっとも肯定的な回答が少ないことが判明した。さらに，「数学に対する不安」の項目についても，約70％の生徒が授業についていけないことや，悪い成績をとることを心配しているという。そうした状況下でも，グローバル化の波は，教育の世界に，確実に押し寄せてきている。OECDは，2018年のPISAから，多様な価値観や異質な背景をもつ人と協調する「世界市民」としての力を測る「グローバル・コンピテンシー」の能力の調査を加えることを発表している。

本書は，このようなグローバル化する社会のなかで，東アジア地域の学校がどのように変容し展開してきたのかを明らかにしている。日本，韓国，中国，台湾，インドネシア，ベトナムをはじめ，東アジア諸国で，革新的な学校改革が着手されている。韓国では「革新学校」による改革が展開され，中国では「素質教育」やPISA型の活用的な学力の研究が開始され，台湾では「十二年国民教育」が着手されている。また，シンガポールの「能力主義」の問題や授業研究導入への筋道，インドネシアの「民主化」と「改革」の時代のなかでの学校改革，ベトナムの「ドイモイ（刷新）」の教育は，東アジアの新時代の教育が直面する課題と可能性を示唆している。こうしたなかで，協同的で対話的な学びを中心とする授業を展開し，授業研究を核にしたコミュニティとしての学校を構想し，教師の専門性と同僚性を形成し，民主主義と公共性の原理に立脚した学校を構築しようとする革新的な改革の流れが広がっている。これから

あとがき

の東アジアの教育をどのように展望するのか。2020年代，2030年代において，私たちの学校は，どのようになっているだろうか。東アジアの教育は，21世紀の学校のモデルとなりうるのだろうか。新たな改革への挑戦は，日本だけでなく，広くアジア全域へと波及し，グローバル世界を動かす一つのうねりとなって浸透している。本書が，未来の東アジア世界の構築に向けた学校教育の展望と挑戦をひらくためのひとつのきっかけとなることができればと願っている。

なお，本書の刊行までには，多くの時間を要した。それぞれの執筆者は，東アジアの各地域で自身の職やフィールドを有しており，企画の協議や調整に相応の時間と労力を必要とした。そのようななかで，執筆者同士で，東アジアの学校改革について，いくどとなく協議を重ね，問題意識の共有や交流を図ってきた。本書の執筆にあたった先生方を通して，各国の多くの研究者や教育関係者と交流し対話することができたことも，貴重な示唆を得る機会となった。本書の各章を通じて，読者がそれらの一端に触れることができれば嬉しい限りである。

最後に，北大路書房の奥野浩之氏には，この上ないほどあたたかく貴重なご支援とご助言をいただいた。心よりお礼申し上げたい。

2014年10月

上野正道

■執筆者紹介■

上野　正道（うえの・まさみち）　　　　　　　　　　　　　　　　　　　［第1章，第4章］

　1974年　東京都に生まれる
　2005年　東京大学大学院教育学研究科博士課程修了
　現　在　大東文化大学文学部准教授　博士（教育学）．
　ブリティッシュ・コロンビア大学客員准教授，ルクセンブルク大学客員研究員，上海師範大学研究員などを歴任．
【主著・論文】
　『民主主義への教育——学びのシニシズムを超えて』東京大学出版会，2013年
　『ワークショップと学び1——まなびを学ぶ』（共著）東京大学出版会，2012年
　『学校という対話空間——その過去・現在・未来』（共著）北大路書房，2011年
　『学校の公共性と民主主義——デューイの美的経験論へ』東京大学出版会，2010年
　［訳書］
　　ガート・ビースタ（著）『民主主義を学習する——教育・生涯学習・シティズンシップ』（共訳）勁草書房，2014年

北田　佳子（きただ・よしこ）　　　　　　　　　　　　　　　　　　　　　　　［第2章］

　1967年　新潟県に生まれる
　2009年　東京大学大学院教育学研究科博士課程単位取得満了
　現　在　埼玉大学教育学部准教授
【主著・論文】
　『学生と教師のための現代教職論とアカデミックフリーダム』（共著）学文社，2014年
　『対話が生まれる教室——居場所感と夢中を保障する授業』（共著）教育開発研究所，2014年
　『グローバル時代の学校教育』（共著）三恵社，2013年
　『21世紀型学校教育への提言——民主的学校と省察的教師』（共著）教育開発情報センター，2011年
　［訳書］
　　デボラ・マイヤー（著）『学校を変える力——イースト・ハーレムの小さな挑戦』岩波書店，2011年

申　智媛（しん・ちうぉん）　　　　　　　　　　　　　　　　　　　　　　　　［第3章］

　1978年　韓国釜山に生まれる
　2001年　韓国梨花女子大学卒業
　2012年　東京大学大学院教育学研究科博士課程単位取得満了
　現　在　大東文化大学，横浜国立大学非常勤講師
【主著・論文】
　『東アジアの学校教育』（共著）三恵社，2014年

「韓国における授業を中心とした学校改革の展開」人文科学，第17号，2012年，pp.65-78

A comparative study of classroom teaching in Korea and Japan: a case study of reforming school into learning communities, Asia Pacific Education Review, 11 (3), 2010, pp.273-283

肖　霞（しょう・か） [第4章]

1984年　中国上海に生まれる
2013年　大東文化大学大学院文学研究科修士課程修了
教育学研究者
【主著・論文】

「日中の総合学習カリキュラムの比較研究——和光小学校の『総合学習』と上海打虎山第一小学校の『総合実践』」教育学研究紀要，第5号，2014年，pp.109-120

黄　郁倫（こう・いくりん） [第5章]

1980年　台湾台北に生まれる
2002年　台湾大学卒業
2011年　東京大学大学院教育学研究科修士課程修了
現　在　東京大学大学院教育学研究科博士課程
【主著・論文】

「激發學習的快樂與潛能——「學習共同體」在日本教育改革中的導入及實行」教師天地，第171期，2011年，pp.39-42

［訳書］
佐藤学（著）『學習的革命——從教室出發的改革』天下雜誌，2012年
佐藤学（著）『學習共同體——構想與實踐』天下雜誌，2013年
佐藤学（著）『學習革命的最前線——在學習共同體中找回孩子的幸福』天下文化，2013年

齊藤　英介（さいとう・えいすけ） [第6章]

1971年　神奈川県に生まれる
2000年　大学院修了後，国際教育協力に関するコンサルティング業務を経て，
現　在　シンガポール国立教育学院在勤
【主著・論文】

Lesson Study for Learning Community: A Guide for Sustainable School Reform (Saito, E., Murase, M., Tsukui, A., & Yeo, J.), Routledge, 近刊

Group Learning as Relational Economic Activity. Educational Review. (Saito, E., & Atencio, M.), 66 (1), 2014, pp.96-107

A Conceptual Discussion of Lesson Study From A Micro-Political Perspective: Implications For Teacher Development And Pupil Learning. Teaching and Teacher Education, (Saito, E., & Atencio, M.), 31, 2013, pp.87-95

髙澤　直美（たかざわ・なおみ）　　　　　　　　　　　　　　　　　　　　［第 7 章］
　1962 年　新潟県に生まれる
　2002 年　名古屋大学大学院国際開発研究科博士後期課程満期退学
　現　在　㈱国際開発センター主任研究員
　　　　　インドネシア国立ガジャマダ大学客員講師（国際交流基金派遣専門家），タイ国立シラパコーン大学客員講師，インドネシア教育文化省基礎教育政策アドバイザー（国際協力機構派遣専門家）などを歴任
【主著・論文】
　　Community-Based Educational Planning and Participatory. Decision-Making: A Case of North Sulawesi. in Y. Hirosato（ed.），Universalizing Basic Education in Indonesia: Bottom-Up Approaches in Educational Planning and Management for School-Based Reform, GSID Development and Culture, 26, 25. 1999.
　　（その他，インドネシア，ネパール，カメルーン，ニジェールなどの ODA 国際教育協力案件に参加した経験があり，教育開発分野の報告書，ハンドブックの執筆多数）

津久井　純（つくい・あつし）　　　　　　　　　　　　　　　　　　　　［第 8 章］
　1971 年　東京都に生まれる
　1999 年　東京都立大学人文科学研究科教育学専攻修士課程修了
　現　在　㈱国際開発センター研究員
【主著・論文】
　　Sinh hoạt chuyên môn dựa trên nghiên cứu bài học（『授業研究に基づく教師の専門職会議』（共著））Plan Việt Nam，2011 年
　　『Finding Out What Pupil's Real Learning Is』（ビデオ）JICA ベトナム国現職教員研修改善計画，2007 年
　　「ベトナムの地域協同学習センターの歩みと課題」東京・沖縄・東アジア社会教育研究会東アジア社会教育研究，第 11 号，2006 年
　　「植民地教育記述にかんする東アジア教育史書の比較研究」（共著）東京都立大学　人文学報教育学，第 270 号，1998 年

東アジアの未来をひらく学校改革
―展望と挑戦―

| 2014年10月10日 | 初版第1刷印刷 | 定価はカバーに表示 |
| 2014年10月20日 | 初版第1刷発行 | してあります。 |

編　者　　上　野　正　道
　　　　　北　田　佳　子
　　　　　申　　　智　媛
　　　　　齊　藤　英　介

発　行　所　　㈱北大路書房

〒603-8303　京都市北区紫野十二坊町12-8
　　　　　　電　話　(075) 431-0361㈹
　　　　　　ＦＡＸ　(075) 431-9393
　　　　　　振　替　01050-4-2083

Ⓒ2014

印刷・製本／シナノ書籍印刷㈱
検印省略　落丁・乱丁本はお取り替えいたします。
ISBN978-4-7628-2877-5　　Printed in Japan

・JCOPY〈㈳出版者著作権管理機構 委託出版物〉
本書の無断複写は著作権法上での例外を除き禁じられています。
複写される場合は，そのつど事前に，㈳出版者著作権管理機構
（電話03-3513-6969，FAX03-3513-6979，e-mail:info@jcopy.or.jp）
の許諾を得てください。